Mira Beham:
Kriegstrommeln

W0045084

Mira Beham

Kriegstrommeln

Medien, Krieg und Politik

Mit einem Vorwort von
Peter Glotz

Deutscher
Taschenbuch
Verlag

Die Autorin dankt der Friedrich-Ebert-Stiftung für
freundliche Unterstützung.

Originalausgabe
April 1996
© Deutscher Taschenbuch Verlag GmbH & Co. KG, München
Umschlaggestaltung: Klaus Meyer unter Verwendung einer Fotografie
von D. Hudson © SYGMA, Paris
Umschlagfoto Klappe: Regina Schmeken
Gesetzt aus der Sabon 10,5/13,3˙ (Macintosh, QuarkXPress 3.31)
Satz: KCS GmbH, Buchholz/Hamburg
Gedruckt auf säurefreiem, chlorfrei gebleichtem Papier
Druck und Bindung: Kösel, Kempten
Printed in Germany · ISBN 3-423-30531-2

Inhalt

Vorwort von Peter Glotz 7

1. Vom Telegrafen zum medialen Echtzeitkrieg 11
   Anfänge der Kriegsberichterstattung 11
   Erster Weltkrieg. 25
   Italienisch-abessinischer Krieg 41
   Spanischer Bürgerkrieg 46
   Zweiter Weltkrieg 54

2. Von Vietnam bis Haiti – die »populären« Kriege und
   was wir über sie nicht wissen soll(t)en 76
   Vietnam. 79
   Falkland 91
   Grenada 93
   Panama. 97
   Golfkrieg. 101
   Haiti 121

3. Die verschwiegenen Kriege – warum wir über
   sie nichts wissen 127

4. Krieg in den Köpfen 134
   Nationenbilder 134
   Auslandsberichterstattung und staatliche
   Public Relations 142
   Krisenkommunikation und PR 150

5. Emotionale Mobilmachung 193

6. Medien als Brandstifter 206
   Die deutschen Medien und Kroatien 211

Die internationalen Medien und
Bosnien-Herzegowina 218

7. Krisenkommunikation der Zukunft.............. 231

Anmerkungen.................................. 240
Literaturauswahl 257

Vorwort

Dieses Buch wirft ein für moderne Demokratien entscheidendes Problem auf: internationale Krisenkommunikation in der telematischen Gesellschaft. Die Nachrichtenbeschaffung wird – insbesondere nach den schlechten Erfahrungen der amerikanischen Administration mit der eigenen Offenheit im Vietnam-Krieg – immer schwieriger, gleichzeitig nehmen die technischen Möglichkeiten zur systematischen Täuschung der Rezipienten zu. Wie also läßt sich verhindern, daß ganze Völker oder auch Kulturen bewußt irregeführt werden? Welche Möglichkeiten gibt es, Inszenierungen als solche zu enttarnen und der bewußten (und honorierten) Satanisierung einzelner Personen oder ganzer Nationen entgegenzuwirken? Denn kein Zweifel: Die Bereitschaft von Völkern, Militäreinsätze, Kriege und große finanzielle Belastungen zu akzeptieren, muß kommunikativ vorbereitet werden. Läßt sich insbesondere im Sektor der internationalen Kommunikation (in dem die Überprüfbarkeit von Informationen durch direkte Rückkopplung, zum Beispiel über Augenzeugen, höchst selten möglich ist) eine plurale, faire, vielfältige »Benachrichtigung« demokratischer Gesellschaften organisieren?

Das Buch der Münchener Journalistin Mira Beham macht deutlich, daß es derzeit kaum unabhängige Mechanismen zur Abwehr systematischer Manipulation gibt. Das entscheidende Stichwort der Analyse heißt »Internationale PR«. Die Autorin analysiert die Arbeit der Agenturen Hill and Knowlton, Ruder Finn, Waterman and Associates und anderen für Kuwait, Kroatien, das bosnische Staatspräsidium unter Izetbegovic oder auch die USA. Wenn sich die sorgfältig belegten Thesen der Autorin bestätigen, muß man die systematische Irreführung der öffentlichen Meinung »des Westens« in den wesentlichen Krisenfällen der letzten Jahre konstatieren. Beispiele für dramatische Höhepunkte in internationalen PR-Kampagnen gibt es einige, etwa die »Brutkastenaffäre« im Golfkrieg, bei der als Zeugin für unmenschliche Brutalität der Truppen Saddam Husseins ein Mädchen »Nairah« benutzt wurde, die sich später als die Tochter des kuwaitischen Botschafters in den Vereinigten Staaten herausstellte.

Mit welchem psychologischen Raffinement die Agenturen dabei vorgehen, belegt Mira Beham mit Hilfe von Äußerungen eines leitenden Mitarbeiters der Agentur Ruder Finn, die 1993 für ihr Bosnien-Engagement die Silbermedaille der Public Relations Society of America in der Kategorie »Krisenkommunikation« erhielt. Worauf ist James Harff, der Leiter der entsprechenden Operation, besonders stolz? »Darauf, daß es uns gelungen ist, die jüdischen Kreise für uns zu gewinnen. Das war eine wirklich schwere Partie, und von daher war die Aufgabe auch außerordentlich gefährlich. Präsident Tudjman hatte sich in seinem Buch ›Irrwege der Geschichte‹ als unvorsichtig gezeigt, denn man konnte ihn auf Grund dessen, was er geschrieben hatte, des Antisemitismus bezichtigen. Auch auf der bosnischen Seite waren die Dinge nicht einfacher, denn Präsident Izetbegovic hatte sich in seiner 1970 veröffentlichten ›Islamischen Deklarationen‹ zu offen für einen fundamentalistischen islamischen Staat ausgesprochen. Außerdem war die Vergangenheit Kroatiens und Bosniens von einem realen und grausamen Antisemitismus gekennzeichnet. Mehrere zehntausend Juden sind in kroatischen Lagern liquidiert worden. Es bestanden also alle Voraussetzungen dafür, daß die jüdischen Intellektuellen und Organisationen gegenüber den Kroaten und Bosniern feindlich gesinnt sein würden. Wir standen vor der Herausforderung, diese Situation umzukehren. Das ist uns auch gelungen, und zwar meisterhaft. Zwischen dem 2. und 5. August 1992, als ›New York Newsday‹ die Sache mit den Lagern veröffentlichte. Da haben wir im Flug zugegriffen und drei jüdische Organisationen überlistet – die B'nai B'rith

Anti-Defamation-League, das American Jewish Committee und den America Jewish Congress und so weiter. Wir haben ihnen vorgeschlagen, einen Beitrag in der ›New York Times‹ zu veröffentlichen und eine Protestkundgebung vor dem Sitz der Vereinten Nationen zu organisieren. Das hat hervorragend funktioniert; die jüdischen Organisationen auf seiten der Bosnier ins Spiel zu bringen war ein großartiger Bluff. In der öffentlichen Meinung konnten wir auf einen Schlag die Serben mit den Nazis gleichsetzen.«

Harff schilderte an anderer Stelle im übrigen auch die »ethischen« Rahmenbedingungen, unter denen Agenturen wie die seine arbeiten. Auf den Einwand, er habe für bestimmte Kampagnen schlecht belegte Behauptungen benutzt, antwortete er: »Unser Job ist es nicht, Informationen zu überprüfen. Wir sind dafür auch nicht ausgerüstet. Unsere Aufgabe ist es, Informationen, die uns günstig erscheinen, schnell in Umlauf zu bringen und ein sorgsam ausgewähltes Ziel zu treffen.« Angesichts solcher Äußerungen verdient die öffentliche Kommunikation über internationale Krisen und Kriege eine neue Bewertung. Man denke an die gewaltige Maschinerie moralischer Empörung, die immer wieder in Gang gesetzt wird. Muß man künftig nicht alle Resolutionen weltweit bekannter Intellektueller mit Skepsis betrachten, weil sie von einer Agentur inspiriert sein können? Ist es nicht notwendig, selbst gegenüber harten Tatsachenbehauptungen zuerst einmal skeptisch zu sein, bis sie durch unterschiedliche Quellen bestätigt worden sind? Ist nicht selbst die Kunst durch »Agenturen« instrumentalisierbar? Wer steckt hinter dem Streit, den die Schriftsteller Peter Handke und Peter Schneider oder die Filmregisseure Emir Kusturica und Theo Angelopolous miteinander führen?

Man darf und soll sich eigene, unabhängige Meinungen über Krisen und Konflikte bilden können. Die entscheidende Leistung des Buches ist daher das Verweisen auf die dringende Notwendigkeit einer Kritischen Kommunikationswissenschaft, die »Nachrichtenkampagnen« als solche identifiziert und überprüft. Beham benutzt den Begriff der »kommunikativen Intervention«. Interventionen können für die Wahrheit (was immer das sei) und auch für die Unwahrheit geführt werden. Das Entscheidende ist, daß dem Publikum demokratischer Gesellschaften klar gemacht wird, von welchem Interesse die Berichterstattung gesteuert wird, daß alternative Quellen offengelegt werden und daß zum Zweifel ermutigt wird. Es gibt journalistische Traditionen, die seit langem eine derartige Haltung einnehmen; zum Beispiel bei der ›Neuen Zürcher Zeitung‹ oder der BBC. Die Deutschen werden sich fragen müssen, wie sie solche Traditionen auch in ihrem Land verankern können.

Im übrigen müssen sich die Regierungen von Bund und Ländern fragen, ob sie nicht unabhängige (und einander kontrollierende) Institutionen schaffen sollten, die derartige Informationen beschaffen und zur Verfügung stellen. Es gibt fünf große, allesamt öffentlich geförderte Wirtschaftsforschungsinstitute. Angesichts der Bedeutung, die Kommunikation für das Funktionieren demokratischer Gesellschaften hat, wären vergleichbare Einrichtungen für die Analyse kommunikativer Prozesse verantwortbar und sinnvoll. Demokratie könnte zur Farce werden, wenn es auf Dauer geschickten PR-Agenturen erlaubt würde, die öffentliche Erregung mehr oder weniger beliebig an- und abschwellen zu lassen und auf diese Weise prinzipielle Entscheidungen über Krieg und Frieden zu beeinflussen.

Peter Glotz

1. Vom Telegrafen zum medialen Echtzeitkrieg

»Ich werde Sie berühmt machen«, rief Ted Kavanau. »Denken Sie einfach daran: Blut ist immer gut!«[1] Man schrieb das Jahr 1981, Ted Kavanau zeichnete als Chefproduzent des amerikanischen Fernsehsenders CNN, und der Kollege, den er mit so aufmunternden Worten empfing, hieß Peter Arnett, der zum ersten Mal seinen neuen Arbeitsplatz besuchte. CNN verbuchte damals jeden Monat Verluste in Millionenhöhe, und der Zeitungsjournalist Peter Arnett stotterte erbarmungswürdig in die Kamera, als er seinen ersten Live-Auftritt hatte. Dies schien alles andere als der Beginn einer wunderbaren Erfolgsstory zu sein.

Doch zehn Jahre später sollte sich Kavanaus Versprechen eingelöst haben. Peter Arnett hatte das bekannteste Reportergesicht auf dem Erdball, und CNN fuhr Millionengewinne ein. Die blumige Unternehmensphilosophie Ted Turners, des Eigentümers von CNN, nämlich aus dem Sender, »eine Kraft des Guten in einer Welt voller Zyniker« machen zu wollen, eine Organisation, die die Menschen »dieser Erde in Brüderlichkeit und Freundschaft vereinen« würde, hatte sich bis zur Kenntlichkeit entblößt. Denn auch Kavanaus These mit dem Blut hatte sich bewahrheitet. Man schrieb das Jahr 1991, und es war Krieg am Persischen Golf.

Anfänge der Kriegsberichterstattung

»Scoop« kommt aus dem Englischen und bedeutet soviel wie Erstmeldung, Exklusivmeldung oder Knüller. »Scoop« ist im

11

traditionsreichen anglo-amerikanischen Journalismus schon in seinen Anfängen ein Impuls gewesen, der die Grenzlinie zwischen journalistischem Verantwortungsbewußtsein und berufsbedingten Zwängen oft genug unscharf erscheinen ließ. »Scoop« forderte mithin Einsatz bis zur Selbstaufgabe.

Als im August 1844 in Irland ein aufsehenerregender Prozeß gegen einen Landesverräter geführt wurde, charterten die Londoner ›Times‹ und ihre Konkurrenz, der ›Morning Herald‹, für ihre jeweiligen Berichterstatter zwei Dampfer, die fahrbereit im Hafen von Kingstown vor Anker lagen und eine schnelle Überbringung der Nachricht über den Prozeßausgang gewährleisten sollten. Nach einem langen Verhandlungstag lungerte William Howard Russell, der Korrespondent der ›Times‹, noch unentschlossen im Gerichtsgebäude herum, während sich seine Kollegen zum Nachtmahl zurückgezogen hatten.

Unerwarteterweise trat das Gericht am selben Abend noch einmal zusammen und verkündete den Urteilsspruch – schuldig. Im Bewußtsein, den Knüller exklusiv in der Tasche zu haben, warf sich Russell in eine Kutsche, fuhr zum Bahnhof, sprang in den auf ihn wartenden Sonderzug, wechselte im Hafen auf den Dampfer, wo das Gefährt der Konkurrenz friedlich im Wasser schlummerte, und nahm nach der Seereise den zweiten, für ihn angeheuerten Sonderzug nach London. Erschöpft zog sich Russell während der Fahrt die Stiefel aus und konnte in der Eile nur einen wieder anziehen, als der Zug im Londoner Bahnhof Euston hielt. Dort humpelt er zu einem wartenden Taxi, das ihn zum Printing House Square, dem Sitz der ›Times‹, fuhr. Vor dem Verlagsgebäude kam ihm ein Drucker entgegen, der sagte: »Schön, Sie wohlbehalten anzutreffen, Sir. Man hat ihn schuldig gesprochen, nicht wahr?« »Ja, schuldig«, antwortete Russell gehetzt. – Am nächsten Tag hatten beide Zeitungen die »Exklusivmeldung«. Der Drucker war ein Spion des ›Morning Herald‹ gewesen.[2]

Diese keineswegs untypische Episode aus den Kindertagen des Zeitungswesens illustriert anschaulich, daß der Kampf um den auflagesteigernden Knüller Mitte des 19. Jahrhunderts zwingender Bestandteil eines Reporterlebens war. Zeitungen traten im aufblühenden Kapitalismus in harter Konkurrenz zueinander an, und weniger die brillanten Analysen politischer Journalisten, die es im liberalen Aufbruch des 19. Jahrhunderts auch gab, bestimmten den Marktwert einer Publikation als vielmehr die Fähigkeit, das Publikum mit einzigartigen und schnellen Informationen zu beeindrucken. Die Dynamisierung und Verbreiterung der Öffentlichkeit im Zuge des politischen Demokratisierungsprozesses machte die Presse schließlich auch zu einem starken Mittel der politischen Meinungs- und Willensbildung, so daß der Zeitungskampf auch immer ein Kampf um die Meinungsführerschaft war.

Die Demokratisierung des Wissens mittels einer schnell wachsenden Presse verlangte aber gleichfalls immer nachdrücklicher nach Transparenz in allen, auch den sensibelsten politischen und gesellschaftlichen Fragen. Die Freiheit der Presse bedeutete schließlich zugleich den Anspruch der Öffentlichkeit auf freie Information. Dieser Mechanismus gebar unter anderem ein Genre von eminenter Wichtigkeit und bis heute zweifelhaftem Ruf: die Kriegsberichterstattung.

Er sei der »elende Urahn eines glücklosen Stammes« hatte William Howard Russell einmal gesagt, als er resigniert auf seine Karriere als erster professioneller Kriegskorrespondent der Geschichte zurückblickte. Schon sein erster Einsatz führte ihm die Dilemmata einer Berichterstattung über ein so komplexes Phänomen wie den Krieg schmerzlich vor Augen. Englands Kriegserklärung an Rußland im Jahre 1854 wurde in Russells Heimat euphorisch gefeiert. Selbst Königin Victoria notierte verblüfft, daß die Begeisterung jenseits aller Vorstellungskraft liege. Englands Arbeiter gingen auf die Straße, um dem verhaßten zaristischen Absolutismus patriotische Lieder entgegenzuschleudern. Das Empire war aufgebracht.

Die ›Times‹, damals mit Abstand die auflagenstärkste Zeitung des Landes, sah sich durch die Nachfrage nach Informationen, die dieser populäre Feldzug gegen Rußland mit sich brachte, in die Pflicht genommen und engagierte, wie es zu jener

Zeit üblich war, einen jungen Offizier, der per Post Berichte von der Front nach London schicken sollte. Doch schon bald merkte man, daß die traditionelle Methode der Schlachtbeschreibung völlig unzureichend war und den gewachsenen Ansprüchen der Öffentlichkeit und des Marktes nicht Genüge leisten konnte. Die Informationen waren selektiv und kamen mit großer zeitlicher Verzögerung an. Der Offizier stand ja schließlich in den Diensten der Armee und hatte Wichtigeres zu tun.

John Delane, der Herausgeber der ›Times‹, beschloß, William Howard Russell, den er für einen schlauen und soliden Reporter hielt, ins Gefecht zu schicken. Eher unwillig nahm der dreiunddreißigjährige Russell den Auftrag an, begleitete die britischen Truppen nach Malta und segelte von dort aus mit ihnen nach Gallipoli. Schon bald merkte er, daß sich die Armee in einem desolaten Zustand befand, unorganisiert und unter der Würde eines so ruhmreichen Landes, wie es das britische Königreich war. In deutlich formulierten Depeschen setzte er Delane davon in Kenntnis. Dieser wiederum wagte es nicht, die offenherzige Kritik seines Korrespondenten am Stolz des Empire in seiner Zeitung zu veröffentlichen, da er fürchtete, die ›Times‹ könne unpatriotisch wirken. Statt dessen ließ er die Depeschen im Kabinett zirkulieren, was schließlich später zum Sturz der Regierung führen sollte.

Dennoch, als auch die ›London Daily News‹ mit einem eigenen Korrespondenten im Krimkrieg aufwartete und mit strengen Urteilen über die Armeeführung nicht zurückhielt, sah sich die ›Times‹ gezwungen gleichzuziehen, und begleitete Russells kritische Berichterstattung mit einer harschen politischen Kommentierung.

Der Keim für eine bis heute praktisch ungebrochen andauernde Mesalliance war gelegt. Die Militärführung war wütend auf die Korrespondenten und untersagte ihnen augenblicklich jeglichen Beistand. Sie sollten sich nicht nur von den Stützpunkten, sondern auch von der Front fernhalten. William Russell wiederum formulierte verzweifelt seinen inneren Konflikt, in den ihn die Berichterstattung über die untragbaren Verhältnisse in der Armee gebracht hatte: »Muß ich über diese Dinge sprechen, oder soll ich schweigen?« Wo hört die journalistische Pflicht, wahrheitsgemäß zu berichten, auf, und wo beginnt die Verpflichtung gegenüber dem Vaterland und der politischen Sache? Eine Frage, die in der Folge ganze Heerscharen von Kriegskorrespondenten bewegen sollte und nicht immer zu den richtigen Antworten führte.

Jedenfalls waren von dem Augenblick an, als der erste professionelle Reporter auf einem Kriegsschauplatz auftauchte, Militär und Presse aufeinander angewiesen und damit auf Gedeih und Verderb auch einander ausgeliefert. Die Zeitungen brauchten ausführliche und zuverlässige Informationen, die Armee war erpicht auf eine »gute Presse«, die nur dann die Wahrheit schreiben sollte, wenn es der Sache dienlich war. Ein Dauer-Krieg nahm seinen Anfang. Für Russell bedeuteten die Verbannung von der Front und die Ablehnung durch die führenden Militärs ein weiteres Dilemma. Woher sollte er seine Informationen bekommen? Schließlich beschloß Russell, sich eines Kunstgriffs zu bedienen, der vorbildhaft für nachfolgende Generationen von Kriegsreportern werden sollte: Er fing von der Front heimkehrende Soldaten ab und interviewte sie über den Schlachtverlauf. Aber auch diese Lösung vermochte seine journalistischen Ansprüche nicht zufriedenstellen. Wie konnte er über etwas berichten, das er nicht selbst gesehen hatte? Wie die Mosaiksteine der subjektiven Erlebnisberichte zu einem wahrheitsgemäßen, objektiven Ganzen fügen? »Da spürte ich, daß das Gewicht der Aufgabe, die ich übernommen hatte, sich wie Blei auf meine Seele senkte«, hielt Russell in seinen Aufzeichnungen aus dem Krimkrieg fest.[3]

Dennoch erfüllte William Howard Russell seine Pflicht mit patriotischem Elan. Immerhin stand er als Repräsentant der renommiertesten britischen Zeitung, der er mit seiner Berichterstattung vom Krimkrieg eine Auflagensteigerung um ein Drittel bescherte, unter dem Erwartungsdruck sowohl der Redaktion als auch der heimatlichen Öffentlichkeit. Obwohl er sich weder durch eine Gegenpropaganda-Aktion der britischen

Regierung noch durch die von den Militärs für ihn eingeführte Zensur davon abhalten ließ, auch unangenehme Nachrichten zu formulieren, war er doch angetan von »der Pracht und dem Glanz des Krieges« und wurde zu einem hochdekorierten und gesellschaftlich angesehenen Chronisten auch anderer Schlachten, der dem britischen Establishment näher stand als dem gewöhnlichen Soldaten oder Bürger.

Mit welcher Dynamik sich das Zeitungswesen und die Öffentlichkeit zu Beginn der zweiten Hälfte des 19. Jahrhunderts entwickelten, bezeugt der Umstand, daß im sieben Jahre nach Russells Debüt beginnenden amerikanischen Sezessionskrieg allein auf der Seite der Nordstaaten 500 Kriegsreporter im Einsatz waren. Eine technische Neuerung ermöglichte die sprunghafte Demokratisierung des Wissens über den Krieg – der Telegraf. Die Schnelligkeit und die Menge der Nachrichten nahmen zu. Wie ein Kollege Russells im Krimkrieg gutgläubig analysiert hatte, eröffnete eine journalistische Beobachtung und Vermittlung vom Kriegsgeschehen dem Volk die Möglichkeit, Einfluß zu nehmen auf die Entscheidungen der Regierung und ihr damit das politische Monopol über eine so bedeutende Angelegenheit, bei der es immerhin um Leben und Tod von einfachen Soldaten und Zivilisten ging, zu beschneiden. Das konnte den Schluß nahelegen, daß die Transparenz und die Kontrollmöglichkeiten mit jedem einzelnen Kriegskorrespondenten im Einsatz und mit wachsender Geschwindigkeit der Nachrichtenübermittlung unermeßlich stiegen. Ein Trugschluß, wie sich herausstellen sollte.

Nicht eine bessere Unterrichtung der Öffentlichkeit war die Folge des technischen und quantitativen Booms, sondern eine für damalige Verhältnisse totale Kommerzialisierung der Kriegsberichterstattung auf Kosten der adäquaten Information. Die ›New York Times‹ brachte das Phänomen einige Jahre später auf einen prägnanten Nenner: »Dem amerikanischen Bürgerkrieg ist es zu verdanken, daß die New Yorker Zeitungen die zwei grundlegenden Prinzipien erkennen konnten, die sie zu dem machten, was sie heute sind. Erstens, den außerordentlichen Wert des individuellen, wetteifernden und triumphierenden Kampfgeistes, Nachrichten so früh wie möglich und exklusiv zu bekommen. Zweitens die Möglichkeit einer immensen Auflagensteigerung durch das Bemühen, der populären Nachfrage nach prompten und angemessenen Berichten über das alltägliche Wirken der Menschheit in der ganzen Welt zu entsprechen.«[4]

Der Sezessionskrieg, der alle früheren Kriege an Ausmaß und Furchtbarkeit übertraf und deshalb in der amerikanischen Öffentlichkeit auf große Anteilnahme stieß, brachte den amerikanischen Pressemarkt zum Blühen. Die New Yorker Zeitungen konnten ihre Auflage verfünffachen, wenn sie detaillierte Schlachtbeschreibungen veröffentlichten.[5] Das wiederum setzte die Reporter an der Front, auf die die Erwartungen des Publikums und der Redaktion gerichtet waren, unter kommerziellen Druck. Der Leser-Hunger mußte gestillt und die Konkurrenz ausgestochen werden. Oder wie es Wilbur F. Storey von der ›Chicago Times‹ seinen Mannen vor Ort anempfahl: »Telegrafieren Sie alle Nachrichten, die Sie bekommen können, vollständig durch, und wenn es keine Nachrichten gibt, dann schicken Sie Gerüchte.«[6]

Daß ein solches Verhältnis zur Wirklichkeit nicht unbedingt ruhmreiche Früchte tragen würde, liegt auf der Hand. Phillip Knightley, ein genauer Chronist der Kriegsberichterstattung auch im Sezessionskrieg, urteilte, daß »die Mehrheit der Korrespondenten der Nordstaaten ignorant, unredlich und unethisch war« und daß »die Meldungen, die sie schrieben, häufig ungenau, oft erfunden, parteiisch und hetzerisch« waren.[7] Es war eine Epoche des deklamatorischen Journalismus, voller Pathos und Effekthascherei, und die Berichte von der Front, deren Wahrheitsgehalt vom Publikum nicht in Zweifel gezogen wurde, machten aus den Reportern selbst Helden, die unter Kanonendonner und bei Kerzenlicht ihre Depeschen schrieben.

Natürlich sind die objektiven Arbeitsbedingungen für die Berichterstattung von der Front nie besonders verlockend gewesen. Je mehr man sich dem wirklichen Zentrum des Geschehens nähert, desto größer wird die Lebensgefahr. Die menschlichen Qualifikationen, die man für einen solchen Einsatz mitbringen muß, liegen jenseits der Eignungskriterien, die ein Reporter üblicherweise zu erfüllen hat. Der Kriegsberichterstatter muß eine extremes Maß an Mut und Furchtlosigkeit mitbringen, er muß in der Lage sein, in existentiell bedrohlichen Situationen einen klaren Kopf zu behalten und rasch zu handeln, er muß ein ziemlich genaues Bewußtsein davon haben, wo die Grenzen seiner Leistungsfähigkeit liegen und wo journalistische Hartnäckigkeit und Neugier zum gefährlichen Vabanquespiel werden.

Das ist heute nicht anders, als es früher war, und das hat im Laufe von 140 Jahren Kriegsberichterstattung reichlich zur Mythen- und Legendenbildung beigetragen. Es hatte aber auch den Effekt, daß der Krieg immer wieder zu einem Tummelplatz von Abenteurern und Draufgängern wurde, deren professionelle Qualifikationen die eines journalistischen Anfängers nicht überstiegen. So manch ein Kriegsreporter hat dann schon mal lieber statt zur Feder zur Waffe gegriffen, nicht nur, um sich zu verteidigen, sondern um dem Feind »eins drüberzuziehen«.

Die Gattung der Abenteurer und Draufgänger war im Sezessionskrieg besonders stark vertreten und trug in großem Maße zu dem später konstatierten Versagen der Presse bei. Hinzu kam, daß der Zeitdruck, der durch die technischen Neuerungen entstanden war, dazu führte, daß viele Reporter nur im Einsatz waren, weil sie den Telegrafen beherrschten, und so mancher schlechtbezahlte Journalist verdiente sich nebenbei mit dunklen Geschäften an den Frontlinien oder durch den einen oder anderen Job bei der Armee noch ein erkleckliches Zubrot.

Während die Öffentlichkeit in den Nordstaaten mehr schlecht als recht, aber doch sehr vielfältig informiert wurde – wie authentisch auch immer diese Nachrichten gewesen sein mögen –, so verfiel die Presse der Südstaaten in eine gänzlich einseitige Propaganda. Die Kriegsberichterstatter auf der Seite der Konföderierten »glaubten, daß Loyalität gegenüber der Sache des Südens vor jeglichen professionellen Ansprüchen

18

bezüglich Wahrheit und Objektivität« kommen mußte, die Zeitungsinhaber unterstützten diese Haltung rigoros.[8] Bedenkenlos wurden Verlust- und Opferzahlen zugunsten der Konföderierten manipuliert; militärische Rückzüge des Südens gab es praktisch keine, dafür Eroberungen von Städten, in deren Nähe die konföderierte Armee niemals gekommen war; der Norden wurde in einem einhelligen Tenor als eine Nation von »verfluchten, feigen Schwindlern und Dieben« verdammt. Es galt, die nicht immer sehr gefestigte Moral der Bevölkerung und der Truppen aufrechtzuerhalten.

In den Südstaaten war die Berichterstattung über den Sezessionskrieg also ideologisiert, in den Nordstaaten war sie von der Kommerzialisierung beherrscht. Der Wettkampf um den »scoop«, den Knüller, geriet zur eigentlichen Überlebensfrage. Das führte zu absurden Erscheinungen. Junius Browne von der ›New York Tribune‹ verfaßte einen brillanten, aber völlig erfundenen Augenzeugenbericht über die Schlacht von Pea Ridge im Jahre 1862, den die Londoner ›Times‹ als die »gekonnteste und beste Schlachtbeschreibung« würdigte, die im amerikanischen Bürgerkrieg geschrieben wurde – sehr zum Verdruß der beiden Reporter, die den Kampf vor Ort miterlebt hatten und ohne entsprechende Lorbeeren ausgingen. Ein anderer Korrespondent bekniete einen schwerverwundeten Offizier, nicht zu sterben, bevor er sein Interview beendet hatte, mit dem Versprechen, daß seine letzten Worte »in der auflagenstarken und höchst einflußreichen Zeitschrift« erscheinen würden, die er repräsentierte.

Den Militärs der Nordstaaten verursachte dieser scheinbar unkontrollierbare und unkontrolliert wirkende Haufen von Presseleuten Höllenqualen. Natürlich fühlte sich der eine oder andere General geschmeichelt, wenn ein Artikel ihn ins rechte Licht rückte, und natürlich sollte jede gewonnene Schlacht glorifiziert werden. Aber Berichte über Verluste oder Niederlagen schmälerten nicht nur das persönliche Ansehen der Verantwortlichen, sondern ließen auch die Moral der Truppen und der Bevölkerung sinken und lieferten dem Feind darüber hinaus wertvolle militärische Informationen. Unberechenbare Berichterstatter als Augenzeugen wurden daher von der Militärführung mehr gefürchtet und gehaßt denn geliebt. Ein Ausweg aus dem Dilemma war die Zensur. Während des gesamten Sezessionskrieges gelang es den Nordstaaten nicht, diese Maßnahme wirklich effektiv und umfassend zu koordinieren, denn die Verantwortlichkeit wurde von einem Ministerium zum anderen geschoben. Doch Kriegsminister Edwin M. Stanton tat sein Bestes, um die Presse unter Kontrolle zu bringen. Er stellte Zensurregeln auf, unterband die Publikation von Zeitungen, die diese Regeln brachen, ließ Redakteure verhaften, drohte Herausgebern mit Gerichtsverfahren, verbannte Korrespondenten von der Front und ließ sogar einen Reporter von der ›New York Tribune‹ erschießen, weil dieser sich geweigert hatte, ihm einen Artikel zur Zensur vorzulegen.

Um die Informationspolitik der Regierung und der Militärs zu kanalisieren, begann Stanton 1864 ein tägliches Kriegs-Bulletin für die Presse herauszugeben, in dem die Situation in den verschiedenen Führungsstäben und an den unterschiedlichen Frontabschnitten detailliert beschrieben wurde – so, wie es die Kriegführung gerade erforderte. Stantons Bulletins waren eine signifikante Neuerung in der Geschichte der Kriegsberichterstattung, ein Präzedenzfall. In der Folge sollte es kaum eine Kriegsregierung geben, die diese Praxis zur Information – oder Desinformation – der Presse nicht anwenden würde, bis hin zum heutigen Tag.

Der amerikanische Bürgerkrieg hatte die Kriegsberichterstattung als journalistisches Genre endgültig etabliert. Natürlich gab es in der Armee der Reporter auch eine Handvoll gewissenhafter und überzeugender Journalisten, die versuchten, so gut es ging, sich weder dem Konkurrenzdruck noch der Zensur zu beugen und mit Kritik an der Regierung und dem Militär nicht zurückhielten, wenn sie es für notwendig erachteten. Doch sie hatten mit Sicherheit die schlechteste aller Positionen.

Das zeigt sich ganz besonders deutlich am Beispiel der Londoner ›Times‹ und ihres schon bekannten Mitarbeiters William Howard Russell, den die Zeitung zur Berichterstattung nach

Amerika entsandt hatte. Die Briten hatten ein enormes, aber ziemlich einseitiges Interesse an den Begebenheiten in der Neuen Welt. Ein Fünftel der englischen Bevölkerung hing von den Baumwollproduzenten Amerikas ab, und die befanden sich zu achtzig Prozent in den Südstaaten. Überdies hatte das britische Establishment eine versteckte Abneigung gegen die demokratischen Tendenzen, die von den Vertretern der Nordstaaten repräsentiert und propagiert wurden. Es bestand demnach eine fast natürliche Affinität zur Sache der Konföderierten und darüber hinaus die Möglichkeit oder Gefahr eines Kriegseintritts von seiten der Engländer.

Dies veranlaßte sowohl die Nord- als auch die Südstaaten zu umfassenden und organisierten, jedoch geheimen Propaganda-Aktionen in England, die mit Bestechungsversuchen einhergingen und das Ziel hatten, die englische Presse zur Parteilichkeit zu bringen. In dieser Situation hätte die ›Times‹ als renommierteste und größte englische Zeitung die wichtige Aufgabe übernehmen müssen, die Öffentlichkeit sachlich und wahrheitsgemäß über die Vorgänge in Amerika zu unterrichten. Das Gegenteil war der Fall. Der Haupteigentümer wie auch der Auslandchef der Zeitung sympathisierten offen mit den Konföderierten, ihr Chefredakteur interessierte sich nicht für Amerika. Die Berichterstattung war so schlecht, das heißt so einseitig und manipuliert, daß es eine Generation dauerte, bis England und Amerika wieder ein unbelastetes Verhältnis herstellen konnten.

Der Historiker Goldwin Smith war tief beeindruckt von dem Einflußvermögen des geschriebenen Wortes und notierte im Jahre 1863: »Ich glaube, ich habe die außerordentliche Macht der ›Times‹ niemals so deutlich gespürt, wie in dieser Frage. (…) Nicht, was die Qualität des Geschriebenen anbelangte (…), sondern was ihre ausschließliche Herrschaft über die öffentliche Meinung und ihren exklusiven Zugang zu einer riesigen Zahl von Persönlichkeiten betraf.«[9]

Unter diesen Bedingungen bekam William Howard Russell, der dem demokratischen amerikanischen Norden stärker zugeneigt war, ihn jedoch auch kritisierte, Schwierigkeiten an allen

»Fronten«. Der politische Druck von der Heimatredaktion war schließlich so groß, daß Russell es vorzog, seinen Job aufzugeben und nach England zurückzusegeln. Für die ›Times‹ durfte er nie wieder über amerikanische Angelegenheiten berichten. Einer seiner Nachfolger im amerikanischen Bürgerkrieg, Charles Mackay, erlebte ein anderes professionelles Desaster. Als der Süden den Krieg verlor, verlor Mackay seinen Job. Seine Parteilichkeit zugunsten der Südstaaten wurde am Ende des Krieges mit einem Hinauswurf belohnt. Er paßte nicht mehr in die von den Umständen erzwungene, neue politische Strategie der ›Times‹.

Die zweite Hälfte des 19. Jahrhunderts bis hin zum Ersten Weltkrieg bezeichnen Chronisten als das »Goldene Zeitalter der Kriegsberichterstattung«. Die Massenpresse erlebte in einer Phase der allgemeinen wirtschaftlichen Blüte der Groß- und Kolonialmächte einen ungeheuren Aufschwung, Kriege gab es allenthalben auf dem Erdball, und die politisch-militärische Zensur war noch nicht zur Vollkommenheit gereift – eine mehrfache Herausforderung für Reporter aller Couleurs und unterschiedlicher Charaktere. Vor allem die Konflikte an den Rändern Europas und in den europäischen Kolonien wurden sowohl von den Kriegsberichterstattern als auch vom heimischen Publikum mit Spannung begleitet und mit einer Aura von Abenteuerromantik umgeben.

Erstmals auch kam ein neues Medium zum professionellen Einsatz: die Photographie. Ab etwa 1880 wurde es technisch möglich, Photographien für die Presse zu nutzen und die Schlachtbeschreibungen mit dem einen oder anderen »objektiven« Bild zu untermalen. Es ist nicht verwunderlich, daß diese Photographien eine von den Schrecken bereinigte Darstellung des Krieges vermittelten, denn von journalistisch-politischer Aufklärung konnte in einer turbulenten Epoche, in der das wirtschaftliche Wachstum und die politische Expansion zu einem ausschweifenden Materialismus und gleichzeitig zu immer krasser werdenden sozialen Gegensätzen führten, ohnehin kaum die Rede sein. Am Ende des Jahrhunderts schienen die Welt und die

Wirklichkeit aus den Fugen zu geraten. Oder wie Hugo von Hofmannsthal in seinem berühmten Chandosbrief von 1902 formulierte: »Es zerfiel mir alles in Teile, die Teile wieder in Teile, und nichts mehr ließ sich mit einem Begriff umspannen«. Subjektive, selektive und disparate Wahrnehmungen waren die Antwort auf die Übermacht der Objekte.

Die allgegenwärtigen wirtschaftlichen Interessen führten zunehmend zu einer Ökonomisierung der Politik. Vor diesem Hintergrund sich flüchtig wandelnder Realitäten und Werte erhielt die Presse als Mittel der Massenerziehung und -beeinflussung einen immer höheren politischen Stellenwert. Versuche der Einflußnahme auf die Presse von seiten der Herrschenden hat es natürlich seit der Entstehung periodisch erscheinender Zeitungen im 17. Jahrhundert gegeben – von Ludwig XIV. und Richelieu über die Habsburger und Friedrich II. von Preußen bis hin zu Napoleon I. Doch die neuen Kommunikationsstrukturen eines rapide wachsenden Zeitungsmarktes verlangten nach einer umfassenden Systematisierung des manipulativen Zugriffs auf die Presseorgane.

So zeigte sich beispielsweise Bismarck, der mit einer »ständigen Bewegung in der Volksstimmung zu rechnen« hatte, als ein virtuoser Meinungsmacher. »Der preußische Ministerpräsident und spätere erste Reichskanzler hielt sich einen ganzen Schwarm von Beamten und Journalisten, die von ihm bei Bedarf verwendet werden konnten. Vor und in den Kriegen von 1866 und 1870/71 leistete er für damalige Verhältnisse wahre Meisterstücke amtlicher Nachrichtenpolitik«. So nahmen das preußische Kriegsministerium und der Generalstab schon einige Tage vor der französischen Kriegserklärung im Jahre 1870 die Presse in den Blick. Bei der Mobilmachung erließ die Regierung das an Zeitungen und Kriegsberichterstatter gerichtete Verbot, über militärische Geheimnisse sowie über militärische Bewegungen und Vorbereitungen zu berichten.[10]

Das Beziehungsdreieck von Presse, Politik und Militär wurde zu einem immer engmaschigeren Netz verflochten. Der Bedarf nach einer Kontrolle der öffentlichen Meinung nahm in Relation zur wachsenden Orientierungslosigkeit an der Schwelle zur Moderne immens zu. Gleichzeitig entwickelte das Zeitungswesen einen neuen Massencharakter, und spätestens als zu Beginn des 20. Jahrhunderts die »Zeitung im Direktverkauf«, die Straßenverkaufspresse, kurz »Boulevardpresse«, aufkam, wurden aus verlegerischen Familienbetrieben Zeitungskonzerne, die eine eigene Kraft in der Öffentlichkeit bildeten.

Zeitungsinhaber erkannten das Potential ihrer Produkte. Im spanisch-amerikanischen Krieg (1898) beschloß der Verleger William Randolph Hearst, die USA zur Unterstützung der Rebellen auf Kuba in den Krieg hineinzuziehen. Einem Mitarbeiter seines ›New York Journal‹, der den Aufstand in Kuba bildlich festhalten sollte, das Land jedoch mangels wirklich aufregender Ereignisse verlassen wollte, telegrafierte Hearst: »Bitte bleiben Sie. Sorgen Sie für die Bilder. Ich sorge für den Krieg.« Hearsts Engagement war weniger patriotischer, denn ökonomischer Natur – er versprach sich eine ungeheure Auflagensteigerung durch eine amerikanische Kriegsbeteiligung. So heizten er und sein Konkurrent Joseph Pulitzer, dem die ›New York World‹ gehörte, die amerikanische Intervention in Kuba an, indem sie Berichte von spanischen Greueltaten an der kubanischen Bevölkerung verbreiteten. »Blut auf den Straßen, Blut in den Feldern, Blut vor den Haustüren, Blut, Blut, Blut! ... Gibt es kein Volk, das so weise, so tapfer ist, diesem vom Blutrausch befallenen Land zu helfen?« klagte die ›New York World‹ und schürte in dieser und ähnlicher Weise die »Befreit-Kuba-Propaganda«.[11]

Die Tendenz zur gegenseitigen Durchdringung politischer, militärischer und journalistischer Interessen wurde von vielen Persönlichkeiten mit äußerster Entschlossenheit vorangetrieben. Im Burenkrieg (1899–1902) tauchte ein junger Haudegen auf, der sich nicht entscheiden konnte, ob er lieber Soldat oder Korrespondent sein wollte – und später Politiker wurde. Er versuchte zuerst, das eine mit dem anderen zu verbinden und ließ schließlich alle drei Berufungen in einer Person verschmelzen. Sein Name war Winston Churchill, derselbe, der im Ersten

Weltkrieg die Verstaatlichung der ›Times‹ zur Lenkung der öffentlichen Meinung fordern sollte.

Das »Goldene Zeitalter« der Kriegsberichterstattung war bewegt und blutig. Die Möglichkeiten öffentlicher Kommunikation waren enorm gewachsen und mit ihnen das Bedürfnis nach Einflußnahme auf Mittel und Ziele der Kommunikation. Doch alle politischen, militärischen und journalistischen Versuche bis nach der Jahrhundertwende, die öffentliche Meinung, zumal in Krisenzeiten, über die Presse zu steuern, sollten nur ein Vorspiel sein für die größte Propagandaschlacht der Geschichte.

Erster Weltkrieg

Die Jahrzehnte vor dem großen Krieg, der nach Ansicht des englischen Schriftstellers H. G. Wells »alle Kriege beenden« würde, zeigten, daß die konkurrierenden wirtschaftlichen und politischen Expansionsbestrebungen der europäischen Großmächte Großbritannien, Frankreich und Deutschland sowie die Krisen der multinationalen Reiche Österreich-Ungarn und Rußland zusammen mit dem zerfallenden Imperium der Ottomanen auf eine territoriale und politische Neuordnung größeren Umfangs zusteuerten. In dem Maße, wie die Spannungen zwischen den Mächten wuchsen, wurde aufgerüstet. Am Vorabend des Weltkriegs standen Millionenheere bereit. Ein Anlaß sollte genügen, um sie in Marsch zu setzen. Das war die Ermordung des österreichischen Thronfolgers Erzherzog Franz Ferdinand am 28. Juni 1914 in Sarajewo. Doch was sollte die Truppen in Gang halten?

»Allein die Größe der modernen Staaten und die gewaltigen Bevölkerungsmassen, die innerhalb ihrer Grenzen leben, erfordern eine Propaganda, die die Individuen zu einem gemeinsamen Kriegsziel vereinen und freiwillige Opferbereitschaft in der Hoffnung auf einen gemeinsamen Sieg fördern sollte«, lautete eine der zeitgenössischen Zustandsanalysen.[12] Kriegspropaganda war natürlich nicht eine Erfindung des Jahres 1914, doch im Ersten Weltkrieg wurde sie erstmals wissenschaftlich organisiert und durch die verbesserten Kommunikationsstrukturen in einem umfassenden Ausmaß möglich. Es sollte die größte Verschwörung in der Geschichte werden, und ganze Staatsapparate stellten sich in den Dienst der Lügenmaschinerie.

Die politischen und militärischen Autoritäten der beteiligten Staaten bauten teilweise im gegenseitigen Einvernehmen ein System von strengster Presselenkung und offener Stimmungsmache auf, um den reibungslosen Übergang vom Frieden in einen Krieg, der sich schon bald als verheerend herausstellen sollte, zu gewährleisten und eine uneingeschränkte Kampfmoral der jeweiligen Völker aufrechtzuerhalten. Die von der britischen Regierung ins Leben gerufene Propagandaorganisation etwa, die in die Gründung eines Informationsministeriums mündete, war so gewaltig und so effektiv, daß sie zwei Jahrzehnte später einem negativen Genius des Metiers, Joseph Goebbels, und den Nazis als Modell dienen sollte. Und in Deutschland, wo Wilhelm II. und seine Gefolgsleute schon früher ihrer Auffassung, daß die öffentliche Meinung »gelenkt werden will«[13], durch die Gängelung der Zeitungen politischen Ausdruck verliehen hatten, wurde die ohnehin begrenzte Freiheit der Presse im Ersten Weltkrieg ganz einfach außer Kraft gesetzt: »Die durch das Reichspressegesetz vom Mai 1874 verbürgte Pressefreiheit wurde völlig beseitigt und durch eine Militärzensur ersetzt, wie sie bis dahin im Deutschen Reich niemals angewendet worden war. Ferner geriet der Inhalt der Zeitungen unter den uniformierenden Einfluß der staatlichen Pressepolitik, die sich am deutlichsten auf den Berliner Pressekonferenzen ausdrückte.«[14] Mit anderen Worten – die deutsche Presse stand zwangsweise, aber ergeben im vaterländischen Dienst.

Eine auch nur annähernd sachliche oder neutrale Kriegsberichterstattung verbot sich unter diesen gegebenen Umständen von selbst. Wenn Kriegskorrespondenten von den jeweiligen Militärs überhaupt akkreditiert wurden, dann hatten sie dem Ideal zu entsprechen, nur das zu schreiben, was man ihnen als wahr verkauft hatte oder von dem sie glaubten, daß es wahr sei,

26

aber niemals das, was wirklich wahr war. »Schreiben Sie, worüber Sie wollen ... Aber nennen sie keine Namen und Orte!« war eine der Direktiven. Selbst eine Beschreibung des Wetters unterlag aus Sicherheitsgründen der Zensur.

Die Lenkung der öffentlichen Meinung über die Kommunikationswege der Presse fand jedoch ihren extremsten Ausdruck in der von den jeweiligen Regierungen und ihr nahestehenden Organisationen gesteuerten Greuelpropaganda. Um die Massen zum Kämpfen zu bewegen, mußte an ein archaisches Gefühl gerührt werden – den Haß.

»Haß stählt den Geist und verbürgt Entschlossenheit, so wie es kein anderer Gemütszustand tut«, sagte der englische Schriftsteller und Erfinder des Sherlock Holmes, Sir Arthur Conan Doyle, und empfahl, alle Geschäfte und öffentlichen Einrichtungen, vor allem dort, wo mangelnde patriotische Loyalität herrschte, mit Bildern von Greueln der Deutschen zu bestücken, also »in den ›Sinn-Fein-Vierteln‹ von Irland und an den Brutstätten des Sozialismus und Pazifismus in England und Schottland«.[15] Die englischen und alliierten Bemühungen, die Deutschen zu einem Volk von Barbaren zu stigmatisieren, gingen aber noch weiter. Nur drei Wochen nach der Verletzung der belgischen Neutralität durch Deutschland Anfang August 1914, die den Eintritt Großbritanniens in den Krieg zur Folge hatte, setzte sich eine offizielle Kommission in Antwerpen zusammen, die in regelmäßigen Abständen Berichte über deutsche Greuel an der belgischen Zivilbevölkerung erstellte und an die ausländische Presse sandte. Die Tatsache, daß bei dem rücksichtslosen Einmarsch der deutschen Truppen in Belgien an die 5000 Zivilisten den Tod fanden, wurde zum Anlaß genommen, ein Bild der Deutschen als monströse Schlächter zu konstruieren.

Diese scheinbar faktischen Berichte beschrieben, wie sich deutsche Soldaten in Massakern und Folterungen, Vergewaltigungen und anderen spezifischen Brutalitäten ergingen. Danach wurden belgische Männer an Geschütze gefesselt und anschließend hingerichtet, Kinder in brennende Häuser gesteckt, alte Menschen verstümmelt und Frauen mißbraucht. Einem Bauern in Neershepen soll der Arm der Länge nach dreifach gespalten worden sein, bevor man ihn kopfüber aufhängte und bei lebendigem Leib verbrannte.[16]

Die Horrorgeschichten der Kommission, die sich später als unhaltbar erwiesen, fanden großen Anklang vor allem in englischen und französischen Zeitungen, die die Deutschen bald zu »Hunnen« und »wilden Horden des Dschingis Khan« stilisierten. Der journalistische Bedarf an Zeugnissen der Barbarei wurde durch einen ununterbrochenen Fluß von einschlägigen Informationen aus allen möglichen Quellen gedeckt. Im August 1914 berichtete ein »Korrespondent« der Londoner ›Times‹ aus Belgien: »Ein Mann, den ich nicht persönlich gesprochen habe, erzählte einem offiziellen Vertreter der Katholischen Gemeinschaft, er habe mit eigenen Augen gesehen, wie die deutsche Soldateska die Arme eines Babys abhackte, das sich an den Röcken der Mutter festhielt«.[17] Die Geschichte wurde in Frankreich zu einem Dauerbrenner, vor allem als das »Bureau de la Presse«, die Propagandaeinrichtung der französischen Regierung, ein »Photo« des Babys ohne Hände veröffentlichte und eine Zeitschrift anhand einer Zeichnung dokumentierte, wie deutsche Soldaten die Kinderhände verzehrten.

Später versuchte der belgische Prälat Kardinal Mercier erfolglos, dieses Ereignis zu verifizieren, und nach dem Krieg konnten zahlreiche Untersuchungen keinen einzigen Fall nachweisen, der auch nur geringfügige Ähnlichkeiten mit dem kolportierten gezeigt hätte. Doch da hatte die Geschichte ihre propagandistische Wirkung schon getan. Die Volksstimmung in England und Frankreich kochte.

Die alliierte Propagandastrategie legte besonderen Wert darauf, daß die verbreiteten Greuelgeschichten einen offiziellen Stempel trugen. Im Mai 1915 wurde der berühmte Bryce-Report veröffentlicht, den eine englische Kommission von Juristen und Historikern verfaßt hatte und der von der Systematik der deutschen Brutalität berichtete. Schauderhafte Vorfälle wie die öffentliche Massenvergewaltigung belgischer Mädchen durch deutsche Offiziere auf dem Marktplatz von Liège oder das

Abschneiden von Brüsten belgischer Bäuerinnen wurden darin festgehalten. Aber auch der Bryce-Report, eines der erfolgreichsten anti-deutschen Propagandawerke, erwies sich im nachhinein als unhaltbar. 1922 kam eine belgische Untersuchungskommission zu dem Schluß, daß es sich bei dem von Lord Bryce, dem ehemaligen englischen Botschafter in den USA, verantworteten Gutachten um eine Sammlung von Gerüchten und nicht überprüften Augenzeugenberichten belgischer Flüchtlinge handelte, deren Wahrheitsgehalt nicht nachzuvollziehen war.[18]

Die Berichte über die angeblichen deutschen Greuel in Belgien waren die erste Propagandaoffensive, die 1914/15 erfolgreich absolviert wurde und die Kriegsmoral der Alliierten in besonderem Maße stärkte. Und die Zeitungen waren erpicht auf diese Horrorgeschichten, nicht nur aus patriotischem Pflichtbewußtsein. In Frankreich machten sich die Redaktionen noch nicht einmal mehr die Mühe, für die kontinuierlich verbreiteten Schandtaten deutscher Soldaten neue Überschriften zu erfinden, sondern beließen es bei dem Rubriktitel »Deutsche Greuel«. Auch in England wurden sie zu einer Art Informationsstandard.

Doch die Verheerungen des Krieges machten sich auf Dauer auch in der Heimat bemerkbar und zehrten an der ökonomischen und psychologischen Substanz der beteiligten Nationen. Als sich 1917 vor allem in England Apathie breit zu machen begann, fingen die Mühlen der Manipulation wieder verstärkt an zu mahlen, und die Propaganda wurde auch mit Hilfe intellektueller Prominenz intensiviert. Damit der Krieg fortgesetzt werden könne, so äußerte sich der englische Schriftsteller Robert Graves, wäre es notwendig, »die Engländer dazu zu bringen, die Deutschen so zu hassen wie nie zuvor«.[19] Bischöfe, Politiker, Berühmtheiten aus neutralen Ländern und auserwählte Dichter wurden zu Frontbesichtigungen eingeladen, die keinerlei Aufklärungswert, dafür aber eine hohe emotionale Bedeutung hatten.

Tief beeindruckt und betroffen kehrten die Frontgäste von solchen Touren in ihre Heimat zurück und sahen sich zu resoluten öffentlichen Stellungnahmen veranlaßt. So erregte sich

H. G. Wells über »Frankensteins Deutschland« und sprach von der »geistigen Inferiorität des deutschen Volkes«, ein Echo von Rudyard Kiplings früher geäußerter Behauptung, die Welt sei »heute zweigeteilt, in menschliche Wesen und Deutsche«. Und George Bernard Shaw ermahnte die für die Kommunikation Verantwortlichen zur Einhaltung eines Ehrenkodex: »Wir brauchen keine Zensur. Solange Krieg ist, müssen wir unsere eigenen Zensoren sein«.[20]

Die koordinierten Bemühungen eines erneuten Angriffs auf die öffentliche Meinung führten zur populärsten Greuelstory des Ersten Weltkriegs. Am 16. April 1917 wurde sie mit einem vagen Satz in der ›Times‹ lanciert: »Ein amerikanischer Konsul, der Deutschland im Februar verlassen hatte, erklärte in der Schweiz, daß die Deutschen aus den Körpern ihrer Toten Glyzerin destillierten.«[21] Die Geschichte verbreitete sich explosionsartig in allen möglichen Variationen. Ihr Kern jedoch besagte, daß die Deutschen hinter den Frontlinien die Leichen ihrer Gefallenen in Fabriken siedeten, um daraus Glyzerin für ihre Munition zu gewinnen. Der englische Premierminister wurde vom Unterhaus aufgefordert, die Barbarei mit den »Leichenfabriken« in Ägypten und Indien und überhaupt weltweit bekannt zu machen. Vergeblich versuchte ein englisches Parlamentsmitglied auf eine Klärung der Vorwürfe zu drängen, und vergeblich protestierten die Deutschen gegen diese Verleumdungskampagne mit dem Hinweis, es gebe lediglich eine »Kaderverwertungsanstalt« der Armee, in der die an der Front verunglückten Rösser und andere Tiere verarbeitet würden.

Deutschland mußte mit dieser Lügengeschichte noch lange leben. Erst im Dezember 1925 wurde in einer Erklärung des englischen Unterhauses bekanntgegeben, daß es sich um eine propagandistische Erfindung gehandelt hatte. Ein britischer Brigadegeneral und Mitarbeiter des militärischen Geheimdienstes hatte die Story mit manipulierten Photographien und dem gefälschten Tagebuch eines deutschen Soldaten in die Welt gesetzt und damit eine effektvolle Lawine der Entrüstung losgetreten.

Die alliierte Haß- und Greuelpropaganda war wohlkalkuliert, wissenschaftlich fundiert, und ihre Ziele waren klar definiert: »Sie wurde eingesetzt, um den Kampfgeist von Soldaten und Zivilbevölkerung zu härten, die Aufnahme von Kriegsanleihen zu fördern und Verletzungen des internationalen Rechts zu rechtfertigen. Die Greuelgeschichte als solche erwies sich auch als hilfreich, um die Ablehnung vorzeitiger Friedensangebote zu begründen, strenge Friedensbedingungen aufzuzwingen und neutrale Mächte zu beeinflussen.«[22] Die vielleicht wichtigste Aufgabe der Greuelpropaganda, so Historiker und Analytiker des Ersten Weltkriegs, lag in der Ausübung eines mächtigen emotionalen Einflusses auf die Bevölkerungen neutraler Staaten. Lange geheimgehaltene Dokumente des britischen Informationsministeriums belegen, daß besonders viel Mühe und ausgeklügelte Strategien von seiten Großbritanniens darauf verwendet wurden, die antideutsche Stimmung in der amerikanischen Öffentlichkeit hochzuschaukeln, um den gewünschten Eintritt der USA in den Krieg herbeizuführen.[23]

Ein nicht ganz einfaches Unterfangen, denn die amerikanische Presse verfolgte das europäische Gemetzel mit einiger Distanz. Viele der US-Korrespondenten wollten sich nicht vereinnahmen lassen und beschlossen, mit aller Konsequenz neutral zu bleiben, um die Wahrheit zu berichten – was auch immer sich ihnen als »wahr« darstellten mochte. Sogar Zeitungsinhaber legten selbst Hand an, um die redaktionelle Linie auf Ausgewogenheit zu korrigieren. Als die ›New York Times‹ der Parteinahme bezichtigt wurde, ließ der Verleger eine Analyse erstellen, aus der hervorging, daß ein leichtes pro-britisches und anti-deutsches Ungleichgewicht herrschte, was durch unterschiedlich große Überschriften und verschiedene Plazierungen der Artikel hervorgerufen wurde. Der Verleger ließ das schleunigst ändern.

Eine Umfrage unter 367 amerikanischen Zeitungsbesitzern Ende 1914 ergab, daß 242 von ihnen, also etwa zwei Drittel, keiner Seite im europäischen Krieg den Vorzug gaben[24], und das, obwohl verschiedene missionarische Touren von zivilen

Vertretern der Alliierten bereits hartnäckig versucht hatten, die öffentliche Stimmung in den USA zum Umschwung zu bringen. Schließlich protestierte auch US-Präsident Wilson bei der britischen Regierung gegen die systematische Behinderung amerikanischer Kriegsreporter bei ihrer Pflichterfüllung. Fünf renommierte US-Korrespondenten unterzeichneten eine Erklärung, in der sie festhielten, daß die englischen, französischen und belgischen Zeitungsberichte über deutsche Greuel sich nicht auf wahre Begebenheiten zurückführen ließen, und Recherchen von Vertretern der großen amerikanischen Agenturen Associated Press und United Press entlarvten die Veröffentlichungen über deutsche Verbrechen als »unanständige Lügen«.

Eine Analyse der amerikanischen Berichterstattung über den Krieg in Europa, durchgeführt von Sir Gilbert Parker, seines Zeichens populärer Romancier und Leiter der US-Sektion in dem mit Geheimdienstgeldern finanzierten britischen Propagandabüro, ergab daher dringenden Handlungsbedarf auf seiten der Alliierten. Parker erarbeitete einen detaillierten Manipulationsplan, wonach eine regelmäßige und gezielte Unterrichtung ausgewählter und hochkarätiger amerikanischer Meinungsführer sowie die subtile Bekehrung der US-Kriegsberichterstatter an erster Stelle standen. Aber sein Vorhaben sollte weit über die Vereinnahmung gesellschaftlicher Multiplikatoren hinaus gehen. Unter Parkers Führung »durchdrangen die britischen Bemühungen, die Vereinigten Staaten in den Krieg zu bringen, alle Sphären des amerikanischen Lebens, von der Kanzel bis zum Klassenzimmer, von der Fabrik bis zum Büro«. Parkers Werk gilt als »eine der größten Propaganda-Arbeiten in der Geschichte« und wurde »derart wirksam und geheim durchgeführt, daß bis zum Vorabend des Zweiten Weltkriegs wenig davon bekannt wurde«.[25]

Parkers Kampagne hatte zur Folge, daß die britische Sichtweise des Krieges praktisch in der gesamten amerikanischen Öffentlichkeit verankert wurde. Hilfreich war dabei der Umstand, daß die Briten ihre Kontrolle über Kommunikationswege und Nachrichtenfluß optimieren konnten. Britische Zeitungen waren ohnehin die am weitesten verbreiteten Printmedien der Welt, und die Presse wurde weltweit vorwiegend mit britischen Depeschen versorgt. Entscheidend aber war, daß die englische Seemacht ihre Herrschaft über die Meere nicht nur durch eine militärische Fernblockade, die Deutschland wirtschaftlich und buchstäblich aushungern sollte, wirksam machte, sondern auch durch eine andere Art von Isolation: Sie durchtrennte die wichtigsten deutschen Kabelverbindungen und schnitt das Land damit kommunikationstechnisch von der Außenwelt, vor allem von den USA, ab.[26]

Als sich die erfolgreiche Mobilisierung der amerikanischen öffentlichen Meinung und damit der Kriegseintritt der USA, der schließlich am 6. April 1917 erfolgte, abzeichneten, dankte Parker im Februar 1917 »aus gesundheitlichen Gründen« ab. Um die Aushebung von Soldaten zu forcieren, setzten die Amerikaner Parkers Arbeit nun selbst fort. Präsident Wilson rief ein »Committee on Public Information« unter dem Vorsitz des Journalisten George Creel ins Leben, das sich mit fünf Millionen Dollar aus dem Verteidigungsetat finanzierte. Es sollte sich dem Kampf »um den Geist der Menschen«, um »die Gewinnung ihrer Überzeugungen« widmen. Unterstützend flankiert wurde das Creel Committee vom Eigentümer der Londoner ›Times‹ und der ›Daily Mail‹, Lord Northcliffe, der ein britisches »Bureau of Information« in New York einrichtete, wo in Spitzenzeiten 500 offizielle Mitarbeiter und 10 000 Assistenten damit beschäftigt waren, Propagandageschichten, die sich in Europa bewährt hatten, vor allem die »Vergewaltigung Belgiens«, neu aufzuwärmen. Creel selbst sandte nach eigenen Worten 75 000 Redner aus, die in 5000 amerikanischen Städten vor über dreihundert Millionen Menschen 755 190 Vier-Minuten-Reden hielten und den »gerechten Zorn« der Amerikaner gegen die deutschen »Hunnen« heraufbeschworen.

Die Anstrengungen der Propagandisten waren enorm: »Pfadfinder verteilten kommentierte Exemplare von Präsident Wilsons Reden vor den Haushaltsvorständen Amerikas. Alle vierzehn Tage wurden an 600 000 Lehrer Zeitschriften versandt.

200 000 Dias wurden für Bildvorträge hergestellt. 1438 verschiedene Zeichnungen für Plakatsäulen, Fensterkarten, Zeitungsanzeigen, Karikaturen, Stempel und Knöpfe herausgebracht. Zu Mr. Creels Apparat (...) gehörten jedoch weder Mr. McAdoos gewaltige Organisation für die Freiheitsanleihen noch Mr. Hoovers weitreichende Nahrungsmittelpropaganda noch die Feldzüge des Roten Kreuzes, des YMCA (des Christlichen Vereins Junger Männer), der Heilsarmee, der Kolumbusritter, der Jüdischen Wohlfahrtszentrale, nicht zu vergessen die eigenständige Arbeit von vaterländischen Gesellschaften wie der Friedensliga, der Liga der Freien Nationen, der nationalen Sicherheitsliga ...«[27]

Und immer neue Geschichten wurden erfunden. Ein Buch mit dem Titel ›Christine‹, das angebliche Briefe einer Musikstudentin aus Deutschland an ihre Mutter in England enthielt und von den Scheußlichkeiten der Deutschen berichtete, wurde zum Bestseller und rührte die Amerikaner zu Tränen. Eine anti-deutsche Hysterie erfaßte das Land jenseits des Atlantiks.

Historiker behaupten, der amerikanische Präsident Woodrow Wilson wäre neutral geblieben und hätte seinen Einfluß genutzt, um in Europa einen Frieden zu vermitteln, hätten ihn nicht die Fangarme der Propaganda in die Zange genommen.[28] Eine solche These vereinfacht komplexe Zusammenhänge, läßt sich jedoch in ihrem Kern nicht widerlegen. Obwohl die Vereinigten Staaten offiziell ihre Neutralität erklärt hatten, wurden sie zusehends in den Krieg verflochten. Je nachdrücklicher das europäische Gemetzel in das Bewußtsein der Amerikaner drang, desto größer wurde die Bereitschaft, sich zu engagieren oder in den Krieg zu »investieren«. Amerikanische Banken legten alliierte Anleihen auf und verhalfen den Engländern und Franzosen zu riesigen Krediten. Die Industrie stellte sich bald auf den anglo-französischen militärischen Bedarf ein und versorgte die Regierungen mit gewaltigen Mengen an Gewehren, Kanonen, Sprengstoff und anderem Kriegsmaterial, was sich als höchst profitabel erwies. Die amerikanische Landwirtschaft erholte sich von einer tiefen Vorkriegsdepression, als sie in

England und Frankreich einträgliche Absatzmärkte für Baumwolle, Weizen und Schweinefleisch fand. Gleichzeitig kam der Handel der Amerikaner mit den Mittelmächten noch vor der britischen Seeblockade praktisch zum Erliegen. Da hatte sich das rege Rühren der englischen Werbetrommeln schon bezahlt gemacht.

Aber es waren nicht ökonomische Erwägungen, die Wilson zur amerikanischen Kriegsbeteiligung drängten, sondern moralische, die politisch begründet wurden. Obwohl der amerikanische Präsident noch 1916 unermüdlich versuchte, die Kriegsparteien zu einem Kompromiß zu bewegen, nicht zuletzt auch, um das Wahljahr als »Friedenspolitiker« ohne Machtverlust zu überstehen, wurden die Proteste gegen die »German policy of frightfulness«, die deutsche Politik der Greueltaten, in der Öffentlichkeit immer stärker. Nachdem die britische Propaganda auch den unbeschränkten U-Bootkrieg der Deutschen zum »Kriegsgreuel« erklärt hatte und spätestens seit dem Versenken des Dampfers »Lusitania« im Mai 1915, als sich unter den mehr als 1100 Opfern auch 128 amerikanische Staatsbürger befanden, waren die Amerikaner unmittelbar von der deutschen Grausamkeit betroffen. Der Krieg gegen die Deutschen nahm in den Köpfen der Amerikaner immer mehr die Gestalt eines Kampfes des Guten gegen das Böse an, der Zivilisation gegen die Barbarei, der Demokratie gegen die Unfreiheit. Das erzeugte Handlungsbedarf und lieferte die Rechtfertigung gleich dazu.

Schließlich begründete Wilson am 2. April 1917 vor dem amerikanischen Kongreß die Notwendigkeit eines Kriegseintritts der USA unter Berufung auf die Verteidigung demokratischer Werte: »Es ist eine furchtbare Sache, dieses große, friedfertige Volk in einen Krieg zu führen, in den schrecklichsten und zerstörerischsten aller Kriege, in dem die Zivilisation auf dem Spiel zu stehen scheint. Aber das Recht ist wertvoller als der Friede, und wir werden für die Sache kämpfen, die unserem Herzen immer am nächsten lag – die Demokratie, (…) für das Recht und die Freiheit kleiner Nationen, für die universelle

Herrschaft des Rechts durch einen solchen Zusammenschluß freier Völker, der Frieden und Sicherheit für alle Nationen bringen und schließlich die Welt selbst befreien wird. Dieser Aufgabe können wir unsere Leben und unsere Reichtümer darbringen, alles, was wir sind, und alles, was wir haben, mit dem Stolz jener, die wissen, daß der Tag gekommen ist, an dem Amerika privilegiert ist, sein Blut und seine Kraft für die Prinzipien opfern zu können, die ihm zur Geburt und zum Glück und zum Frieden verholfen haben (...).«[29]

Es ist nicht von ungefähr, daß der berühmte und vielzitierte Ausspruch »Das erste Opfer im Krieg ist die Wahrheit« vom amerikanischen Senator Hiram Johnson im Jahre 1917 geprägt wurde. Ein dichtes Geflecht aus Lügen, Manipulationen und Desinformationen überwucherte die grauenvolle Wirklichkeit des Ersten Weltkriegs. Die Bevölkerungen der beteiligten Staaten bekamen nur die »Wahrheiten« vermittelt, die den Kriegszielen der jeweiligen Regierungen dienten. So erging es auch den Deutschen, obgleich sich die Presselenkung der Mittelmächte im Vergleich zur gewaltigen Propagandamaschinerie der Alliierten vergleichsweise stümperhaft ausnahm. Am 2. August 1914 erklärte Generaloberst von Moltke, die Presse sei ein »unentbehrliches Mittel der Kriegführung«[30], und schon am nächsten Tag fand eine Besprechung mit Pressevertretern im Reichstag statt. Oberstleutnant a. D. Erhard Deutelmoser, Leiter des Kriegspresseamtes, zog 1919 das Resümee seiner Arbeit: »Kein Mensch kann bestreiten, daß die deutsche Öffentlichkeit in der Tat verhängnisvoll irregeführt worden ist.«[31]

Im selben Jahr faßte der ehemalige Kriegsberichterstatter im Großen Hauptquartier, Heinrich Binder, seine Erfahrungen unter dem Titel ›Was wir als Kriegsberichterstatter nicht sagen durften‹ zusammen, und Kurt Mühsam veröffentlichte seine Schrift ›Wie wir belogen wurden‹.[32] Nicht nur diese beiden Broschüren legen Zeugnis davon ab, wie die deutsche Presse von der Front bis in die Redaktionen hinein reglementiert wurde. Jede Zeitung bekam tägliche Anweisungen, was sie bringen durfte und was verboten war. Die schon unter Bismarck tätige offiziöse Nachrichtenagentur »Wolff's Telegraphen-Büro« war das »ausführende Organ der Oberzensurstelle«, und ihre Berichte mußten unverändert gedruckt werden. Kommentare waren nicht gestattet, und es kam häufig vor, daß Redaktionsangehörige wichtiger Zeitungen willkürlich und für mehrere Tage in Haft genommen wurden. Die Zulassung von Kriegsberichterstattern fiel in die Zuständigkeit des stellvertretenden Generalstabs des Heeres.

Doch erst 15 Monate nach Kriegsausbruch griff die Koordination der Maßnahmen, und damit war »die Voraussetzung für eine zentral gesteuerte positive Pressepolitik« geschaffen, die »um so notwendiger war, als die Kriegsbegeisterung des deutschen Volkes abzuflauen begann«.[33] Im wesentlichen wies die deutsche Lenkung der Öffentlichkeit eine andere innere Struktur auf als die der Alliierten, denn sie gründete sich auf die Maxime »Wir sind unschlagbar« und setzte auf die Kunst und Wirkung des Verschweigens. Gefragt waren »erbauende Darstellungen über Leben und Erleben der Truppen im Felde«, und als Prinzip galt: »Wir werden nicht immer alles sagen können, aber was wir sagen werden, ist wahr.«[34] Diese Strategie der Auslassungen und Vernebelungen führte schließlich zu dem Dilemma, daß man selbst über Unrecht, das den Deutschen widerfahren war, nicht wirklich schreiben konnte, denn das hätte die »Politik der Stärke« und deren Glaubwürdigkeit untergraben. Aus diesem Grunde auch versäumte es die deutsche Führung beispielsweise, die tatsächlich unmenschliche Hungerblockade als Kriegsverbrechen gegen das deutsche Volk propagandistisch zu »verwerten«.[35]

Dennoch floß Greuel- und Haßpropaganda gegen die Kriegsgegner auch in dieses System der Täuschung und Selbsttäuschung ein. So veröffentlichte etwa das Auswärtige Amt im März 1915 eine Denkschrift unter dem Titel ›Greueltaten russischer Truppen gegen deutsche Zivilpersonen und deutsche Kriegsgefangene‹, die der alliierten Propaganda über die deutschen Verbrechen in Belgien entgegenwirken sollte und praktisch spiegelbildlich konstruiert war.

Die gemeinsamen propagandistischen Anstrengungen der Mittelmächte konzentrierten sich vor allem auf den Feind im Osten und Südosten. Das österreichisch-ungarische Ministerium des Äußeren publizierte im April 1915 ein Gegenstück zum britischen Bryce-Report, das sogenannte ›Rotbuch‹, eine Sammlung von »Nachweisen« serbischer Greuel, die die Brutalität der russischen angeblich bei weitem übertrafen, und von der deutschen Presse ausführlich behandelt wurden. Auch bulgarische Stellen versorgten die deutsche Öffentlichkeit, nicht nur mit Berichten über Verbrechen der Serben, sondern auch der Rumänen, und die türkischen Verbündeten lieferten Geschichten über armenische Grausamkeiten, nicht zuletzt auch um das Image der »schrecklichen Türken« etwas aufzupolieren.[36]

Was die Bloßstellung der Alliierten als Barbaren betraf, so richtete sich die Aufmerksamkeit der deutschen Propaganda vor allem auf deren Mißhandlung deutscher Kriegsgefangener. Noch wirkungsvoller jedoch waren Schilderungen von brutalen Übergriffen und rohen Praktiken farbiger Truppen, die in den Kolonien unter der militärischen Oberhoheit Englands und Frankreichs deutsche Zivilisten und Armeeangehörige abschlachteten.[37]

So wie die der Alliierten dienten auch die deutschen Propagandageschichten dazu, die eigentliche Tragödie des großen Gemetzels zu verschleiern: Deutschland verlor in jeder Minute des Krieges drei Soldaten[38], Großbritannien in den ersten vier Monaten der Kämpfe mehr Offiziere als in allen Kriegen der vorhergehenden hundert Jahre zusammengenommen. Ebenfalls allein in den ersten vier Monaten fielen rund eine halbe Million französischer Soldaten, in der Schlacht an der Somme 600 000 Alliierte und in Verdun 350 000 Deutsche.[39] Mehr als zehn Millionen Tote und 21 Millionen Verwundete – das war die verheerende Wirklichkeit, die den Völkern vorenthalten werden sollte, um ihren Kampfwillen nicht zu schwächen und die jeweiligen Armeen bis zum »Siegfrieden« zu führen. Denn, wie der englische Premierminister Lloyd George im Dezember 1917 unverhohlen gegenüber einem Verleger zugab, wenn die Menschen »wirklich alles wüßten, wäre der Krieg morgen vorbei«.[40] Friedensbemühungen mußten unter dem Eindruck der barbarischen Grausamkeit des Gegners, was im übrigen ja nicht nur Haß, sondern auch Angst erzeugte, allen Seiten als moralisch, ethisch und politisch nicht vertretbar erscheinen. So wurde der totale Sieg über den Feind zur zwingenden Lösung.

Die Strategie der Manipulationen und Lügen sollte jedoch noch bedeutende Erschütterungen nach sich ziehen. Die Menschen in England, Frankreich und Deutschland hatten zwar schon geahnt, daß die amtliche, militärische und journalistische Darstellung der Frontereignisse die wirklichen Geschehnisse irgendwie verzerren mußte, denn in fast jeder Familie gab es Soldaten, die von ihren Erlebnissen oft ganz anders berichteten oder eben nicht mehr berichten konnten. Als aber die Propagandaapparate und Pressezensuren nach Kriegsende zusammenbrachen, wurde nach und nach das reale Ausmaß der Katastrophe bekannt. Die Zeitung als wichtigstes Medium dieser gigantischen Irreführung erfuhr – vor allem im journalistisch traditionsbewußten England – einen schwerwiegenden und nachhaltigen Glaubwürdigkeitsverlust.

Die Deutschen erlebten einen Schock, als sich die Kluft zwischen dem Propagandamythos der Unschlagbarkeit und der bitteren Realität des Verlierers wie ein tiefer Abgrund öffnete. Den mutwilligen Betrug an der Öffentlichkeit durch Politik und Militär im Einvernehmen mit der Presse mochten viele jedoch nicht hinnehmen. Eine neue Legende begann Wurzeln zu schlagen – die Mär vom Verrat der Front durch die Heimat. »Es gehörte schon viel dazu«, so schrieb ein Analytiker der deutschen Pressepolitik im Ersten Weltkrieg, angesichts der vielen Opfer nach vier Jahren Krieg »davon zu sprechen, ein Dolchstoß der Heimat habe die Front erschüttert. Die militärische Nachrichtenpolitik, die das Ausmaß dieser Opfer zu verschleiern suchte, erreichte ihr Ziel. Sie schuf den Nährboden für die Illusionspolitik des Nationalismus«.[41]

Die Diskrepanz zwischen Lüge und Wahrheit schien unerträglich. Um so schwerer ließen sich die von den Siegermächten unter völligem Ausschluß deutscher Vertreter diktierten Friedensbedingungen hinnehmen. Die territorialen Bestimmungen, die zu Gebietsverlusten und Beschränkungen der Souveränität durch militärische Besatzung führten, waren schwer zu akzeptieren. Die Kriegsschuldklausel aber, festgelegt im Artikel 231 des Versailler Vertrages und im Teil VII, der die Auslieferung und Bestrafung des Kaisers und weiterer 800 Kriegsverbrecher forderte, wurden zur nationalen Demütigung. Sie wiesen den Deutschen die alleinige Verantwortung für den Krieg und für im Krieg begangene Greueltaten zu.

Die entsprechenden Bestimmungen des Versailler Vertrages indessen müssen als Ergebnis der von den Alliierten betriebenen Propaganda gewertet werden. Die den Deutschen zur Last gelegten Monstrositäten schrien geradezu nach Sühne und Vergeltung. Da aber die alliierten Regierungen für die Dämonisierung der Deutschen selbst verantwortlich zeichneten, saßen 1919 in Paris Staatsoberhäupter zusammen, die Gefangene ihrer eigenen Ränkespiele geworden waren. Der Versailler Vertrags wurde im wesentlichen durch das Bild bestimmt, das man im Laufe des Krieges vom Feind konstruiert hatte. »Greuelpropaganda«, so hielt der Historiker James Morgan Read, der sich ausführlich mit dem Phänomen auseinandergesetzt hat, schon 1941 fest, »trug mehr als irgendein anderer einzelner Faktor zu harten Friedensbedingungen bei.«[42]

Natürlich hat es Exzesse gegeben im Ersten Weltkrieg, und es wäre ein begrüßenswerter Schritt gewesen, so Read, die Vergehen im Rahmen eines internationalen Tribunals zu ahnden, »sofern es alle Staaten und jene, die wirklich schuldig gewesen sind« erfaßt hätte, denn alle Seiten »hatten schmutzige Hände« und so, wie sie »Greuel erfunden hatten, die sie dem Feind zuschrieben, so hatten sie auch welche begangen«.[43] Unter den gegebenen Umständen aber geriet die Idee, die Gerechtigkeit zu vollziehen vorgab, zu einem »unilateralen Ausdruck politischer Rache, die unkalkulierbare Mißstimmungen erzeugte, ohne ausgleichendes Wohl zu bewirken«.[44] Obwohl das von den Alliierten geforderte Tribunal gegen den Kaiser und seine »Kriegs-verbrecher« in einer zur belanglosen Angelegenheit reduzierten Form stattfand, hinterließ es deutliche Spuren im Bewußtsein der beteiligten Nationen. Die Deutschen waren wütend über die Verfolgung ihrer »Helden«, wobei sie vermutlich nicht anders gehandelt hätten, wären sie als Sieger aus dem Krieg hervorge-gangen. Die Franzosen zeigten sich verbittert über den schließ-lich milden Ausgang der Prozesse. Die Engländer verloren bald den Glauben an den Gedanken der Bestrafung überhaupt, gegen den die Amerikaner bei der Friedenskonferenz ohnehin heftig und von Anfang an protestiert hatten. – »Vier Jahre Krieg und Propaganda hatten bei den Völkern und ihren Politikern tiefe Wunden geschlagen, die nicht heilen würden.«[45] Der Zweite Weltkrieg sollte sie wieder weit aufreißen.

Italienisch-abessinischer Krieg

Zu den fortdauernden völkischen Feindbildern kamen in den zwanziger und dreißiger Jahren noch ideologische hinzu: die des Kommunismus und des Faschismus. Die Polarisierung und Auf-teilung der Welt in Gut und Böse nahmen zu und verfestigten sich. Im Prinzip war es jedoch gleichgültig, auf welcher Seite der Weltanschauungen die Menschen lebten oder welcher Nation sie angehörten. Das Verstehen zeitgeschichtlicher Zusammen-hänge funktionierte für die Massen nach ein und demselben Schema: Es wurde auf Bedrohungsszenarien reduziert. Die Gefahren gingen, je nach Standpunkt, von den Deutschen, den Siegermächten, den Bolschewisten, den Kommunisten, Faschi-sten, Pazifisten oder den Reaktionären aus. Jede der Positionen nahm für sich in Anspruch, die einzig wahre und gerechte zu sein. Natürlich gibt es unter demokratischen Gesichtspunkten gesehen objektive Kriterien, die die einen Systeme als wahrer und gerechter definieren können als die anderen. Für die sub-jektiven Wahrnehmungsmöglichkeiten der Menschen indessen blieb der Erkenntnisspielraum eingeengt auf die stark emotionalisierte und angstbesetzte Feindbild-Perspektive, die durch die Ideologisierung der Politik bestimmt wurde.

An zwei Kriegen der dreißiger Jahre läßt sich diese Ideologisierung und ihre Auswirkung auf die Vermittlung von Wirklichkeiten besonders eindrucksvoll ablesen: dem italienisch-abessinischen Krieg und dem Bürgerkrieg in Spanien.

Im Jahre 1928 schlossen Italien und Abessinien einen »Freundschaftsvertrag«, der den Italienern ökonomische und kulturelle Einflußnahme in dem afrikanischen Land sichern sollte. Die Abessinier sahen in dem Abkommen eine Möglichkeit, sich die Rivalitäten innerhalb der europäischen Mächte zunutze zu machen, um über kurz oder lang Italien ausschalten zu können, und hielten sich nicht an die Vereinbarungen. Sie nahmen einen sich abzeichnenden Krieg in Kauf und hofften auf die militärische Unterstützung des 1919 ins Leben gerufenen Völkerbundes, dessen Mitglied sie waren und der ihnen die Integrität ihres Staates garantierte. Die Italiener wiederum rechneten mit dem Verständnis jener Mitglieder des Völkerbundes, die ihre eigene Kolonialpolitik in Afrika auch mit dem Einsatz von Gewalt betrieben.

Die Sympathien der Europäer waren jedoch klar verteilt. Sie gehörten dem romantischen Herrscher Abessiniens, Hailie Selassie, dem Löwen von Judäa, dessen Volk, so die Meinung seiner europäischen und amerikanischen Anhänger, sich des Ansturms der Truppen des Faschisten Mussolini, dem alle Antipathien galten, mit wenig Mitteln, dafür aber mit um so mehr Tugend und Tapferkeit erwehren würde. Wie der englische Schriftsteller Evelyn Waugh feststellte, der über den Krieg für die ›Daily Mail‹ berichtete, waren die meisten europäischen Beobachter jedoch so ahnungslos gegenüber den wirklichen Gegebenheiten, daß sie Abessinien »noch nicht einmal auf der Landkarte« finden konnten, geschweige denn »auch nur die leiseste Ahnung von dem Charakter des Landes« hatten; und »der Herausgeber einer großen englischen Zeitung glaubte, daß die Bevölkerung dort klassisches Griechisch sprach«.[46]

Dennoch wurde die abessinische Hauptstadt Addis Abeba

zum antifaschistischen Tummelplatz einer aus Europa und Amerika angereisten bunten Schar journalistischer Parteigänger des »Löwen von Judäa«. Hundertzwanzig, zum Teil erlesene Kriegskorrespondenten, von der russischen ›Tass‹ bis zur ›New York Times‹, reisten an und ließen sich im Hotel Imperial nieder. Die technische Kommunikation mit den Heimatredaktionen war schlecht und teuer, der Informationsaustausch mit den Einheimischen, die wenig Erfahrungen mit Ausländern hatten und praktische keine Fremdsprachen beherrschten, so gut wie unmöglich. Hinzu kam, daß die Reporter auf Anordnung der abessinischen Regierung die Hauptstadt nicht verlassen durften, weil sie auf offenem Territorium wegen ihres europäischen Aussehens von den abessinischen Kriegern mit den Italienern verwechselt und getötet werden könnten.

All diese Umstände begrenzten den journalistischen Gesichtskreis und machten eine angemessene Berichterstattung unmöglich. Für die Abessinier bedeutete dies, daß sie sich der Welt nach ihren Vorstellungen präsentieren konnten. So entstand das Bild »einer tapferen kleinen Nation, dessen Armee vornehmlich mit Speeren und antiken Waffen ausgerüstet war und sich auf die Gerechtigkeit der Weltmächte verließ, um nicht in den Krieg ziehen zu müssen. Wenn es jedoch zum Krieg gezwungen würde, so würden alle seine Stämme, die loyal waren gegenüber dem Herrscher Hailie Selassie, sich geschlossen erheben und in einem brillanten Guerillafeldzug die eindringenden Italiener aus Abessinien fortjagen ...«[47] Die geneigten Berichterstatter übernahmen diese optimistische Version der abessinischen Selbstbewertung, was international eine erhebliche Fehleinschätzung der wirklichen Lage zur Folge hatte. Schließlich gingen die Sympathien und die enge Zusammenarbeit zwischen den Reportern und der abessinischen Regierung so weit, daß die ausländischen Berichterstatter, die sich unter der Ägide der französischen und englischen Kollegen zu einer Interessenvertretung mit dem wohlklingenden Namen »Association de la Presse Etrangère« zusammengeschlossen hatten, sich selbst zur Zensur verhalfen, indem sie den kommunikationspolitisch unerfahrenen Abessiniern rieten, eine militärische Kontrolle des Nachrichtenflusses ins Ausland einzuführen. Denn, so ihre Ansicht, italienische Geheimdienstleute brauchten nur die internationale Presse zu lesen, um Einblick in die Kriegsführung der Afrikaner zu bekommen. Um den Umgang der Abessinier mit der Weltöffentlichkeit zu optimieren, ging Joseph Israels II., Korrespondent der ›Times‹ und ›New York Times‹ in Addis Abeba, nach New York, wo er Hailie Selassies Public Relations-Berater wurde und damit begann, manipulierte Nachrichten zugunsten der Abessiner zu lancieren.

Das eifrige Engagement der ausländischen Pressevertreter machte die Situation des afrikanischen Staates indessen noch aussichtsloser, als sie es ohnehin schon war. Hailie Selassie begann auf die ihm angediente Strategie der Propaganda zu setzen, um über die öffentliche Meinung den Völkerbund zu einer militärischen Intervention zu bewegen. Dabei verwickelte sich die abessinische Seite in Widersprüchlichkeiten. Einerseits stellte sie sich als tapfer, widerständig und erfolgreich dar, andererseits vermittelte sie sich als Opfer italienischer Grausamkeiten. Als die Abessinier erkannten, daß ein rotes Kreuz kein Bordell kennzeichnete, wie es in ihrer Landestradition üblich war, sondern im internationalen Gebrauch ein Zeichen für humanitäre Einrichtungen darstellte und damit Schutz vor möglichen Angriffen des Gegners bot, suchten ihre Militärs nicht nur Zuflucht in Zelten der internationalen Organisation, sondern brachten das Emblem auch an militärischen Stützpunkten an. Das wiederum veranlaßte die Italiener, die Objekte, über denen die Flagge des Roten Kreuzes wehte, unterschiedslos zu bombardieren, was dazu führte, daß sie von den Abessiniern der Verletzung des Völkerrechts und der Greueltaten bezichtigt wurden. Gleichzeitig produzierten die Reporter in Addis Abeba für die Weltöffentlichkeit erdachte Berichte über die Rückeroberung von Städten aus italienischer Hand oder über abessinische Siege mit grob übertriebenen Verlustzahlen der Italiener. So sollen bei Adowa im Oktober 1935 nach Angaben aus entsprechenden Quellen siebenhundert Italiener unter dem Ansturm der Abessinier gefallen sein. In Wirklichkeit waren es sechs.[48]

Die Korrespondenten, die auf der italienischen Seite akkreditiert waren, mußten sich der anfangs strengen Zensur der Militärs beugen. Viele von ihnen hatten sich ohnehin als offene Sympathisanten Mussolinis gezeigt, so daß ihre Informationen nicht nur inhaltlich reduziert, sondern auch parteiisch waren. »Die Nachrichtensperre von seiten der italienischen Armee fiel zusammen mit der Fülle von erfundenen Geschichten aus Addis Abeba. Da eine erfundene Geschichte, von Fakten unbelastet, ein aufregenderes Leseerlebnis darstellt als ein umfassend zensierter Bericht eines kleineren Ereignisses, gaben die Zeitungen den Stories aus Addis Abeba ungeteilt den Vorzug, und das schuf einen falschen Eindruck von dem, was in Abessinien geschah.«[49]

Als die Kriegsreporter, die die Italiener begleiteten, von den Niederlagen und der endgültigen Überwältigung der Abessinier durch die weit überlegenen italienischen Truppen berichteten, wollte das niemand so recht glauben, weil es den Vorstellungen, die man sich aufgrund der euphorischen Meldungen aus Addis Abeba gemacht hatte, zuwiderlief. Die naheliegendste Erklärung für den solchermaßen überraschend gekommenen Ausgang der Kämpfe fanden Reporter und Kommentatoren in der Behauptung, die Italiener seien brutal gegen die Zivilbevölkerung vorgegangen, hätten Krankenhäuser angegriffen und Senfgas eingesetzt. Obgleich es Übergriffe solcher Art gegeben hat, konnte die überwiegende Mehrheit der Vorwürfe trotz zahlreicher Versuche auch Jahre nach dem Krieg nicht bestätigt werden.

Schließlich blieben die Abessinier, die von ihrer eigenen Propaganda und der parteigängerischen internationalen Presse den italienischen Eindringlingen buchstäblich ans Messer geliefert worden waren, unter der italienischen Okkupation alleine zurück, ihr Herrscher Hailie Selassie ging ins Exil. 1940 beschlossen die Engländer, die alten Verhältnisse in Addis Abeba wiederherzustellen, und starteten vom Sudan aus eine

Kampagne unter dem Titel »Offensive Propaganda Operation«, mit dem Ziel, die Abessinier gegen die Besatzer aufzubringen. Im Rahmen der Operation wurde ein britischer Offizier bestimmt, der Hailie Selassie im Triumphzug nach Addis Abeba zurückführen sollte. Der Offizier hieß George L. Steer, ehemals Korrespondent der Londoner ›Times‹ im italienisch-abessinischen Krieg.

Spanischer Bürgerkrieg

Geradezu harmlos nimmt sich der journalistische Feldzug auf seiten der Abessinier aus gegenüber der flammenden Agitprop-Presse im Spanischen Bürgerkrieg, wo sich die internationale Linke leidenschaftlich dem Kampf gegen den Faschismus verschrieben hatte. Zusammen mit Tausenden von Freiwilligen strömten die berühmtesten Journalisten aus allen Teilen der Welt 1936 nach Spanien, um die historischen Ereignisse zu dokumentieren, und namhafte Intellektuelle wie John Dos Passos, Ernest Hemingway, André Malraux, Arthur Koestler, Antoine de Saint-Exupéry oder George Orwell schlossen sich ihnen an. Die Parteinahme für die Sache der Republikaner nahm die Dimension eines Kreuzzugs wider das Böse an, und hehre Prinzipien wie Ethik, Moralität und Gerechtigkeit waren ihre treibenden Kräfte.

Paradoxerweise waren es eben diese Prinzipien, die von den gleichen Leuten in ihrer Darstellung des Krieges als erstes außer Kraft gesetzt worden sind. George Orwell, einer der ganz wenigen, die sich in den Wirren der ideologischen und physischen Grabenkämpfe ihre intellektuelle Integrität zu bewahren versuchten, pointierte in seinen Erinnerungen an den Spanischen Bürgerkrieg seine Schlüsselerfahrung: »Schon früh im Leben habe ich begriffen, daß kein Ereignis in der Zeitung korrekt wiedergegeben wird, aber in Spanien habe ich zum ersten Mal Zeitungsberichte gesehen, die überhaupt keinen Bezug zu den Fakten hatten, noch nicht einmal den Bezug, der in einer gewöhnliche Lüge enthalten ist. Ich habe gesehen, wie über große Schlachten berichtet wurde, die niemals stattgefunden haben, und wie geschwiegen wurde, wo es Hunderte von Toten gab. Ich habe gesehen, wie Truppen, die tapfer gekämpft haben, als Feiglinge und Verräter denunziert wurden, und andere, die keinen abgefeuerten Schuß gesehen haben, als Helden imaginärer Siege gefeiert wurden; und ich habe Zeitungen in London gesehen, die diese Lügen verbreitet haben, und eifrige Intellektuelle, die einen emotionalen Überbau zu Ereignissen schufen, die nie stattgefunden haben. Alles in allem – ich habe gesehen, wie Geschichte geschrieben wurde, nicht, wie sie sich ereignet hatte, sondern, wie sie sich gemäß der unterschiedlichen Parteilinien hätte ereignen sollen.«[50]

Vom wohlgemeinten Idealismus zum geblendeten Fanatismus ist es manchmal nur ein kleiner Schritt. Es steht nicht zur Debatte, ob die politischen Ideale der journalistischen Spanienkämpfer die richtigen waren. Vielmehr geht es darum, wieviel Wahrheit und Wirklichkeit zugunsten eines höheren Zwecks geopfert worden sind – und geopfert werden dürfen. Gerade der Spanische Bürgerkrieg ist zu einem Mythos geworden, der auf der journalistischen und literarischen Vermittlung und, wie sich zeigen wird, ihrer ästhetisch-politischen Überhöhung und Verfälschung gründete.

Bezeichnenderweise waren die, die sich zur Berichterstattung über den Waffengang auf der iberischen Halbinsel verpflichtet hatten, in vielen Fällen nicht nur Beobachter des Geschehens, sondern auch Teilnehmer. Hemingway kam als Vertreter des nordamerikanischen Zeitungsverbandes und übernahm die Aufgabe, die Rekruten der Internationalen Brigaden an der Waffe auszubilden. George Orwell ging für den ›New Statesman‹ nach Spanien und schloß sich einer neugegründeten Kampfeinheit in Barcelona an. Arthur Koestler war Korrespondent des ›London News Chronicle‹, was ihm als Deckung für seine Komintern-Aktivitäten diente. Louis Fisher, der für die Zeitschrift ›Nation‹, für den ›New Statesman‹ sowie für Zeitungen in Frankreich, Norwegen, Schweden und der tschechischen

Republik arbeitete, war auch gleichzeitig Waffenhändler der Republikaner. H. A. R. Philby, Berichterstatter der Londoner ›Times‹ auf der Seite der Nationalisten, arbeitete für den sowjetischen Geheimdienst. Der Korrespondent der ›New York Herald Tribune‹, Jim Lardner, ließ sogar sein Leben im Kampfeinsatz für die Republikaner.

Die Verschränkungen von Geist und Gewalt waren vielfältig: »Ein großer Teil der deutschen literarischen Emigration vertauschte die literarische Arbeit mit dem Gewehr oder bereiste das Land als Berichterstatter für ausländische Blätter und Exilzeitschriften.« So auch Arthur Koestler, der 1937 nach dem Fall von Málaga in Gefangenschaft geriet, wo er seine Erlebnisse in dem Buch ›Ein spanisches Testament‹ verarbeitete, von dem Alfred Döblin 1938 beeindruckt schrieb: »Er leidet im und mit dem gequälten Spanien.«[51] Koestlers Buch, das erschreckende Details über Greuel der Nationalisten enthielt, verursachte in der europäischen Öffentlichkeit eine Welle der Verachtung für General Franco und seine Streitkräfte. 1954 gab Koestler zu, das Buch in Paris und unter der einpeitschenden Mitwirkung von Willy Münzenberg geschrieben zu haben, der die Westeuropäische Agitprop-Abteilung der Komintern leitete. Münzenberg zeigte sich wiederholt unzufrieden mit Koestlers Manuskript und intervenierte: »Zu schwach. Zu objektiv. Du mußt sie treffen. Du mußt sie hart treffen. Erzähl der Welt, wie sie ihre Gefangenen mit Panzern überrollen, wie sie sie mit Benzin übergießen und bei lebendigem Leib verbrennen. Der Welt muß es vor Entsetzen den Atem verschlagen. Du mußt es in ihre Köpfe hämmern. Die Welt muß aufwachen ...«[52] Münzenberg hielt Koestler einen Nazi-Artikel über den Spanischen Bürgerkrieg unter die Nase und sagte voller Bewunderung: »Das, Arturo, ist Propaganda.«

Auch die Franco-Faschisten führten Hofberichterstatter mit sich, die nicht nur ideologisch und emotional, sondern auch physisch in die Kämpfe involviert waren, so daß die Journalisten in beiden politischen Lagern kaum eine professionelle oder (selbst-)kritische Distanz zum Geschehen entwickeln konnten.

Die Folge war eine vollkommen entstellte Darstellung der Ereignisse. Massaker und Greueltaten, die von den Republikanern und ihren Gefolgsleuten im Namen des Kommunismus, Anarchismus oder einer anderen Ideologie begangen wurden, kamen in den Berichten der republikanischen Pressevertreter nicht vor. Dafür wurde die Phantasie um so eifriger bemüht. Als der renommierte Korrespondent des ›Manchester Guardian‹, Frederick Voigt, zu einem Kurzbesuch im April 1937 im Madrider Hotel Florida ankam, erzählte er seinen dort weilenden Kollegen aufgeregt, daß eine Welle des Terrors die Stadt erfaßt hätte und Tausende von Leichen herumliegen würden. Auf Nachfrage der Anwesenden mußte er zugeben, daß er keine Leichen gesehen hatte, blieb jedoch überzeugt davon, daß Terror waltete. Ein paar Tage später versuchte er einen Bericht aus der Stadt zu schmuggeln, der mit den Worten begann: »Es herrscht Terror in Madrid. Tausende von Leichen ...«[53]

Exzesse und unkontrollierte Gewalt gab es auf beiden Seiten. Aber es wurde nicht wahrheitsgemäß über sie berichtet. Dem republikanischen Terror waren insgesamt 60 000 Tote zum Opfer gefallen, darunter unverhältnismäßig viele »ideologische« Feinde wie Bischöfe, Priester, Nonnen und Mönche. Zugleich gab es blutige interne Abrechnungen und Exekutionen, die die Kommunisten an unliebsamen Elementen unter den Republikanern vornahmen. Praktisch nichts von alledem fand sich in den Front- und Zustandsberichten wieder, die die schreibende Zunft auf republikanischer Seite verfaßte. Statt dessen gab es euphorische, aber fiktive Heldengeschichten, Dämonisierungen des Gegners, die an der Wahrheit vorbeigeschrieben wurden, und Leid nur unter den eigenen Anhängern.

Daß die Gegenseite bei der Wiedergabe der Ereignisse ebenso selektiv vorging, konnte die parteigängerische Reporterschar, die das Banner des Antifaschismus hochhielt, nicht aus ihrer Verpflichtung entlassen, dem Recht des Lesers auf Fakten zu entsprechen. Zerrbilder, Verklärungen und Mystifizierungen waren und sind keine journalistischen Kategorien.

An zwei Symbolen des Spanischen Bürgerkriegs läßt sich der

Unterschied zwischen Legendenbildung und Wahrheitsgehalt verdeutlichen. Am 26. April 1937 wurde das baskische Städtchen Guernica von einem deutschen Bombergeschwader, das auf seiten der Nationalisten zum Einsatz kam, unter schweren Beschuß genommen und völlig zerstört. Als die Nachricht vom brennenden Guernica die in Bilbao versammelte Runde der republikanischen Berichterstatter erreichte, beschloß eine kleine Gruppe von ihnen, sich die Zerstörung vor Ort anzusehen. Darunter auch George L. Steer, Korrespondent der Londoner ›Times‹ und später jener Offizier der britischen Armee, der Haile Selassie im Triumphzug nach Hause führte.

Steers aufrüttelnd geschriebene Reportage, die zwei Tage danach in der ›Times‹ und der ›New York Times‹ erschien, führte zu einem Aufschrei in der Öffentlichkeit und machte Guernica zum Inbegriff faschistischer Barbarei. Ihre Schlüsselaussage war folgende: »Guernica war kein militärisches Ziel. (...) Das Ziel des Bombardements war offensichtlich die Demoralisierung der Zivilbevölkerung und die Zerstörung der Wiege der baskischen Rasse.«[54] Im weiteren beschrieb Steer, wie die aus den Häusern flüchtende Bevölkerung aus der Luft unter Maschinengewehrfeuer genommen wurde und wie in nicht ablassenden Angriffswellen erstmals Brandbomben zum Einsatz kamen. Es handelte sich, so der Berichterstatter, um eine neue Art von Kriegführung, ein Experiment, das einzig das Zermürben und Töten der baskischen Zivilbevölkerung zum Ziel hatte.

Die Antwort der Nationalisten kam postwendend und war ebenso kategorisch. Die »Roten Horden«, so entgegneten sie, hätten Guernica selbst in Brand gesetzt und bombardiert, um einen Mythos zu schaffen.

Die Wahrheit lag, wie Historiker später aus einer Unmenge von Details rekonstruierten, irgendwo dazwischen. Guernica war tatsächlich von deutschen Bombern angegriffen worden, jedoch aus taktisch-militärischen Gründen, um eine Umgruppierung der republikanisch-baskischen Streitkräfte zu verhindern. Gegen eine bewußte Attacke auf die baskische Kultur und

»Rasse«, wie es Steer unterstellte, sprach auch die Tatsache, daß die beiden wichtigsten Denkmäler baskischer Kultur, nämlich das baskische Nationalarchiv und die historische Eiche, unter der die spanischen Könige der baskischen Bevölkerung ihren Schutz schworen, unberührt blieben. Hinzu kam die nicht mehr zu klärende Ungewißheit, ob die Zerstörung Guernicas tatsächlich allein die Folge des Bombardements gewesen ist.

Zwischen eintausend und zweitausend Menschen sind in Guernica getötet worden, ein schrecklicher Tatbestand, der allerdings bei den Berichterstattern beider Seiten eine untergeordnete Rolle zu spielen schien. Die Toten von Guernica dienten vielmehr als propagandistische Folie, vor deren Hintergrund sie eine weitere aufrührerische und kriegshetzerische Ideologisierung des Krieges betreiben konnten. Die Legende von Guernica schließlich sollte für die Militärexperten und Politiker des Zweiten Weltkriegs als erprobtes Fallbeispiel dienen, wie man durch massive Luftangriffe auf Städte die Zivilbevölkerung »demoralisieren« kann.

Das wohl bekannteste Foto aus dem Spanischen Bürgerkrieg mit dem Titel »Augenblick des Todes«, ist zu einem Symbol anderer Art geworden. Es zeigt einen republikanischen Soldaten, der, wie in der Bildunterschrift festgehalten wird, von einem Kopfschuß getroffen, mit ausgebreiteten Armen, ein Gewehr in der Hand, nach hinten auf den spanischen Boden fällt, den er verteidigt. Diese Momentaufnahme von hoher Suggestivkraft hat den Fotografen Robert Capa über Nacht berühmt gemacht und wurde zum meistgedruckten optischen Sinnbild für Opferbereitschaft und Martyrium im Kampf gegen das Böse des Faschismus. Gleichzeitig warf es ein Licht auf die Gefahren, denen der Fotoreporter inmitten von Kampfhandlungen ausgesetzt gewesen sein muß.

Angeregt durch die Frage: was wäre, wenn es sich bei dem Foto um die Aufnahme eines Milizionärs handelte, der auf einer Bananenschale ausgerutscht ist (das einzige wirkliche Indiz für den »Augenblick des Todes«, nämlich der Kopfschuß, war nicht zu erkennen), stieß ein Autor bei Recherchen über die Entstehungsgeschichte des Fotos auf drei verschiedene Versionen. Die eine besagte, Capa hätte das Foto gar nicht selbst gemacht, die zweite, die Aufnahme sei gestellt, und die dritte beschrieb, wie Capa aus dem Schützengraben heraus die Kamera blind in die Luft gehalten haben soll und dabei diesen tragischen Augenblick festhielt – ein Zufallstreffer bei einer Chance von 1:1 000 000.

Wie sich die Geschichte in Wirklichkeit zugetragen hat, wird man nie erfahren. Capa wurde 1954 in Vietnam von einer Mine getötet, ohne dieses Geheimnis gelüftet zu haben. Über die Wirkung des Fotos läßt sich jedoch mit etwas mehr Gewißheit sagen, daß es zur Ästhetisierung und Glorifizierung des Spanienkrieges gedient hat. Es hatte mehr poetischen denn faktischen Wert, ein heroisches Stimmungsbild, das »den Adel und die Würde, für die das spanische Volk« kämpfte (Hemingway), in eine bildliche Aussage faßte.

Mit welcher Skrupellosigkeit Fakten buchstäblich zugunsten von Dichtung geopfert wurden, läßt sich besonders deutlich am Beispiel von Ernest Hemingway nachvollziehen, der die Galionsfigur der amerikanischen Spanienkämpfer gewesen ist. Bevor ihn der Nordamerikanische Zeitungsverband als Kriegskorrespondenten engagierte, hatte Hemingway schon an dem Propagandafilm ›Spanien in Flammen‹ gearbeitet und war dabei, einen weiteren vorzubereiten. Zu seinem neuen Engagement fühlte er sich geradezu berufen. Wie sich bald zeigen sollte, mißfielen seinen Auftraggebern die Neigungen des Schriftstellers zu Angeberei, übertriebener Blutrünstigkeit und Fiktionalisierung, so daß sein Aufgabengebiet stark eingeschränkt wurde.

Aber nicht seine stilistischen Eskapaden machten ihn zum Versager als Kriegsberichterstatter, sondern in viel größerem Maße die Tatsache, daß er sich, wie einer seiner Biographen schrieb, weigerte, »das beste Material, das er hatte, in seinen Zeitungsberichten zu verschwenden«.[55] Was Hemingway als Reporter vor Ort seinem Publikum zu Hause verschwieg, waren die Grausamkeiten der spanischen »Freiheitskämpfer«, deren Zeuge und Mitwisser er wiederholt geworden ist – Massenexekutionen an den eigenen Parteigängern, brutale Übergriffe an der Zivilbevölkerung, Barbarei, Verstümmelungen, Morde.

Hemingways eisernes Schweigen hatte zwei Gründe, einen pathetischen und einen prosaischen. Zum einen wollte er der Sache der »spanischen Demokratie« nicht mit irritierenden Sachverhalten schaden und deckte damit deutliche Anzeichen kommunistischer Willkür und Grausamkeit, zum anderen sammelte er das einschlägige Wissen, um es später literarisch verarbeiten zu können. Was er den Zeitungslesern vorenthielt und dann in seinem 1940 erschienene Roman ›Wem die Stunde schlägt‹ verarbeitete, waren mittelbare oder unmittelbare Erkenntnisse über ein System, das sich als ebenso totalitär und schäbig erwies wie das gegnerische.

John Dos Passos warf eines Tages Hemingway das Stillschweigen über die Exekutionen vor, und dieser bezichtigte seinen Schriftstellerkollegen der Naivität einer »typisch amerikanischen liberalen Haltung«. Andere argwöhnten, daß Hemingway trotz aller Leidenschaft für die Spanier mit seinen authentischen Fallstudien im Krieg nur einen Neubeginn als Schriftsteller vorbereitete.

Der ideologische Kreuzzug der vereinigten internationalen Linken, Liberalen und Kommunisten endete in einem Desaster. Eine der Ursachen für die politisch-militärischen Fehleinschätzungen der Lage war sicher der ungerechtfertigte Optimismus, den die geschönten Heldengeschichten der parteiischen Kriegsberichterstatter verströmten. Die einseitigen Horrorszenarien andererseits konnten dem komplexen Sachverhalt auch nicht entsprechen. Schließlich verschleierten all diese ideologischen Täuschungen und Selbsttäuschungen, daß es sich bei dem Konflikt in Südwesteuropa am Vorabend des Zweiten Weltkriegs in erster Linie um einen Bürgerkrieg handelte, dessen Ursachen in der spanischen Geschichte wurzelten, und nicht so sehr um den allseits beschworenen Kampf des Guten gegen das Böse.

Zweiter Weltkrieg

Im Jahr, als der Spanienkrieg endete, begann die zweite weltumfassende Schlächterei des 20. Jahrhunderts, und viele der Kriegsberichterstatter wanderten von der Iberischen Halbinsel an die neuen Fronten. Der jähe Szenenwechsel ließ für Selbstreflexionen und kritische Nachbearbeitungen der in Spanien geleisteten Arbeit keine Zeit, so daß sich die Reporterscharen mit viel Überzeugung, aber ohne nennenswerte neue Erkenntnisse ins nächste Abenteuer stürzten – willkommene Handlanger jedweder Propaganda.

Der neue Krieg rückte auch zwei neue Medien verstärkt ins Interesse der politisch und militärisch wohlorganisierten Apokalypse – den Film und den Rundfunk. Noch während des Ersten Weltkriegs hatte man etwa über die psychologischen Wirkungen des lebendigen Bildes auf die Massen nachgedacht, war jedoch mangels technischer und fachlicher Voraussetzungen nicht in der Lage gewesen, das junge Medium effektvoll einzusetzen. Trotzdem schenkte man ihm große Aufmerksamkeit, wie aus einem Brief des deutschen Generalstabchefs Erich Ludendorff hervorgeht, den dieser im Juli 1917 an das Kriegsministerium in Berlin richtete. Darin heißt es: »Der Krieg hat die überragende Macht des Bildes und Films als Aufklärungs- und Beeinflussungsmittel gezeigt. Leider haben unsere Feinde den Vorsprung, den sie auf diesem Gebiet hatten, so gründlich ausgenutzt, daß schwerer Schaden für uns entstanden ist. Auch für die fernere Kriegsdauer wird der Film seine gewaltige Bedeutung als politisches und militärisches Beeinflussungsmittel nicht verlieren. Gerade aus diesem Grunde ist es für den glücklichen Abschluß des Krieges unbedingt erforderlich, daß der Film überall da, wo die deutsche Einwirkung noch möglich ist, mit dem höchsten Nachdruck wirkt.«[56]

Bekanntlich half auch der Film den Deutschen nicht, dem Desaster zu entrinnen. Aber die von Ludendorff geforderte »planmäßige und nachdrückliche Beeinflussung der großen Massen im staatlichen Interesse« und zwar »nach einheitlichen großen Gesichtspunkten« sollte in Deutschland auf verhängnisvolle Weise verwirklicht werden.

Krieg beginnt im Frieden. Kriegerische Konflikte sind fortbestehende Krisen mit hoher Gewaltintensität. Die Kräfte der Destruktion – sozialer Unfrieden, Bedrohung des Wertesystems, ökonomische Unsicherheit und aus diesen Faktoren resultierende Ängste – bündeln sich in Krisenzeiten zur Kriegsbereitschaft, die dann ihre Rechtfertigung in einer (vermuteten) Gefährdung der Existenz oder bestimmter Werte und Normen findet. Krisenkommunikation kann Ängste und Kriegsbereitschaft je nach Interessenlage der Kommunikatoren, also im wesentlichen der Politiker, stimulieren oder abbauen und kann die Ursachen der Krise entweder auf andere Faktoren projizieren oder sie offenlegen und realistische Lösungsmöglichkeiten anbieten.

Krisen, die in Kriege münden, sind demnach fehlgeleitete Kommunikationen, die psychologische und politische Prozesse in Gang setzt. Die Manipulation der Massen ist ihr wichtigster Bestandteil. Diesen Mechanismus haben die Propagandisten des Ersten Weltkriegs erstmals in der Geschichte wissenschaftlich verfeinert, und ein Deutscher sollte ihn perfektionieren: der Reichsminister für Volksaufklärung und Propaganda, Dr. Joseph Goebbels. Gleich nach Hitlers Machtergreifung am 30. Januar 1933 begann er damit, einen bereits wohlvorbereiteten Propaganda-Apparat auf volle Touren zu bringen. Auf der ersten Großkundgebung Hitlers als Reichskanzler am 10. Februar geißelte Goebbels die »Stümperarbeit« seiner Vorgänger auf politisch-propagandistischem Gebiet und stellte in Aussicht, daß die nationalsozialistische Bewegung ihnen zeigen würde, »wie sie es eigentlich hätten machen sollen«. Schon Mitte März gingen die Belange der Presse, des Films, des Rundfunks und des Theaters auf das gerade gegründete Goebbels-Ministerium über, und nur eine Woche später, am 21. desselben Monats, am sogenannten »Tag von Potsdam«, wurde der erste nationalsozialistische, vom Propagandaministerium vorbereitete Wochenschaubeitrag gedreht. Man verlegte die feierliche Eröffnungssitzung des neugewählten Reichstags in die Potsdamer Garnisonskirche und inszenierte sie mit allen Stilmitteln des Pomps und Prunks und der Suggestion, die die nationalsozialistische Propaganda mehr als ein Jahrzehnt lang zum psychologischen Teufelswerk machen sollte: Paraden, Spruchbänder, Fahnenmeere, mitreißende Reden, Reichswehr, Stahlhelm, SA, SS ...

Die Zeitungen zeigten sich beeindruckt von dieser ersten Wochenschauarbeit, die den »Geist des nationalen Erwachens« hochhielt (›Filmkurier‹), und in erstaunlicher Geschwindigkeit begannen Presse, Film und Rundfunk im Sinne der NS-Regierung zu funktionieren, die, so Goebbels, nicht die Absicht hatte, »das Volk sich selbst zu überlassen«.[57]

Die unter Kontrolle gebrachten Medien waren die Hauptschlagadern des NS-Regimes und nährten den gesellschaftlichen Organismus mit den für eine Änderung der »Chemie« erforderlichen Stoffen. Die Propaganda durch Wort, Bild, Film und Ton, so wollte es Goebbels, sollte die »innere Haltung« des Menschen »beeindrucken und beeinflussen«. Die Steuerung dieser »inneren Haltung« war um so wichtiger, als der Nationalsozialismus eine Bewegung war, die sich ständig veränderte und entwickelte. Seine »theoretische Verschwommenheit und Vielfalt« ließen es zu, daß er mit »vielen politischen, kulturellen und intellektuellen Ideen mühelos eine Verbindung eingehen« konnte.[58] Unter diesen Bedingungen war eine zentrale Koordination und Zusammenführung der Vielfalt zu einem Monosystem, das alle Elemente einer kultischen Pseudoreligion aufwies, von vitaler Bedeutung.

Im Kern zielte die Propaganda auf die Psychologie und Stimmung eines Volkes, das zutiefst verunsichert war und sich nach haltig gedemütigt fühlte. Die propagandistische Lenkung der deutschen Nation durch ihre aggressiven Führer trug diesen bereits unfriedlichen Zuständen Rechnung und schürte unablässig sowohl Haß als auch Ängste, beides elementare Vorbedingungen für Gewalt und Gewaltbereitschaft.

1936, dem Jahr, als deutsche Truppen in das aufgrund des Versailler Friedensvertrags entmilitarisierte Rheinland einmarschierten, begann man auch die militärische Seite der Pressearbeit zu organisieren. Das Propagandaministerium schuf in Zusammenarbeit mit der Wehrmacht eine Propaganda-Einsatzstelle, die die Kriegsberichterstatter bestimmen und zusammenfassen sollte. Die Wehrmachtsführung bestand darauf, daß »über soldatische Dinge nur soldatisch denkende Männer wirklichkeitsgetreu berichten« konnten[59], und setzte durch, daß für die Kriegsberichterstattung eine militärische Truppenform gefunden wurde: die sogenannten »Propagandakompanien«.

Drei »Kriegsberichterzüge« gab es pro Propagandakompanie (PK), und jeder Zug war jeweils gegliedert in einen Worttrupp, einen Bildtrupp, einen Filmtrupp und einen Rundfunktrupp. Ab 1940 bekamen die PKs aller Wehrmachtsteile eine Ausbildung an der Waffe, die sie befähigen sollte, auch aktiv ins Kriegsgeschehen einzugreifen oder sich im Notfall zu verteidigen. Dazu gehörte das Erlernen von Schießen mit Karabiner und MG, Bombenzielwurf, Gerätegewöhnung, Feindkunde und eine politische Schulung im Sinne des Nationalsozialismus. Die Aufgabe der PKs bestand darin, »den Verlauf des Krieges durch die psychologische Steuerung der Stimmung zu Hause, im Ausland, an der Front und im Feindesgebiet zu beeinflussen«.[60]

Die aus ihren Zivilberufen in die PKs übergewechselten und militärisch gedrillten »Geistesheroen« wie Journalisten, Redakteure, Schriftsteller, Fotoreporter wurden zu einem wichtigen Instrument der Kriegführung. In einem 1938/39 zwischen dem Reichspropagandaminister und dem Oberkommando der Wehrmacht getroffenen »Abkommen über die Durchführung der Propaganda im Kriege« hieß es: »Der Propagandakrieg wird in seinen wesentlichen Punkten dem Waffenkrieg als gleichrangiges Kriegsmittel anerkannt.«[61]

In dieser perfekt durchorganisierten Informationsmaschinerie kam dem Film – ganz im Sinne Ludendorffs – eine große Bedeutung zu. Die »12 Gebote für Filmberichter« machen deutlich, wie die totale Einbindung und Unterwerfung des einzelnen unter das System bis ins Detail hinein vorgegeben wurde: »Du sollst immer daran denken, daß durch einen persönlichen Einsatz Millionen an dem Weltgeschehen teilnehmen, und daß Du den gegenwärtigen und kommenden Geschlechtern eine wahrheitsgetreue und lebendige Darstellung des gigantischen Ringens um Deutschlands Größe durch Deine Arbeit geben mußt ... Du sollst im Eifer Deiner Arbeit nicht die technischen Voraussetzungen einer guten Aufnahme – Schärfe, Blende, 24 Bilder, ruhige Schwenks – vergessen.«[62]

Fünf Millionen Meter Film wurden zwischen 1939 und 1945 an den Fronten für die Kriegswochenschauen, »Die Deutsche Wochenschau« und die »Ufa-Auslands-Tonwochenschau« aufgenommen, nur ein sorgfältig ausgesuchter Bruchteil davon kam jedoch an die Öffentlichkeit. Welche Brisanz das von den PKs dokumentierte und überwiegend verlorengegangene oder vernichtete Material hatte, lassen späte Aufarbeitungen wie etwa die im Frühjahr 1995 gezeigte Ausstellung des Hamburger Instituts für Sozialforschung über die Verbrechen der Wehrmacht vermuten. Die Ausstellung zeigte unter anderem Bilder des Münchner Fotografen und ehemaligen Kriegsberichterstatters bei einer PK, Gerhard Gronefeld, die dieser unter erheblichen Gefahren vor dem Zugriff des Oberkommandos der Wehrmacht rettete und aufbewahrte. Gronefelds Bilddokumente widerlegen den zwar schon etwas angekratzten, aber noch immer sehr lebendigen deutschen Mythos, die Wehrmacht hätte, im Gegensatz zur SS, den Krieg einigermaßen anständig geführt.

Das vom Oberkommando der Wehrmacht und dem Propagandaministerium selektierte und freigegebene Material der PKs diente nicht nur zur informativen Versorgung der heimischen Bevölkerung, sondern auch der ausländischen Öffentlichkeiten. Während die deutschen Kriegsberichterstatter militärisch organisiert waren und geknebelt wurden, schenkte das Goebbels-Ministerium den Korrespondenten aus dem neutralen Ausland eine Aufmerksamkeit anderer Art. Sie wurden in Berlin akkreditiert, mit allerlei Privilegien und Sonderkonditionen ausgestattet sowie mit Fotos, Berichten und Wochenschauen, die alle aus dem Fundus der PKs stammten, überschüttet. Für sie war die Devise einer »freien Berichterstattung« ausgegeben worden, die natürlich nur so frei sein konnte, wie es den Wächtern der deutschen Wahrheit genehm war. Nachdem jedoch vor allem die Briten gleich von Anfang an eine strenge Zensur aller Nachrichten über den Kriegsverlauf eingeführt hatten, mußte den Korrespondenten aus den neutralen Ländern Berlin wie ein Informationsparadies erscheinen.

Dies führte beispielsweise dazu, daß der Einmarsch deutscher Truppen in Polen am 1. September 1939 in den USA praktisch ausschließlich aus deutscher Perspektive geschildert wurde. Deutsche Wochenschauen liefen in amerikanischen Kinos, die Zeitungen waren voll mit deutschen Fotos, und der überwiegende Teil der Berichte kam aus Berlin. Ähnliches spielte sich bei der Besetzung Norwegens im Frühjahr 1940 ab. Die Berichterstatter auf seiten der Alliierten wurden von der Front ferngehalten, und der Optimismus, den sie in ihren kargen Mitteilungen trotzdem verbreiteten, war mehr als ungerechtfertigt. Der überaus großen Nachfrage nach Material konnten nur die PKs entsprechen, deren Produktion, die den ausländischen Korrespondenten großzügig zur Verfügung gestellt wurde, üppig war: 300 Berichte, 250 Fotos und mehr als 16 000 Meter Filmaufnahmen. Daß dieses Material ebenfalls geschönt war und daß ein Fünftel der PK-Berichterstatter im Einsatz ums Leben kam, waren Begleitumstände, die in Kauf genommen wurden, wenn es darum ging, den entstandenen Bedarf an Informationen zu decken.

Und der war groß. Die Briten hatten frühzeitig beschlossen, daß dieser Krieg ein nachrichtenloser werden sollte. So entwarfen sie schon 1936 die Pläne für ein Informationsministerium, das dann zwei Tage vor Kriegsbeginn aktiviert wurde und in nur vier Wochen von zwölf Mitarbeitern auf eine Mannschaft von 999 Personen anwuchs, darunter nur 43 Journalisten. Das System der Informationskontrolle sollte analog zu dem des Ersten Weltkriegs funktionieren, was die totale Zensur vor allem von Nachrichten bedeutete, die die Moral des Volkes und der Soldaten hätten schmälern können. So ließ das Kriegsministerium auch nur eine begrenzte Anzahl von Korrespondenten zu, die von Offizieren »betreut« wurden. Gleichzeitig wurde eine Public Relations-Abteilung ins Leben gerufen.

Die Proteste britischer Zeitungen und amerikanischer Berichterstatter gegen diese Informationsblockade waren heftig. Ein Reporter des Rundfunksenders Columbia Broadcasting System (CBS) warnte angesichts der Nachrichtenlage über die Besetzung Norwegens, die ja eine herbe Niederlage für die britische Armee gewesen ist, davor, britischen Quellen Glauben zu schenken. In Erinnerung an den Propagandafeldzug der Engländer 1914–18, der mitverantwortlich war für den Kriegseintritt Amerikas, wurden in den USA zahlreiche Stimmen laut, die zu Mißtrauen gegenüber jeder Nachricht rieten, die das britische Militär in wohlwollendem Licht zeigte.

Während die Alliierten sowohl an der militärischen als auch an der Propagandafront mit ihrem Schicksal haderten, waren die Deutschen zunächst in beiden Segmenten erfolgreich. Beispielsweise installierten sie entlang der Frontlinien und in den »Etappengebieten« Sender, die von Propagandaabteilungen betrieben wurden, und sowohl die eigenen Soldaten als auch die Bevölkerung in den okkupierten oder bedrohten Ländern ansprechen sollten. Im Laufe der ersten Kriegsjahre entstanden so unter anderem der »Soldatensender Siegfried« im russischen Smolensk, später in Minsk stationiert, die Sender »Gisela«, »Gustav« und »Martha« in der Ukraine oder der weltberühmte Sender »Lili Marleen« in Belgrad, eingerichtet von der Propagandaabteilung Südost, Heeresgruppe Balkan. Die Aufgabe der Soldatensender war es, mit Nachrichten und Wehrmachtsberichten sowie mit musikalischen und kabarettistischen Einlagen eine »optimistische Grundhaltung« aufrechtzuerhalten.[63]

Auf Täuschung des Gegners und Subversion zielten andere Propagandastrategien, wie sie etwa an der Westfront praktiziert wurden. So stellten PKs am Oberrhein Lautsprecheranlagen auf, organisierten Konzerte mit französischem Flair und ließen Hits wie »Parlez-moi d'amour« endlos trällern. Daneben flatterten riesige französische Spruchbänder über den deutschen Linien, die verkündeten, daß die Deutschen den Franzosen nicht feindlich gesinnt seien. PK-Offiziere trafen sich heimlich mit französischen Offizieren und versicherten, daß man nur einen gemeinsamen Feind habe, nämlich die Engländer. Und im Schwarzwald wurde ein PK-Sender in Betrieb genommen, der sich »Camerade du Nord« nannte und vorgab, eine französische Untergrundstation zu sein, die sich gegen eine Politik der Aggression wandte.

Wieviel Einfluß solche informativen Interventionen auf die Kampfmoral der Franzosen tatsächlich hatten und ob sie die Besetzung Frankreichs durch deutsche Truppen erleichtert oder gar ermöglicht haben, ist schwer zu bestimmen. Sicher ist jedenfalls, daß es der deutschen Propaganda durchaus gelungen ist, mit Hilfe des PK-Materials die Weltöffentlichkeit über die wirkliche Stärke des Westwalls zu täuschen und von Deutschlands »friedlichen Absichten« im Westen vorübergehend »zu überzeugen«.

Propagandistisch miniert aber haben sich die Franzosen selbst, da sie bei der Handhabung der Zensur für Kriegsberichterstatter, die in oder von Frankreich aus berichten wollten, noch rigoroser vorgingen als die Engländer. Die Berichte, die dabei herauskamen, ließen die offiziellen französischen Communiqués – »nichts zu berichten« oder »die Armee hatte eine unruhige Nacht« – wie donnernde Schlagzeilen wirken. Die Prozedur für einen britischen Korrespondenten in Frankreich etwa sah so aus: Zunächst brachte ein Reiter den Bericht zum Hauptquartier der Armee, wo er zensiert wurde. Von da aus ging das Schriftstück zum französischen Oberkommando, wo es noch einmal einer Zensur unterlag. Die nächste Station war das Hotel Continental in Paris. Dort nahm ein Vertreter des britischen Informationsministeriums den Bericht in kritischen Gewahrsam und händigte ihn dann dem verantwortlichen Kontaktoffizier aus, der ihn schließlich nach London telefonierte. Insgesamt dauerte das Verfahren etwa 48 Stunden, »und alles überhaupt noch Berichtenswerte, was nach der Bearbeitung durch drei Zensoren übriggeblieben ist, war dann gewöhnlich durch die zeitliche Verzögerung endgültig ruiniert«.[64]

Auf diese Weise konnte die Weltöffentlichkeit von der wirklichen Situation an der Front natürlich wenig erfahren. Frankreich kam unter deutsche Besatzung, und Hitler erweiterte seinen größenwahnsinnigen Feldzug zu einem selbstzerstörerischen Allfrontenkrieg, bis »auch die letzte deutsche Überlegenheit, nämlich die im Äther, in Frage gestellt« wurde. 1943 hieß es im Monatsbericht der Propagandaabteilung lapidar: »Der Feindsender ist stärker als der Soldatensender Siegfried.«[65]

Die Überlegenheit der »Feindsender« oder der feindlichen Presse jedoch zeichnete sich ebenfalls durch nichts anderes aus als durch Schönfärberei und blanke Lügen. Der Krieg der westlichen Alliierten gegen Hitler war in der Darstellung der jeweils einheimischen Presse eine Aneinanderreihung von glorreichen Schlachten, ruhmreichen Siegen und ungebrochener Kampfmoral.

»Public opinion wins war« – »Die öffentliche Meinung gewinnt den Krieg«, verkündete General Eisenhower Mitte 1940 vor einer Verlegerversammlung in den USA und fügte hinzu: »Ich habe Korrespondenten, die in meinem Hauptquartier akkreditiert sind, immer quasi als Offiziere betrachtet.«[66] Zu den schon seit den 30er Jahren laufenden umfangreichen amerikanischen Kriegsvorbereitungen gehörte eine organisierte Einbindung der Korrespondenten in die Kriegsmaschinerie. Während die gesamte Wirtschaft der Vereinigten Staaten weitaus stärker als im Ersten Weltkrieg auf den neuen militärischen Konflikt ausgerichtet wurde, beschloß die amerikanische Regierung, diese Bemühungen nicht durch »fahrlässige« und der Sache zum Nachteil gereichende Informationen in Gefahr zu bringen. Man führte eine militärische sowie eine zivile Zensur ein und richtete unter dem harmlos klingenden Namen »Office of War Information« eine Propagandainstitution ein, die unter der Leitung eines ehemaligen ›New York Times‹-Journalisten für die richtige Stimmung im In- und Ausland verantwortlich war.

Unter diesen Umständen konnte die amerikanische Öffentlichkeit zunächst nur Dinge erfahren, die dem US-Engagement nicht schadeten, und spätestens mit dem Kriegseintritt Amerikas kam das endgültige Aus für eine »freie« Informationspolitik. Als am 7. Dezember 1941 der japanische Überfall auf Pearl Harbor die amerikanische Pazifikflotte um fünf Schlachtschiffe ärmer machte, drei weitere sowie jeweils drei Kreuzer und Zerstörer erheblich beschädigte, dazu 200 Flugzeuge völlig zerstörte und schließlich für den Tod von 2344 Soldaten sorgte, waren die Informationen so restriktiv, daß das wirkliche Ausmaß dieses Militärschlags sogar nach dem Ende des Krieges der amerikanischen Öffentlichkeit vorenthalten werden sollte. Das Schweigen über diese schwere Niederlage der amerikanischen Pazifikflotte wurde mit der Errichtung eines »Eisernen Vorhangs der Zensur«[67] eingeleitet – die Telefonleitung, die das United Press-Büro in Honolulu mit San Francisco verband, wurde inmitten des ersten aufgeregten Berichtes über die Niederlage blockiert und sämtliche andere Informationen unterdrückt.

Anschließend gab es nur noch offizielle Communiqués, die von geringen Verlusten bei der eigenen und schweren bei der japanischen Kriegsflotte berichteten. Daß diese Irreführung nicht dazu diente, den Feind zu täuschen und wichtige militärische Erkenntnisse vor ihm zu verbergen, sondern auf die amerikanische Öffentlichkeit zielte, beweist der Umstand, daß die japanischen Medien ausführlich und exakt über die Ereignisse von Pearl Harbor berichteten. Die Amerikaner wußten, daß die Japaner es wußten. – Schlimmer noch als dem amerikanischen ist es im Fall von Pearl Harbor dem englischen Publikum ergangen. In Großbritannien wurde die Pazifikschlacht in der Presse als amerikanischer Sieg gefeiert.

Waren die USA einmal im Krieg, kam der überwiegende Teil der amerikanischen Kriegsberichterstatter mit den strengen Zensurauflagen und mit der Politik der Verhinderung von Nachrichtenübermittlung erst gar nicht in Konflikt. Die meisten Korrespondenten sahen es als ihre höhere nationale Pflicht an, den militärischen und politischen Zielen der Regierung zu dienen. Zweifel an der Vereinbarkeit eines so gearteten Dienstes am Vaterland mit ihrer journalistischen Pflicht aufzuklären, kamen ihnen dabei nicht. Kein Geringerer als der Schriftsteller John Steinbeck faßte dieses Versagen nach dem Krieg folgendermaßen in Worte: »Wir waren alle Teil der Kriegsanstrengung. Wir paßten uns alle an, und nicht nur das – wir hetzten auch noch. Mit der Zeit hatten wir verinnerlicht, daß die Wahrheit über irgendwas automatisch ein Geheimnis war. (...) Ja, wir beschrieben tatsächlich nur einen Teil des Krieges, aber damals waren wir der Überzeugung, der glühenden Überzeugung, daß es das Beste war, das wir tun konnten.«[68]

Es war allemal wichtiger, den Feind zu entmenschlichen, als über die Unmenschlichkeit der eigenen nationalen Kriegführung auch nur ein Wort zu verlieren. Schließlich wurde der eigentliche Kriegskorrespondent sogar fast überflüssig. Wie ›Newsweek‹ 1942 schrieb, waren die wichtigsten amerikanischen Berichterstatter zwei Männer, die in Washington saßen und die Communiqués der Armee und der Marine vorbereiteten. Vervollständigt wurde dieses Zerrbild des Krieges durch die Bewertung und Interpretation der Ereignisse von seiten heimischer Kommentatoren und Militärexperten.

So waren Kriegsberichterstatter, Redakteure und Verleger aller im Krieg befindlichen Nationen – Russen, Japaner und andere eingeschlossen – der verlängerte Arm ihrer jeweiligen Regierungen und deren politisch-militärischer Interessen. Und alle glaubten sie, für eine gerechte Sache zu lügen. Der totale Ausverkauf der journalistischen Profession in einem totalen Krieg. Die Presse im Würgegriff der Macht.

Die wenigen, die sich dem entziehen wollten, sahen sich mit massiven Widerständen und Repressionen konfrontiert. Oder wurden einfach als unglaubwürdig abgestempelt. Als deutsche und neutrale Berichterstatter die Royal Air Force bezichtigten, mit ungeheurer Brutalität zivile Ziele in Deutschland zu bombardieren, taten das die Regierungen in Großbritannien und Amerika schlichtweg als Propaganda ab und behaupteten, ausschließlich militärische Objekte anzugreifen. Zu einem solchen erklärten sie auch das mit Flüchtlingen überfüllte Dresden, das sie in der Nacht vom 13. Februar 1945 in Schutt und Asche legten. Zehntausende von Zivilisten kamen dabei um, und die englische und amerikanische Presse nannten dieses Desaster zwar »das größte Flächenbombardement aller Zeiten«, bezogen sich allerdings auf militärische Einrichtungen, dabei verschweigend, welch hohen Blutzoll die deutsche Bevölkerung zahlen mußte.

Ein paar Tage später, am 17. Februar, gab Associated Press (AP) nach Absprachen mit dem Oberkommando der Alliierten bekannt, daß die Luftangriffe auf Dresden einer Entscheidung der alliierten Luftwaffenchefs folgten, wonach man sich endlich dazu entschlossen hatte, die deutsche Bevölkerung bewußt zu terrorisieren, um Hitlers Untergang zu beschleunigen. In Großbritannien wurde sofort eine Totalsperre über die AP-Meldung verhängt, obwohl auch sie wieder irreführend war, weil sie nicht sagte, daß dieser Schrecken schon drei Jahre andauerte. Die Wahrheit über Dresden und den alliierten Bombenterror kam nur stückchenweise ans Licht, und zwar so, daß sie im Bewußtsein vor allem der englischen und amerikanischen Öffentlichkeit nicht als Unrecht, sondern als verdiente Strafe verankert wurde, ein Umstand, der noch 50 Jahre nach Kriegsende das Deutschlandbild im Ausland prägte.

Auch zwei andere Horrorgeschichten konnten während des Zweiten Weltkriegs nur unvollkommen enthüllt werden und beschäftigen die Nachwelt bis heute – Hitlers Vernichtungsfeldzug gegen die Juden und die Abwürfe der Atombomben über Hiroshima und Nagasaki.

Als die Alliierten im Frühjahr 1945 begannen, ein Konzentrationslager nach dem anderen zu befreien, sahen sich die Korrespondenten mit einem buchstäblich unbeschreiblichen Grauen konfrontiert. Ein französischer Reporter, der in Buchenwald interniert war, schilderte gegenüber CBS das Dilemma seiner Kollegen angesichts des Unfaßbaren: »Um darüber schreiben zu können, muß man zwei Jahre hier gewesen sein, und dann … will man nicht mehr darüber schreiben.«[69] Das Entsetzliche war kaum in Worte zu fassen. Hinzu kam, daß es offensichtlich einen psychologischen Widerstand in der Weltöffentlichkeit gab, das wahre Ausmaß der Hitlerschen Todesmaschinerie glauben zu wollen. Zwar hatte die alliierte Propaganda während der ganzen Kriegsjahre das Schreckgespenst der deutschen Hunnen und Barbaren eindrücklich vermittelt und aufrechterhalten, was, zusammen mit der unübersehbar aggressiven Kriegführung der Nationalsozialisten, ausreichte, antideutsche Ressentiments auf dem für Kampf- und Opferbereitschaft notwendigen emotionalen Niveau zu bewahren. Es gab jedoch auch noch die Erinnerung daran, daß sich all die Greuelgeschichten des Ersten Weltkriegs, die man seinerzeit über die Deutschen in die Welt gesetzt hatte, später als Erfindungen und Lügen erwiesen hatten. Jetzt waren die entsetzlichsten Greuel Wirklichkeit geworden, aber man zögerte, sie für wahr zu halten.

Dieser Glaubwürdigkeitsverlust mag auch einer der Gründe gewesen sein, warum zahlreiche Hinweise auf einen systematisch durchgeführten Völkermord an den Juden jahrelang mit Skepsis und Zurückhaltung behandelt wurden, obwohl sie auf Schreckliches schließen ließen. Im Januar 1942 berichtete Thomas Mann in der BBC, daß Juden aus Holland vergast worden seien. Am 9. Februar 1942 fand sich in der ›New York Times‹ ein Artikel mit der Überschrift »Nazis planen für Juden einen Gefängnisstaat«. Im Mai 1942 gab die polnische Exilregierung in London bekannt, daß im Rahmen einer planmäßigen Massenvernichtung 700 000 Juden umgebracht worden seien, was die BBC und CBS kurze Zeit später noch genauer ausführten: »Um diesen wahrscheinlich größten Massenmord der Geschichte durchzuführen, wurden alle nur denkbaren Tötungsmethoden angewandt: Maschinengewehrfeuer, Granaten, Gaskammern, Konzentrationslager, Auspeitschen, Folter, Hunger.«[70] Am 16. Juni 1942 war es wieder die ›New York Times‹, die unter der Schlagzeile »Judenmassaker in Wilma gemeldet« beschrieb, wie die von den Deutschen kontrollierte litauische Polizei 60 000 Juden ermordet hatte. Und schon zwei Wochen später konnte man – allerdings erst auf Seite sieben der Londoner ›Times‹ – nachlesen, daß die sich die Zahl der ermordeten Juden auf eine Million belaufen würde. – Monat für Monat wurden auch weiterhin Meldungen dieser Art veröffentlicht.

Laufende Informationen über den Holocaust gab es in den Ländern der Alliierten also durchaus, zumal auch die amerikanischen und englischen Geheimdienste alles »seit langem gewußt, jedoch vor der breiten Öffentlichkeit großenteils verschwiegen hatten«.[71] Aber der Aufschrei in der Presse blieb aus, und die einschlägigen Einrichtungen der alliierten Regierungen waren weit davon entfernt, mit den Massenmorden an den Juden die propagandistische Waffe gegen Deutschland schärfen zu wollen. Eine Gallup-Umfrage, die Ende 1944, als große Teile Osteuropas bereits befreit worden waren, in den USA durchgeführt wurde, zeigte, daß nur vier Prozent der Amerikaner daran glaubten, daß fünf Millionen Juden umgekommen seien, während 27 Prozent der Meinung waren, die Nazis hätten »nur« eine Million Juden ermordet.

Woher aber kam wirklich diese Gleichgültigkeit der Politik, die zur Unwissenheit der Bevölkerung führte? Der Autor Leon Weliczker Wells, der den Holocaust in der sogenannten Todesbrigade, die ab 1943 die Spuren der Massenvernichtung beseitigen mußte, überlebte und fliehen konnte, jedoch seine ganze Familie verloren hat, kam in späteren umfangreichen und fundierten Recherchen zu einem niederschmetternden Ergebnis: »Seit Monaten waren nun bereits immer neue Meldungen über den gnadenlosen Massenmord eingegangen. (...) Aber genau wie die Schönheit ihren Ursprung im Auge des Betrachters hat, so auch das Entsetzen; und wenn es gelingt, Informationen aus Propagandagründen nur gefiltert weiterzugeben, dann brauchen selbst Nachrichten des reinsten Horrors eine Weile, bevor sie in einem derart abgeschirmten Bewußtsein ihre Spuren hinterlassen. Die amerikanischen Zionisten waren dermaßen auf ihr Projekt eines jüdischen Palästina fixiert und auf die junge jüdische Gemeinde dort, daß es ihnen offenbar erhebliche Schwierigkeiten bereitete, die Not der älteren jüdischen Gemeinden Osteuropas überhaupt wahrzunehmen, geschweige denn mitzuempfinden.«[72]

Wells faßt die Tragödie noch schärfer: Die Vertreter des Weltjudentums und der großen jüdischen Verbände, deren Aufgabe es gewesen wäre, die alliierten Regierungen zu bedrängen und die Weltöffentlichkeit aufzurütteln, um das Leben Hunderttausender von Juden zu retten, hätten die Informationen bewußt unterdrückt, um das für die Nachkriegsphase geplante Projekt des Staates Israel wirksamer umsetzen zu können. Schon seit 1941 nämlich betrieb das Institute of Jewish Affairs des jüdischen Weltkongresses, wie es selbst hervorhob, intensive Nachforschungen und erstellte umfangreiche Dokumentationen zur Judenvernichtung, hielt sie aber zurück. Sonst, so das Institut, »hätten wir unsere Pläne für die Nachkriegszeit erst mit einer äußerst gefährlichen Verspätung entwickeln können«.[73]

Das Bild der Desinformationsstrategie aus politischem Kalkül, die Wells den jüdischen Organisationen anhand zahlreicher Beispiele nachgewiesen hat, wird vervollständigt durch die erstaunliche Zurückhaltung der wohlinformierten alliierten Regierungen, deren relatives Stillhalten angesichts der nationalsozialistischen Todesfabriken auch eine taktische Absicht verfolgt haben muß. Denn je schuldiger sich die Nationalsozialisten machten, desto »besiegter« würden sie am Ende sein. Schließlich aber taten auch die Goebbelschen Propagandakrieger ihr möglichstes, um das Ausmaß der Nazi-Verbrechen zu vertuschen oder zu leugnen. Die offizielle Geheimhaltung des Völkermords war nach innen überlebenswichtig, um die Bevölkerung nicht zu schockieren, und nach außen notwendig, um das eigene Image einer tapfer kämpfenden Nation aufrechtzuerhalten.

So schlossen sich verschiedene politische Interessen zu einer koordinierten Verhinderung von Transparenz zusammen, die ihren jeweils eigenen Zwecken diente. Um Mißverständnissen vorzubeugen: Das Verbrechen der Nationalsozialisten an den Juden ist durch nichts zu relativieren. An diesen Vorgängen läßt sich lediglich ablesen, daß vereinzelte Zeitungsartikel und Informationen in Kriegszeiten, wenn eine Uniformität von Wirklichkeitsbildern gefragt ist, nicht zu einem meinungsbildenden Faktor und zu einer wirksamen öffentlichen Meinung geformt werden können, wenn sie nicht massiv von einem politischen Ziel getragen und gesteuert werden.

Mit der deutschen Kapitulation und der Befreiung der Konzentrationslager bekamen schließlich auch die Korrespondenten einen von keiner Seite mehr behinderten Zugang zur verdrängten Geschichte des Holocaust. Am Ende des Zweiten Weltkriegs konnten Journalisten und Historiker damit beginnen, die große Anzahl von Tatsachen, die die Öffentlichkeiten aller am Krieg beteiligten Länder überhaupt nicht oder nur teilweise erreicht haben, zu rekonstruieren und den Schleier der Vernebelung zu lüften. Doch selbst 50 Jahre nach Kriegsende ist es immer noch heikel und unerwünscht, an Tabus zu rühren, wie es Leon Weliczker Wells tat, oder die einzelnen, national gefärbten Versionen der Geschichte des Zweiten Weltkriegs als Mythen und Legenden zu entlarven.

Wie etwa die Legende von Hiroshima. 16 Stunden nach dem Abwurf der Atombombe auf Hiroshima am 6. August 1945 gab der amerikanische Präsident Truman den Einsatz der Vernichtungswaffe bekannt, die er folgendermaßen umschrieb: »Es ist eine Bändigung der ursprünglichen Kraft des Universums. Die Gewalt, aus der die Sonne ihre Kraft speist, wurde gegen diejenigen losgelassen, die den Fernen Osten in den Krieg gestürzt haben.«[74] Trumans euphemistische Erklärung suggerierte, daß irgend etwas Gewaltiges, Neues geschehen war und daß es die Richtigen getroffen hatte. Das amerikanische Militär jedoch beeilte sich, den Süden Japans zur Sperrzone zu erklären, und verhängte eine totale Zensur über Nachrichten aus Hiroshima.

Aber eine Katastrophe von solchen Ausmaßen ließ sich natürlich auf Dauer nicht vor der Weltöffentlichkeit verbergen. Vier Wochen nach dem Atombombenabwurf gelang es einem Reporter des englischen ›Daily Express‹, unbemerkt den Ort des Grauens aufzusuchen. Sein Bericht enthielt erste schreckliche Details über die Auswirkungen der radioaktiven Verstrahlung, die jedoch von einer eiligst einberufenen Pressekonferenz der US-Militärs dementiert und als japanische Propaganda abgetan wurden. In der Folge gab es zahllose Artikel, die sich vorwiegend technisch-wissenschaftlich mit der neuen Waffe auseinandersetzten.

Endgültig durchbrochen aber wurde die militärische Zensur erst mehr als ein Jahr nach dem Bombenabwurf. Am 31. August 1946 erschien die Wochenzeitschrift ›The New Yorker‹ mit einer Sondernummer über Hiroshima. Der amerikanische Schriftsteller und Korrespondent John Hersey war einige Wochen zuvor nach Japan gereist, um herauszufinden, was in Hiroshima wirklich geschehen war. Sein Bericht konfrontierte die amerikanische Öffentlichkeit erstmals mit dem Schicksal der Atombombenopfer. Die Ausgabe des ›New Yorker‹ war innerhalb von Stunden ausverkauft, Herseys aufrüttelnde Reportage wurde von anderen Zeitschriften und Zeitungen nachgedruckt, vom Sender ABC in den USA und der BBC in England als Rundfunkbeitrag ausgestrahlt und schließlich in aller Welt als Buch veröffentlicht.[75]

Mit der weltweiten Verbreitung der Schrecken von Hiroshima wurde zwar ein Mitgefühl mit den Opfern hervorgerufen und ein Bewußtsein über das Vernichtungspotential von Atomwaffen geschaffen, was ethisch-moralische Diskussionen nach sich zog. Die politisch-militärische Legitimität des Atombombeneinsatzes vom 6. August 1945 indessen wurde nicht in Frage gestellt. Es wurde vielmehr weitestgehend die Argumentation akzeptiert, wonach eine schnelle Kapitulation der Japaner einzig und allein durch den Einsatz der Atombombe erreicht werden konnte, denn eine konventionelle Kriegführung hätte eine Invasion Japans mit dem Opfer von mehr als 500 000 amerikanischer Soldaten erfordert. Diese Erklärung wurde von der amerikanischen Öffentlichkeit als völlig plausibel hingenommen, zumal das rassistische Bild, das die US-Presse während des Krieges von den Japanern als »Affen in Uniform« entworfen hatte, und die Berichte von japanischen Kriegsverbrechen geradezu nach Vernichtung des Gegners schrien. Im Dezember 1945 noch war ein Viertel der Amerikaner der Meinung, man hätte viel mehr Atombomben über Japan abwerfen sollen.

Obwohl es schon früh vereinzelte Stimmen gab, die die militärische Notwendigkeit des Atombombeneinsatzes leugneten, wie etwa General Eisenhower oder der amerikanische Strategic Bombing Survey, hielt sich die Legende von Hiroshima über Jahrzehnte hinweg hartnäckig. Erst ein halbes Jahrhundert nach Kriegsende gelang es dem amerikanischen Historiker Gar Alperovitz mit einer fast tausendseitigen Studie, diese Version der Ereignisse zu widerlegen.[76] Seine akribische Analyse demontiert die Behauptung der Zwangsläufigkeit und Unvermeidbarkeit von Hiroshima gründlich und zeigt, daß es durchaus einen Entscheidungsspielraum für andere Lösungen gab.

So ist das amerikanische Atombombenprogramm »Manhattan Project« zunächst in präventiver Absicht gegen die Deutschen und ihren Vorsprung in der Atomforschung gerichtet gewesen, wurde dann aber nach dem 8. Mai immer stärker als Druckmittel gegen die Japaner in Betracht gezogen, die zwar eine bedingungslose Kapitulation ablehnten, jedoch durchaus Friedenswilligkeit unter weniger scharfen Bedingungen signalisierten. Die Amerikaner indessen lehnten jede Art von Verständigungspolitik ab und blieben unnachgiebig bei ihren streng formulierten Forderungen, womit sie die Rechtfertigung für ein hartes Vorgehen gegen die Japaner aufrechterhielten.

Der eigentliche Hintergrund für die amerikanische Unversöhnlichkeit aber war, so Alperovitz, ein ganz anderer. Nach dem Amtsantritt von Außenminister Byrnes im Juni 1945 nahm die amerikanische Politik gegenüber der UdSSR einen Kurswechsel vor. Waren die Sowjets bis dahin wünschenswerte Verbündete auch gegen Japan gewesen und von Amerika zum Kriegseintritt im Pazifik aufgefordert worden, so nahm mit dem sich abzeichnenden Kriegsende eine zukünftige ideologische Konfrontation mit dem Kommunismus immer deutlichere Konturen an. Das schon darniederliegende und dahinsiechende Japan war für die Amerikaner kein eigentlicher Gegner mehr. Die Herausforderung der Zukunft lag im Kampf gegen die »rote Gefahr« und in ihrer Eindämmung. In diesem Kontext stellt sich die Atombombe von Hiroshima weniger als ein militärischer Schlag gegen die Japaner dar denn als ein »diplomatischer« und politischer Schuß vor den Bug der Sowjets, die »glaubwürdige« Drohung mit einer totalen Vernichtung. Der schreckliche Abschluß des Zweiten Weltkriegs war der Auftakt zur Abschreckungspolitik des Kalten Krieges. Die gewalttätige Logik von Hiroshima sollte in weiteren Kriegen ihre Fortsetzung finden: Korea, Vietnam, Afghanistan ....

Zu den vielfältigen historischen Umbrüchen, die der Zweite Weltkrieg hervorbrachte, gehört die endgültige Etablierung der neuen Medien Film und Rundfunk. Wie schon der amerikanische Bürgerkrieg und später in noch viel stärkerem Maße der Erste Weltkrieg der (Massen-)Presse zu bedeutenden Entwicklungsschüben verhalfen, so popularisierte der Zweite Weltkrieg vor allem das Radio, das eine neue Dimension in die Kriegsberichterstattung einbrachte: die »Live-Übertragung«. Eine Art formalen Präzedenzfall für das noch unerprobte Stilmittel schuf der BBC-Korrespondent Charles Gardner, als er im Jahre 1940 vom »Hellfire Corner« in der südenglischen Grafschaft Kent aus über den Luftkrieg gegen Deutschland, der sich vor seinen Augen abspielte, berichtete: »Da kommt einer runter, in Flammen ... da, jemand hat einen Deutschen getroffen ... und er kommt runter ... man sieht einen langen Streifen ... er kommt runter und ist völlig außer Kontrolle ... ein langer Rauchstreifen ... ah, der Mann ist mit dem Fallschirm abgesprungen ... der Pilot ist mit dem Fallschirm abgesprungen ... es ist eine Junkers 87, und sie fällt gleich ins Meer, und da ist sie ... bumm ... Junge, Junge, ich habe noch nie so etwas Tolles gesehen ... die RAF-Flieger haben es den Jungs aber wirklich gezeigt.«[77]

Die erfolgreiche Abwehr der deutschen Luftangriffe durch die Royal Air Force (RAF) wurde von Gardner kommentiert wie ein Sportereignis. Live übertragene oder aufgezeichnete Radioreportagen oder Korrespondentenberichte über Radio-Telefone mit Kriegsgeräuschen im Hintergrund hatten eine spezifische Qualität, die dem geschriebenen Wort fehlte – sie wirkten authentisch. Durch die Unmittelbarkeit gewann der Reporter an Glaubwürdigkeit und damit an Autorität. Er war ja dabei, vor Ort, mitten im Kriegsgeschehen, er mußte also wissen, was vor sich ging. Ein solcher Zugewinn an Macht verankerte sich auch im Bewußtsein des Berichterstatters, was dazu beitrug, den Kompetenzverlust durch die Zensur und die militärische Kontrolle zu kompensieren, ein unschätzbarer Vorteil gegenüber den Kollegen der Printmedien.

Dieser psychologische Mechanismus schien bei den Radioreportern besonders gut zu funktionieren. Als die Alliierten den D-Day, die Invasion in der Normandie, vorbereiteten, behandelten sie die Presse wie einen Teil ihrer Operation. Die Korrespondenten wurden nach Schottland gebracht und dort in Erwartung großer Ereignisse festgehalten. Als es schließlich soweit war, bekamen die 558 akkreditierten schreibenden Kriegsberichterstatter, Radioreporter, Photographen und Kameramänner Zensoren zur Seite gestellt und wurden auf die verschiedenen Streitkräfte verteilt.

George Hicks von CBS befand sich auf einem amerikanischen Marineflaggschiff im Ärmelkanal und verschmolz geradezu mit der Dramatik des Augenblicks. Sein Funkbericht wurde ständig unterbrochen durch atmosphärische Störungen, Schiffssirenen, Explosionen, Jubelschreie und seine eigene Aufregung: »Wenn Sie mich entschuldigen – ich muß mal einen Augenblick tief durchatmen und aufhören zu sprechen.«[78]

Besonders eindrucksvoll vermittelte diese Form von unmittelbarer Authentizität, die das Neue in der Kriegsberichterstattung ausmachte, ein englischer Luftgeschwaderführer, der während der Invasion aus einer Mitchell für die BBC berichtete, und das vor einem Publikum in aller Welt: »Das hier ist Geschichte; es ist eine Sache, über die ich in einem Flugzeug nicht beredt genug sein kann, weil Motorengeräusche in meinen Ohren dröhnen. Aber das ist wirklich ein großer Augenblick für uns ... Ich fühle mich losgelöst, und dieses kolossale Gefühl, daß es große Weltgeschichte ist, die sich in diesem Moment vor uns entfaltet ...«[79]

Der Aufschwung von Film und Rundfunk während des Zweiten Weltkriegs und die anschließende Etablierung dieser neuen Medien in Friedenszeiten dokumentieren, wie Medien und Krieg wechselseitig aufeinander angewiesen und voneinander abhängig sind. Die (gesteuerte) Information ist ein wesentlicher Bestandteil der Kriegsführung, und der Krieg wiederum ist ein Ereignis, das sich gut verkaufen läßt und politische wie ökonomische Medienstrukturen weiterentwickelt. Damit sind auch die drei Säulen der Kriegsberichterstattung genau definiert: Erstens die machtpolitischen Interessen von Politik und Militär; zweitens die ökonomischen Interessen der Medienunternehmen, durch eine »Mediatisierung des Krieges«[80] Geld zu verdienen, was wiederum, drittens, vom »Partizipationsinteresse des Publikums« abhängt, das durch anregende und spannende Nachrichten und das Maß der eigenen Betroffenheit geweckt wird.

17. Januar 1991. Kein Mond am Himmel über Bagdad. Eine »Bombernacht«. Plötzlich um 2.32 das Rattern von Geschützen. »Es geht los, es geht los! ... Der Himmel über Bagdad ist taghell. Überall zucken helle Blitze auf ...« Am Fenster des El-Raschid-Hotels übergibt Bernie Shaw von CNN das Mikrofon an Peter Arnett, die Zentrale des Senders in Atlanta unterbricht zur Hauptsendezeit ein Interview mit dem ehemaligen amerikanischen Verteidigungsminister Caspar Weinberger und schaltet live auf Sendung. »Riesige Blitze am Himmel ... wie ein gewaltiges Feuerwerk ...« Dann meldet sich CNN-Produktionsleiter Bob Furnard. »Bleibt dran, Jungs. Die ganze Welt hört euch zu.«

CNN war dem Pressebüro des Pentagon mit der weltweiten Verbreitung der Nachricht vom Kriegsbeginn um 27 Minuten zuvorgekommen und schrieb damit Fernsehgeschichte, wie Peter Arnett später rekapitulierte: »Wir waren 17 Stunden live auf Sendung gewesen. Wir hatte zugesehen, wie die irakische Hauptstadt massiv bombadiert worden war, wir hatten jedes Ziel identifiziert, von dem wir wußten, das es getroffen worden war (...) Wir hatten alles gesagt, was wir über den Krieg und Saddam Hussein zu sagen hatten, und das direkt vor seiner

Nase. Wir hatten die gesamte Konkurrenz in dieser ersten Nacht klar in den Schatten gestellt.«[81]

CNN hatte mit der Erstnachricht vom Krieg am Persischen Golf den »scoop« schlechthin gelandet, und Peter Arnett sollte in der Folge der einzige ausländische Reporter sein, der von Bagdad aus und dazu noch live über den Krieg berichten durfte. So wurde er nach George Bush und Saddam Hussein zum drittwichtigsten Mann der Welt, und CNN stieg zum führenden Nachrichtensender auf.

2. Von Vietnam bis Haiti – die »populären« Kriege und was wir über sie nicht wissen soll(t)en

Als die Massenheere des Zweiten Weltkriegs 1945 zum Stillstand kamen, wurde eine neue Ära eingeläutet, die vorwiegend von zwei Phänomenen gekennzeichnet war: dem Kalten Krieg und dem Aufstieg des Mediums Fernsehen. Als die alliierten Streitkräfte 1991 am Persischen Golf aufmarschierten, war die politische Nachkriegsordnung desintegriert und die Globalisierung der Kommunikationsstrukturen auf dem Weg der Perfektionierung. Zwischen diesen beiden Kriegen an den jeweils historischen Wegkreuzungen mußte die freie Information oftmals die verschlungensten Pfade nehmen.

Nach der gewaltsamen Bezwingung des Faschismus bildete mehr als vier Jahrzehnte lang die Polarisierung zweier Systeme und Mächte, der USA und der Sowjetunion, das grobe Raster und den unverrückbaren Kern der neuen Weltordnung. Hatte der amerikanische Präsident Roosevelt bei der ersten Konferenz der »Großen Drei« in Teheran im November 1943 Stalin noch als einen zuverlässigen Mitkämpfer »für eine Welt der Demokratie und des Friedens« ausgemacht und war noch auf der Konferenz von Jalta im Februar 1945 einträchtig mit ihm zusammengesessen, so drehte sich der Wind nach den Friedensschlüssen und dem Tod Roosevelts im April 1945, mit Hiroshima als dem Menetekel für die heraufdämmernde Epoche. Die Doktrin des neuen amerikanischen Präsidenten Harry Truman aus dem Jahre 1947, wonach gegen die russisch-kommunistische Expansionspolitik allen in ihrer Freiheit bedrohten Völkern die Hilfe der USA zugesichert wurde, schrieb Amerikas Führungsanspruch in der »Verteidigung und Sicherung der demokratischen Welt« fest. In Moskau entschieden die Regieführenden, ihr Reich endgültig abzuschotten, und ließen den Eisernen Vorhang herunter.

Vor dieser statischen Kulisse der Ost-West-Konfrontation spielten sich praktisch alle internationalen politischen Interessenskonflikte bis zum Ende der achtziger Jahre ab. Der durch den Zweiten Weltkrieg beschleunigte Zusammenbruch der europäischen kolonialen Vorherrschaft in Afrika und Asien sollte schließlich genug Schauplätze für Dramen schaffen, deren Hauptakteure die beiden neuen Großmächte wurden.

Die politische und militärische Führungsrolle der USA in den »freien Teilen der Welt« führte gleichzeitig zum angestrengten Bemühen der amerikanischen Politik, ihre Lesart der Geschichte und Geschehnisse durchzusetzen, zunächst natürlicherweise in der eigenen Öffentlichkeit, aber auch und insbesondere in der westeuropäischen. Im Grunde genommen mußte der Ost-West-Konflikt der kommunikationspolitischen Logik aller Kriege folgen, denn es handelte sich ja um einen »kalten Krieg«, und das wiederum erforderte die Berücksichtigung bestimmter Elemente der Polarisierung, die die Loyalität der Bevölkerung gegenüber der Politik sicherten und ihre Kräfte mobilisierten: ein klares Bild vom Feind und dessen Verunglimpfung, ein Bedrohungsszenario, ein Bewußtsein von der Tugendhaftigkeit und Moralität der eigenen Ziele und ähnliches – kurzum: eine deutliche Vorstellung von Gut und Böse. Wie »böse« und »gefährlich« oder auch nicht der »Feind« objektiv gewesen sein mag – das Schlüsselproblem der Implementierung solcher Denk- und Verhaltensmuster in der demokratischen Öffentlichkeit liegt in der Frage, wieviel Irreführungen, Täuschungen, Manipulationen und Lügen, also Abweichungen von der Wahrheit, nötig und erlaubt sind und welche Prinzipien mit welchen Konsequenzen dabei geopfert werden.

Die Geschichte zeigt, wie erstaunlich schnell die amerikanischen Medien die Logik des kalten Krieges übernahmen und damit begannen, die weltweiten außenpolitischen und militärischen Engagements der USA als notwendige ideologische Handlungen und Kriege zur Eindämmung der kommunistischen Gefahr zu präsentieren und zu rechtfertigen.[1]

Das Szenario wurde 1950 eröffnet, als es zum Konflikt zwischen dem von den Sowjets untestützten kommunistischen Nordkorea und dem antikommunistischen Süden, einem Schützling der USA, kam. Auf Verlangen der Amerikaner beschlossen die Vereinten Nationen unter der Federführung der US-Militärs auf seiten Südkoreas zu intervenieren. Die Kommunisten-Paranoia der McCarthy-Ära sorgte für die richtige Feindbildstimmung im eigenen Land, was sich schließlich sowohl auf die Politik der heimischen Redaktionen als auch auf die Berichterstattung von der Front auswirkte. Nach anfänglichen »Unregelmäßigkeiten« in den Reportagen und Meldungen über den Krieg, die Militärs und Politiker als Verrat auslegten, führte die Armee eine Zensur ein und untersagte jegliche Kritik an der Kriegführung oder gar ein Infragestellen des Krieges.[2] Schnell war ein stillschweigender Konsens der widerstreitenden journalistischen und militärischen Interessen gefunden – der Koreakrieg verschwand schon ein Jahr nach seinem Beginn aus den Schlagzeilen, obwohl er noch bis 1953 andauerte, das Land völlig verwüstete und zwei Millionen Zivilisten das Leben kostete. Das Ergebnis ist genauso trübe wie alle Informationen, die über diesen Konflikt an die westlichen Öffentlichkeiten drangen: Die Volksrepublik Nordkorea ist heute noch stramm kommunistisch und repressiv, die Republik Südkorea ein korrupter Staat, der massive Menschenrechtsverletzungen begeht und den USA als südostasiatischer Militärstützpunkt dient. Eine Krise zwischen Nordkorea auf der einen und Südkorea sowie den Vereinigten Staaten auf der anderen Seite um nordkoreanische Atomanlagen und die Stationierung amerikanischer Patriot-Luftabwehrraketen in Südkorea wurde 1994 mit dem Beschluß einer »vollständigen Normalisierung der politischen und wirtschaftlichen Beziehungen« zwischen den USA und Nordkorea beigelegt. Für die USA eine wichtige Erweiterung ihres Einflußbereiches, für die Bevölkerung des Landes kein Versprechen, vor allem nicht für die mehr als 100 000 Waisenkinder und andere Überlebende des blutigen Konflikts aus den fünfziger Jahren.

Vietnam

Nach Korea kam ein Krieg, den man allerdings nicht mehr verstecken konnte und der zur Fußangel des anbrechenden »amerikanischen Jahrhunderts« zu werden drohte: Vietnam. Es war ein Krieg, über den die Öffentlichkeit so wenig wie möglich erfahren sollte, jedoch mehr als über jeden anderen militärischen Konflikt zu sehen und lesen bekam und am Ende dann doch nur einen Bruchteil wußte. Vietnam war der erste (und einzige) verlorene Krieg der USA, eine traumatische Erfahrung, die schließlich erfolgreich verdrängt wurde: So waren beispielsweise 1988 – nur 13 Jahre nach Kriegsende – zwei Drittel der Amerikaner nicht dazu in der Lage, Vietnam auf der Landkarte zu lokalisieren.[3] Das Bewußtsein über den Krieg, der mehr als zwei Jahrzehnte dauerte, wurde und wird nachhaltig vernebelt. Dazu gehörte auch die nachdrückliche Weigerung mehrerer amerikanischer Regierungen, das politische und militärische Versagen einzugestehen. Statt dessen fand man einen Schuldigen und schuf eine Art amerikanischer Dolchstoßlegende. Die freie, unkontrollierte und unpatriotische Presse, so die offizielle Interpretation der jüngeren amerikanischen Geschichte, habe die amerikanische Öffentlichkeit demoralisiert, gegen die Politik der eigenen Regierung aufgebracht und diese bis zur militärischen Aufgabe geschwächt, eine Lesart, die vor allem die alte Garde der Kriegsberichterstatter aus Vietnam und Vietnam-Revisionisten gerne teilen. Nicht erst die tränenreichen, aber späten Schuldbekenntnisse des ehemaligen und für Vietnam hauptverantwortlichen amerikanischen Verteidigungsministers Robert McNamara, 1995 in seinen Memoiren der Weltöffentlichkeit mitgeteilt, verweisen diese Version des Vietnamdebakels ins Reich der Wunschvorstellungen.[4]

Alles begann, als für die Franzosen nach mehrjährigen Kämpfen gegen die kommunistischen Vietminh und der Niederlage von Dien Bien Phu Indochina verlorenging und der Norden Vietnams 1954 unter Ho Chi Minh kommunistisch wurde. In Übereinstimmung mit der globalen Strategie der Containment-Politik beschloß Washington, die südvietnamesische Regierung von Ngo Dinh Diem zu unterstützen, und schickte erst einmal 200 Militärberater nach Saigon. Zunächst wurde den Ereignissen in der amerikanischen Öffentlichkeit geringe Aufmerksamkeit geschenkt. Die meisten Artikel, die dann bis 1960 publiziert wurden, befaßten sich eher akademisch mit der »roten Gefahr« und der Notwendigkeit eines stärkeren amerikanischen Engagements auf seiten der Südvietnamesen. Die Falken unter den journalistischen Kommentatoren hatten die Oberhand und verließen sich dabei auf Informationen, die eine Handvoll Berichterstatter vor Ort in alle Welt verschickte: vier Agenturjournalisten und ein Vollzeitkorrespondent der ›New York Times‹. Gleichzeitig wurde das State Department im Zuge der McCarthy-Hexenjagd von wirklichen Asienexperten gesäubert und mit antikommunistischen Hardlinern besetzt. »Wir diktierten die Politik einer Terra Inkognita«, gestand McNamara 1995 und umriß damit prägnant die vorherrschende Ignoranz.[5]

Die bestand unter anderem darin, daß die Medien nicht zur Kenntnis nahmen und die Politiker verschwiegen, um was für eine Regierung es sich eigentlich handelte, die von den USA militärisches Know-how geliefert bekam. Noch 1960 feierten ›Newsweek‹ und ›Time‹ den »kleinen Diem« als einen »der fähigsten Führer Asiens«.[6] In Wirklichkeit gehörte Diems Regime zu den korruptesten und übelsten Oligarchien des Kontinents. Zwischen seiner Schreckensherrschaft in Südvietnam und der Diktatur der Kommunisten in Nordvietnam gab es kaum einen Unterschied, doch die Vereinigten Staaten hatten Diem und seinen Staat als »Bollwerk gegen das Böse« auserwählt und hielten unbeirrt an ihm fest. Dabei unterstützten sie auch, so gut es ging, Diems Bemühungen, kritische Journalisten aus Saigon fernzuhalten. Die Welt sollte weder von der Natur des Regimes in Südvietnam etwas erfahren noch von der militärischen Unfähigkeit der südvietnamesischen Truppen.

Das Vertuschen dieser Umstände führte auch dazu, daß das immer stärkere Engagement der amerikanischen Militärpolitik in Vietnam nicht erkennbar war. Die USA stellten dem Diem-Regime neben den Militärberatern nach und nach auch noch militärische Ausrüstung und Soldaten zur Verfügung, bis sich schließlich die Unterstützung unmerklich in eine Intervention wandelte und die GIs zur Kriegspartei in einem nicht erklärten Krieg wurden. Korrespondentenberichte, die auf die tiefe amerikanische Verflechtung im vietnamesischen Dschungel verwiesen und dazu noch eine für die Amerikaner pessimistische Einschätzung der militärischen Situation vor Ort lieferten, wurden in den Zeitungen zu Hause zwar gedruckt, doch von einer quer durch alle wichtigen Publikationen vertretenen hurrapatriotischen Linie der Leitartikler, die den Kommunismus lieber in Vietnam als an der Küste Kaliforniens aufhalten wollten, konterkariert.

Den amerikanischen Politikern und Militärs waren die kritischen Reportagen von der Front jedoch in zweifacher Hinsicht ein willkommenes Alibi. Erstens konnten sie in einem Krieg, den sie offiziell gar nicht richtig führten, Zensurbestimmungen einführen, um die Reporter unter Druck zu setzen, und zweitens konnten sie ständig behaupten, die Berichterstatter seien schuld an der schlechten Moral des Volkes, was sich wiederum negativ auf die Disziplin der Soldaten und deren Verhalten auf dem Schlachtfeld auswirkte.

Was die von den Militärs betriebene Zensur betrifft, so blieben direkte Eingriffe an der Quelle der Nachrichten mehr oder weniger erfolglos, da sich die Reporterschar in Saigon, die mit der Zeit zu einem Heer von 700 Journalisten angewachsen war, kaum unter Kontrolle bringen ließ. Deshalb galten die offiziellen Bemühungen einer Maßregelung der Presse vor allem den höheren Kadern der Redaktionshierarchie in der Heimat. Dort war der Widerstand auch geringer.

Was die These der kritischen Berichterstattung und ihres negativen Effekts auf die amerikanische Öffentlichkeit anbelangt, so haben mittlerweile einige Autoren die Verlogenheit dieser Position nachgewiesen. Und ein etwas genauerer Blick allein auf zwei herausragende Beispiele aus dem Meer der Vietnam-Berichterstatter straft die These tatsächlich Lügen. David Halberstam, Korrespondent der ›New York Times‹, und Peter Arnett, Korrespondent von Associated Press (AP), nahmen beide für sich in Anspruch, sozusagen als Vorkämpfer für eine wahrhaftige Kriegsberichterstattung kritisch und unvoreingenommen berichtet und damit die Leser wachgerüttelt zu haben. Beide haben in der Tat kein Blatt vor den Mund genommen, wenn es darum ging, das militärische Versagen der Südvietnamesen und Amerikaner zu konstatieren oder die südvietnamesische Regierung aufs Korn zu nehmen, und bekamen deshalb Probleme mit Militärs und Politikern. Sogar Präsident Kennedy versuchte einmal beim Verleger der ›New York Times‹, Arthur O. Sulzberger, leise anzufragen, ob man Halberstam nicht versetzen könne.

Doch Halberstam und Arnett waren, wie die meisten ihrer sich ähnlich gebärdenden Kollegen, keine »Tauben« und »Feinde der USA«, sondern im Grunde nur verärgert über die schlampige und stümperhafte Kriegführung: »An der Überzeugung von Kennedy, Vann oder Lyndon Johnson, daß Amerika die vietnamesischen Rebellen töten müßte, zweifelte damals niemand im Saigoner Pressecorps, auch nicht Halberstam und auch nicht Peter Arnett.«[7]

Die Frage war nur, welche Strategie die beste war. »Nichts wäre uns lieber gewesen, als zu glauben, daß der Krieg gut vorankam«, schrieb Halberstam rückblickend, »und daß er schließlich zum Sieg führen würde.« Auch Robert McNamara weist Halberstam, der »wegen des enormen Einflusses der ›New York Times‹ als Star unter den Saigoner Journalisten gefeiert wurde«, eine eher unrühmliche, nämlich kriegshetzerische Rolle zu und zitiert ihn in seinen Memoiren: »Ein Rückzug (der Amerikaner, M. B.) würde bedeuten, die Feinde des Westens weltweit zu Aufständen wie dem in Vietnam zu ermutigen. So wie

82

unser Engagement in Korea 1950 dazu diente, die Kommunisten vor weiteren offenen Grenzüberschreitungen abzuschrecken, würde ein anti-kommunistischer Sieg in Südvietnam dazu dienen, weitere sogenannte Befreiungskriege zu unterbinden.«[8] So Halberstam, der 1964 mit dem renommierten Pulitzer-Preis ausgezeichnet wurde. – Und Charles Mohr, Chef des Südostasienbüros von ›Time‹, ebenfalls der unvorteilhaften Kritik bezichtigt, äußerte sich entsetzt, als er später feststellen mußte, daß sein Widerstand gegen die Redaktionspolitik seiner Zeitung ihn zum Antikriegs-Helden gemacht hatte: »Jeder dachte, ich hätte gekündigt, weil ich gegen den Krieg war. Dabei war ich nur der Meinung, daß er schiefging. Erst als er beendet war, habe ich ihn irgendwie als unmoralisch empfunden.«[9]

Wenn sich die Korrespondenten später als die eigentlichen Sieger des Krieges fühlten, in der Annahme, sie hätten den Kampf um die öffentliche Meinung gewonnen und somit Amerika aus dem vietnamesischen Sumpf gezogen, so mutet das zynisch, verlogen und überheblich an. Denn sie waren nicht die Vorkämpfer für eine gute Sache, sondern nur ein Teil der Kriegslogik, mit der sie sich durchaus identifizierten. Und durch die militärischen und politischen Einschüchterungsversuche sahen sie schließlich nicht die Pressefreiheit an sich bedroht, wie sie immerzu behaupteten, sondern bei Lichte gesehen ihre Pfründe und ihr Image. Davon zeugen beispielsweise Peter Arnetts autobiographische Skizzen ›Unter Einsatz des Lebens‹, in denen sich der Autor ausufernd in fragwürdigen, weil verherrlichenden Reminiszenzen an den Vietnamkrieg ergeht, ständig implizierend, er sei der neutralste, aufrichtigste und anständigste Kriegsberichterstatter der Neuzeit. Dagegen stehen nicht nur Eingeständnisse seines skrupellosen Ehrgeizes wie die, daß er »bereit war, für eine gute Story jedes Risiko einzugehen« oder daß »in unserem Beruf ... nicht die Vorsicht, sondern der Konkurrenzkampf die Gesetze« schrieb oder daß »die im zentralen Hochland stationierte 5. Kavalleriedivison, die Lieblingseinheit jedes Reporters, der auf dramatische Kämpfe aus war«, ihm erfreulicherweise zugänglich wurde.

Dagegen stehen auch Unterlassungen, die von weniger Tapferkeit zeugen. Am 16. März 1968 wurden in dem vietnamesischen Dorf My Lai zwischen 90 und 130 Zivilisten von amerikanischen Soldaten auf Befehl ihres Kompanieführers Lieutenant William L. Calley jr. in Gruppen zusammengeführt und mit Maschinengewehren exekutiert. Calley wurde im September 1969 nach einer Untersuchung der Armee des Mordes an 109 »orientalischen menschlichen Wesen« beschuldigt und vom Dienst suspendiert, was den Medien nur eine kleine Notiz wert war.

Als ein freier Journalist, Seymour Hersh, die Vorgänge rekonstruierte und die Geschichte nach mehreren Ablehnungen schließlich doch noch veröffentlichen konnte, wurde damit das Tabu gebrochen, über amerikanische Massaker an vietnamesischen Zivilisten zu berichten. Für die gefeierten und hochdekorierten Korrespondenten in Vietnam war dies eine Bloßstellung ohnegleichen, denn keiner von ihnen war zuvor auf die Idee gekommen, über die ihnen durchaus bekannten zahlreichen Greuel der amerikanischen Soldaten zu berichten. Peter Arnett kommentierte dieses Versagen, das auch seines war, lakonisch – er wolle nur Fakten vermitteln und nicht Richter sein. Als ob ermordete Zivilisten keine Fakten wären. – Auch Peter Arnett bekam für seine Vietnam-Reportagen 1965 den Pulitzer-Preis.

Die Vietnam-Berichterstatter waren also keineswegs jene Hüter der Moral und Wahrheit, oder gar deren Waffe in einem erfolgreich absolvierten Meinungskrieg, als die sie sich ausgaben. Auf die amerikanische Öffentlichkeit wirkten nicht sie demoralisierend, sondern ganz andere Dinge. Ein großer Stimmungsumschwung ließ sich beispielsweise erkennen, als Viet kong-Rebellen und nordvietnamesische Regierungstruppen am 31. Januar 1968 die großangelegte Tet-Offensive starteten und kurzfristig große Teile Südvietnams unter ihre Kontrolle brachten, was völlig überraschend kam, da doch ganz Amerika glaubte, was die Politiker und die Medien erzählten, nämlich, daß der Krieg bald gewonnen sei. Die Amerikaner schockierten dabei am meisten die Bilder vom Überfall auf das Gelände der

US-Botschaft in Saigon, ein im Kontext des Krieges eher nebensächliches Ereignis, das jedoch in der Berichterstattung unverhältnismäßig groß aufgeblasen wurde und damit ein Gewicht bekam, das ungerechtfertigt war. Die Folge der Tet-Offensive war, daß »ein politisches und emotionales Klima entstand, in dem mehr und mehr Amerikaner bereit waren zu glauben, daß der Krieg schon lange aufgehört hat, eine gerechte Sache zu sein«.[10]

Mit den schwindenden Hoffnungen auf einen Sieg über das »Böse« ließ auch das Medieninteresse nach. Die Redaktionen zogen ihre Berichterstatter ab, und es wurde immer schwieriger, Stories über den Krieg in den Medien unterzubringen. Waren 1968 noch 637 Korrespondenten in Vietnam akkreditiert, so sank die Zahl im darauffolgenden Jahr auf 467. 1970 waren es nur noch 392, und so wurde weiter abgebaut, bis schließlich 1974 lediglich 35 übrigblieben.[11] Die Medien reagierten ganz im (stillschweigenden) Einvernehmen mit der Politik – das Ausmaß der Demütigung sollte verdrängt werden. Auf dem Höhepunkt der Präsenz amerikanischer Truppen – 1969 wurde der Höchststand mit 541 000 Mann erreicht – und dem sich abzeichnenden Debakel blendete man sich langsam aus dem Krieg aus und reduzierte ihn in der Wahrnehmung der Öffentlichkeit auf einen nachrichtenmäßigen Standard.

Das trügerische Bild von einem auf kleiner Flamme geköchelten militärischen Konflikt täuschte jedoch über die dramatische Wirklichkeit hinweg: Der Krieg eskalierte und weitete sich auf Laos und Kambodscha aus, der Bodenkrieg ging in einen Luftkrieg über, das Bombardement von seiten der verbündeten Südvietnamesen und Amerikaner wurde intensiviert. Insgesamt setzten die Amerikaner in Indochina Bomben und Sprengstoff ein, die hundert Hiroshima-Atombomben entsprachen. Während man das öffentliche Interesse in den USA und weltweit zurückschraubte, kamen mehr Zivilisten ums Leben als jemals zuvor. Drei Millionen Menschen in Vietnam, Laos und Kambodscha wurden zu Flüchtlingen. Auf dem Gipfel der Brutalität des Krieges wollte man nichts mehr von ihm wissen.

Auch dieses Versagen der Presse widerlegt die Mär von der entscheidenden Rolle der Medien im Vietnamkrieg, eine Mär, die von US-Politikern, Korrespondenten und Vietnamgegnern damals und später für ihre jeweils eigenen Zwecke instrumentalisiert und genährt wurde. Sicher ist in den entsprechenden Behauptungen jeder Seite ein Körnchen Wahrheit zu finden: Die amerikanischen Politiker und Militärs hatten kein ausgearbeitetes Konzept einer Pressepolitik und keine gänzliche Kontrolle über die Presse, wodurch sie es verfehlten, eine wirklich euphorische Kriegsstimmung in der Öffentlichkeit zu erzeugen. Ein Umstand, der McNamara Jahrzehnte später zu der Folgerung veranlaßte: »Die tiefste Kraft einer Nation liegt nicht in ihrer militärischen Tapferkeit, sondern in der Einigkeit und dem Zusammenhalt ihrer Menschen. Wir haben es versäumt, diese aufrechtzuerhalten.«[12] Andererseits ließen sich weder McNamara noch seine Vorgesetzten Kennedy oder Johnson durch die manchmal mangelhaft erscheinende öffentliche Zustimmung von ihrer harten politischen Linie abbringen und bauten den Krieg unablässig aus. Daß sie ihn verloren, war schlicht militärisches Unvermögen in einem Guerillakampf.

Die Korrespondenten wiederum konnten über Vietnam mehr schreiben als über jeden anderen Krieg, darunter eben auch regierungskritische Geschichten. Die allerwenigsten aber waren wahrheitsliebende Pazifisten oder erkannten den Krieg an sich als sinnlos, und nicht ihr Engagement hat zur Niederlage der amerikanischen Truppen geführt, sondern das verbohrte Kräftemessen der US-Kriegsherren und der Starrsinn des südvietnamesischen Präsidenten, der bis zum Einmarsch der Nordvietnamesen in Saigon, also bis zum bitteren Ende, nachhaltig und bewußt die realen Kräfteverhältnisse auf dem Schlachtfeld ignoriert und nicht rechtzeitig eine vernünftige politische Lösung mit dem Gegner ausgehandelt hat. Es waren vielmehr ganz andere Dinge, die die Korrespondenten motivierten: die Dramatik des Kampfgeschehens, das sie hautnah miterleben durften, eine Hemingwaysche Faszination von Gewalt und Tod oder ganz einfach ihr Ehrgeiz. Um noch einmal Peter Arnett zu bemühen:

»Kriege mögen ausbrechen oder enden und Politiker aufsteigen oder stürzen, im Nachrichtengeschäft kommt es nur darauf an, die Meldung als erster zu bringen.«[13] Das war sein Kommentar zum Erfolg von AP, als es die Nachricht über den Fall von Saigon und die Kapitulationsmeldung der Südvietnamesen fünf Minuten vor der Konkurrenz in den Fernschreiber einspeiste.

Die linken Vietnamgegner schließlich erheben den Anspruch, ihre Proteste im Zusammenwirken mit den grausamen Bildern von den Opfern des Krieges hätten die US-Regierung in die Knie gezwungen, was beweisen würde, daß ihre Bewegung von hoher Schlagkraft war. Die Wahrheit ist, daß sich nach der Tet-Offensive der Meinungtrend insgesamt änderte und daß die unterschiedlichsten gesellschaftlichen Gruppen, Senatoren und Abgeordnete inklusive, die gegen den Krieg waren, öfter zu Wort kamen als vorher. Auch wenn sich die Medien dieser Tendenz anschlossen und ihnen breiteren Raum boten, so stellten sie die USA immer noch als Gewinner dar.[14] Daher konnten vor dem Hintergrund der sozialkritischen Bewegungen in der zweiten Hälfte der sechziger Jahre lediglich »bestimmte Medienbilder, die selektiv aus dem überwiegend unkritischen ›communications pudding‹ … herausgelöst wurden, eine gewisse Relevanz für die öffentliche Diskussion über das Ende des Krieges bekommen«.[15]

Es gibt einen Umstand, der diese falschen Selbsteinschätzungen und Fehlbewertungen erklärt. Vietnam war der erste *Fernsehkrieg* der Geschichte, und niemand hatte Erfahrungen im Umgang mit dem neuen Medium und seiner Wirkung als Massenkommunikationsmittel, was anhaltende Spekulationen und Diskussionen hervorrief. In den Vereinigten Staaten, dem fortschrittlichsten Fernsehland der Welt, gab es 1941 etwa 10 000 Fernsehgeräte, während des Koreakriegs waren es zehn Millionen und auf dem Höhepunkt des Vietnamkriegs hundert Millionen. Bilder vom Kampfgeschehen, von Militäroperationen und Opfern flimmerten – allerdings nicht live – zum ersten Mal regelmäßig in die Wohnzimmer und spiegelten Authentizität vor. Man glaubte, daß die Zuschauer unter dem Eindruck eines

»ungeschminkten Realismus« zu Gegnern des Krieges werden mußten.

Verschiedene Studien dagegen zeigen, daß eine solche, von unterschiedlichen Seiten vertretene These vornehmlich als ideologische Argumentationshilfe diente und der Wirklichkeit nicht entsprach. Zum einen wurde nachgewiesen, daß Aufnahmen von Kämpfen und Toten nur fünf bis sieben Prozent der Fernsehberichterstattung über Vietnam ausmachten[16] und vor allem die Kampfszenen meistens nachgestellt waren, da die Fernsehteams mit ihren sperrigen Ausrüstungen gar nicht den Weg in die unwegsamen vietnamesischen Dschungelgebiete fanden. Von 2300 Berichten zwischen 1965 und 1970 zeigten nur 76 echtes Kampfgeschehen. Übersichten über die Kämpfe stammten darüber hinaus meistens aus dem Bestand der militärischen Pressestellen.

Zum anderen stellte sich heraus, daß die täglichen Wiederholungen dieser reduzierten Vietnambilder über Jahre hinweg zu einem Mangel an Realitätsbewußtsein führten.[17] Das nach TV-Kriterien zu höchstens drei- bis vierminütigen Beiträgen aufbereitete Filmmaterial über einen für die Fernsehzuschauer ohnehin schwer verständlichen Krieg in einem exotischen Land bot weder elementare Dramatik, noch hatte es einen wirklichen Informationsgehalt: »Ein abendlicher, stilisierter, größtenteils distanzierter Überblick über einen zusammenhanglosen Konflikt, der sich überwiegend zusammensetzte aus Szenen von landenden Hubschraubern, von hohen Gräsern, die im Wind des Hubschraubers schwanken, von amerikanischen Soldaten, die mit schußbereitem Gewehr zu Fuß über ein hügeliges Gelände ausschwärmen, dann und wann (auf der Tonspur) ein ferner Gewehrknall und hin und wieder (als großartige Schlußszene) eine dunkle Rauchsäule eine halbe Meile entfernt, die stets einem brennenden Munitionslager des Vietkong zugeschrieben wurde.«[18]

Eine rasche Gewöhnung an Berichterstattung solcher Art machte sich auch bald bei den amerikanischen Soldaten bemerkbar, die sich in der Gegenwart von TV-Kameras als hollywoodsche Fimhelden fühlten und zu posieren begannen. Zu dieser Konstruktion von Realität, die mehr an Kinofilme erinnerte, als daß sie die Schrecken des Krieges vermittelt hätte, trugen auch die Redaktionen der Fernsehsender bei, die zwar »action« wollten, aber auf einen »sauberen«, nicht zu blutigen Tod pochten. Ein bißchen Nervenkitzel sollte beim Zuschauer schon erzeugt werden, aber kein Adrenalinschub.

Die Wahrnehmung des Vietnamkriegs durch das Fernsehen bewegte sich also eher in emotional gemäßigten Arrangements, was sich im Grunde mit den Interessen der Politiker, ein gedämpftes Bild von einem verlustreichen Krieg zu vermitteln, deckte. ›Newsweek‹-Umfragen aus den Jahren 1967 und 1972 dokumentieren, daß das Fernsehen weder eine Antikriegs-Stimmung noch einen Meinungswandel bewirken konnte.[19] Es sieht eher so aus, als ob es beim Zuschauer schon vorhandene Auffassungen verstärkte. Die Essenz der TV-Berichterstattung also war, sich weder bei den Politikern noch beim Publikum unbeliebt zu machen.

Daß hinter einer Berichterstattung, die das Bild eines Krieges bis zur Unkenntlichkeit verzerrt, durchaus Methode steckt, die auf eine enge Verknüpfung und wechselseitige Einflußnahme von Medien und Politik schließen läßt, dokumentieren immer wieder Eingriffe, Gebote, Verbote oder »Empfehlungen« seitens der Redaktionsleitungen und Verlagsspitzen. Eines von zahlreichen Beispielen aus dem Vietnamkrieg, das die Präsentation der Presse als »Waffe der Wahrheit« zur Farce macht, ist die interne Regulierung der Arbeit bei Associated Press.

Mal Browne, Leiter des Saigoner AP-Büros, drückte jedem neuen Mitarbeiter seine 24seitige Broschüre mit dem Titel ›Ein kurzer Führer für Berichterstatter in Vietnam‹ in die Hand, in der er nicht nur praktische Tips gab (»Wichtige Kleinigkeiten, die man stets dabei haben muß, zum Beispiel Streichhölzer, Ausweispapiere und Filme, lassen sich in zugeknoteten GI-Kondomen gut trockenhalten«), sondern auch strenge, professionelle Vorschriften für eine wahrhaftige Berichterstattung aufstellte (»Verlassen Sie sich niemals blind auf eine Information, sondern

überprüfen Sie alles, was Sie hören, so gut Sie nur können«).
Der journalistischen Freiheit waren jedoch durch ungeschriebene Redaktionsgesetze elementare Grenzen gesetzt, wie Peter Arnett zugeben mußte: »Für uns von Associated Press wäre es immer noch einem beruflichen Selbstmord gleichgekommen zu behaupten, daß die Vietkong-Rebellen oder Hanois reguläre Truppen im allgemeinen gut ausgebildet und hochmotiviert waren und an ihre revolutionäre Sache glaubten. Unsere Chefs rieten uns davon ab, auch nur anzudeuten, daß der Vietnam-Konflikt wesentliche Züge eines Bürgerkriegs trug, obwohl natürlich jeder Vietnamese wußte, daß es stimmte.« [20]

In die Strategie des Kalten Krieges und die von ihr bestimmte amerikanische Vietnampolitik jedoch paßte das Bild von der vietnamesischen Wirklichkeit nicht. Es hätte den Kriegsgrund und die Kriegsziele ad absurdum geführt. Zu ebendieser späten Einsicht gelangt auch Robert McNamara, einer der Hauptverantwortlichen für das Vietnamdesaster, wenn er heute von den Lehren des Vietnamkriegs spricht und als einen der Kardinalfehler in der politischen Bewertung des Konflikts zwischen dem Norden und Süden des Landes anerkennt, man habe die dort tatsächlich wirksamen Kräfte völlig falsch beurteilt: »Unsere Fehleinschätzungen von Freund und Feind gleichermaßen spiegelten unsere profunde Ignoranz der Geschichte, Kultur und Politik der Menschen in dieser Region wie auch der Persönlichkeiten und der Gewohnheiten ihrer Führer wider.«[21]

Vietnam war ein Bürgerkrieg zwischen einer nationalistisch orientierten Regierung in Hanoi mit eigenen Überzeugungen und Werten und einem korrupten, machtbesessenen Regime in Saigon. Die Einmischung der USA ließ den Bruderkrieg zur Tragödie eskalieren: B-52-Bomber, die ganze Dörfer und Landstriche in Schutt und Asche legten, das Phoenix-Vernichtungsprogramm, der Chemiekampfstoff »Agent Orange«, der umfangreiche Einsatz von Napalm, mehr als zwei Millionen tote und verletzte vietnamesische Zivilisten und 58 000 gefallene US-Soldaten im Namen der amerikanischen Freiheit sind die Bilanz. Der weitgehende Opportunismus und die Parteilichkeit der Medien angesichts dieser Ausmaße der Zerstörung machen Vietnam nicht gerade zu einer Sternstunde der Demokratie und Pressefreiheit.

Dennoch gebar der Mythos vom Krieg, der durch die Presse verlorengegangen war, eine Reihe folgenschwerer Überlegungen. Der Slogan der Anti-Vietnam-Demonstranten von 1968 »No more Vietnams« wurde zum Credo amerikanischer Pressepolitik in allen folgenden militärischen Konflikten und gelangte im Golfkrieg zur meisterhaften Verwirklichung. Ron Nesson, stellvertretender Nachrichtenchef des US-Senders NBC, brachte die niederschmetternden Erfahrungen der Medien am Persischen Golf auf den Punkt: »Das Pentagon hat die letzte Schlacht des Vietnamkriegs geschlagen. Sie wurde in den Wüsten Saudiarabiens ausgetragen, und der niedergeworfene Feind waren wir.«[22]

Falkland

Richtlinien für eine effektive Kontrolle der Presse im Krieg wurden aus unterschiedlichen Erkenntniswerten zusammengestellt. Vietnam war ein solcher Erkenntniswert, der Falklandkrieg, den die britische Regierung 1982 gegen Argentinien fern der Heimat ausfocht, ein anderer. Mit derselben Entschlossenheit, mit der die Thatcher-Regierung in einem kolonialen Rückfall ihre Flotte in den Südatlantik hinunterschickte, um die von Argentinien eingenommenen Falklandinseln zurückzuerobern, stellte sie die Informationsflüsse unter ihre totale Kontrolle. Die Anzahl der Journalisten, die das militärische Unternehmen auf den Schiffen der Royal Navy begleiten durften, war stark begrenzt, Berichte konnten nur nach einem strengen Eingriff des Zensors übermittelt werden, Filme mußten physisch nach Großbritannien transportiert werden – im Zeitalter der elektronischen Live-Übertragungen ein wahrer Anachronismus. Gleichzeitig hatte die Regierung in London das Monopol über die Verbreitung aller Nachrichten über das Atlantikgefecht.

Während also das Kampfgeschehen je nach Bedarf der Militärs und der Regierung dargestellt wurde, blieb für die politisch Verantwortlichen ein Restrisiko an der heimatlichen Pressefront, das sie jedoch bald ins Visier nahmen. Zwei unliebsame Erscheinungen mußten noch geregelt werden: Erstens der Umstand, daß die Medien neben den britischen auch die argentinischen Regierungs-Quellen zitierten, was ihnen den Vorwurf der »übertriebenen Objektivität« einbrachte; zweitens die aufgrund der Nachrichtenarmut ständig herangezogenen »Lehnstuhlstrategen«, pensionierte Militärfachleute, Offiziere oder Sicherheitsexperten, die in ausgedehnten Kommentaren Details über die Ausrüstung der britischen Armada, über deren Kapazitäten und Fähigkeiten sowie über mögliche militärische Taktiken preisgaben.

In scharfen Attacken auf die Medien, vor allem die BBC, versuchte man diese Probleme aus der Welt zu schaffen. Wiederholt ergriff Margaret Thatcher selbst die Initiative und beklagte sich darüber, »daß zuviel Diskussionen über den Zeitplan und die Einzelheiten der Operation nur dem Feind helfen und unsere Streitkräfte behindern (...) würden. In Kriegszeiten pflegte man zu sagen: ›Sorgloses Geschwätz kostet Leben.‹ Das gilt noch immer.«[23]

Wie das so ist in Demokratien, haben auch Medienbosse ihre politischen Neigungen und Vorlieben, und so bekam die »Eiserne Lady« aus der Downing Street in ihrem Kampf gegen den inneren Feind schnell Schützenhilfe von der richtigen Seite – die einen Medien begannen die anderen des Verrats, der Obszönität und der Feindpropaganda zu bezichtigen. Unterdessen stellte die Royal Navy in aller Ruhe und Souveränität im Südatlantik die alte Ordnung wieder her, durch keinerlei journalistische Neugier irritiert, und Margaret Thatcher konnte sich einmal mehr der Bewunderung ihrer Fans, allen voran des amerikanischen Präsidenten Ronald Reagan und der Offiziere der US-Marine, sicher sein.

Grenada

Kurz nach dem Falklandkrieg wurde in den Vereinigten Staaten eine Kommission einberufen, die die Ergebnisse des britischen Feldzugs studieren und Lehren daraus ziehen sollte. Mitte 1983 gab ein Mitglied der Kommission, Korvettenkapitän und »Fachmann für Öffentlichkeitsarbeit« Arthur A. Humphries, in der Zeitschrift ›Naval War College Review« ein Resümee der Gruppenarbeit bezüglich der Nachrichtenlenkung: »Wohl besteht in einer demokratischen Gesellschaft der Anschein der Informationsfreiheit, doch zeigt uns der Falklandkrieg, wie wir sicherstellen können, daß die Politik der Regierung nicht durch die Art der Berichterstattung über einen Krieg untergraben wird.«[24]
Humphries liefert gleich ein paar Faustregeln mit:

1. Um die Unterstützung der Öffentlichkeit für den Krieg aufrechtzuerhalten, dürfen Sie die eigenen Leute nicht als rücksichtslose Barbaren zeigen.

2. Wenn Sie das Vertrauen der Öffentlichkeit in die Kriegsziele der Regierung nicht zersetzen wollen, können Sie nicht erlauben, daß ihre Söhne vor ihren Augen an den Fernsehschirmen zu Hause verwundet und verstümmelt werden.

3. Daher müssen Sie den Zugang der Korrespondenten zum Kriegsschauplatz kontrollieren. Berufen Sie sich auf die Zensur und gewinnen Sie die Unterstützung durch den Patriotismus zu Hause und im Kampfgebiet. Argentinien und Großbritannien haben uns gezeigt, wie man diese Erkenntnisse umsetzt.

Schließlich zieht der Korvettenkapitän eine noch weitreichendere Schlußfolgerung: »Die Nachrichtenmedien können in der psychologischen Kriegsführung ein nützliches Werkzeug, ja sogar eine Waffe sein, die den Soldaten den Einsatz ihrer schweren Waffen erspart.«

Vier Monate nach Erscheinen des Artikels erfolgte die Invasion der mittelamerikanischen Insel Grenada durch Spezialeinheiten der US-Streitkräfte. Es schien, als ob der Kommandant der Operation, Vizeadmiral Joseph Metcalf III., Humphries' Tips zur Nachrichtenlenkung Wort für Wort in die Tat umgesetzt hatte. Über die Invasion wurde eine totale Nachrichtensperre verhängt. Sogar die Presseämter des Weißen Hauses und des Pentagon erfuhren erst eine Stunde nach Beginn davon. Militär und Regierung gelang es schließlich, die Medien fast eine Woche lang von der Insel zu verbannen. Als sie antreten durften, war der Spuk vorbei.

Die damals von der Regierung Reagan offiziell verbreitete Begründung der Invasion griff die Argumentationsstrukturen des kalten Krieges auf: Grenada sei ein sowjetischer Militärstützpunkt mit unglaublich vielen kubanischen Militärberatern, ein Nachschublager für sowjetische und kubanische Waffen, ein Sammelbecken für Umstürzler, der Premierminister Maurice Bishop sei von seinen eigenen Leuten hingerichtet worden, der überlebende Verteidigungsminister sei ein »karibischer Idi Amin« und der Vize-Premier eine »stalinistisch-leninistische Moskauer Marionette«.

Acht Jahre später, während des Golfkriegs, korrigierte Vize-Admiral Metcalf III. diesen Mythos eher unfreiwillig mit der Bekanntgabe der inoffiziellen Version: »Wir hatten klare Ziele: Wir sollten eine uns freundlich gesinnte Regierung installieren.« Und er fügte hinzu: »Es wurde eine unwahrscheinlich störungsfreie Operation. Ich hatte Anweisungen, genau das zu tun, was jetzt beim Wüstensturm läuft.«[25]

In Grenada also installierte das Pentagon vor dem Hintergrund der eigenen Erfahrungen in Vietnam und der britischen im Falklandkrieg die Kontrollmechanismen, die im Golfkrieg perfektioniert wurden: Den Medien wurde der Zugang zum Kampfgebiet verwehrt. Aber war das im Fall von Grenada tatsächlich ein Verlust für die Öffentlichkeit? Vermutlich hätte sich die Berichterstattung vom Kriegsschauplatz nicht sehr unterschieden von der Perspektive, die die Presse vor der Invasion schon eingenommen hatte, und die vertrat zum überwiegend großen Teil, ganz der Regierungslinie entsprechend, die Auffassung, Grenada sei ein Nest kommunistischer Banden gewesen, die eine Bedrohung für die Sicherheit der USA darstellten.

94

Das dokumentierte auch die journalistische Nachbearbeitung des Militäreinsatzes. Ramsey Clark, stellvertretender US-Justizminister unter John F. Kennedy und Justizminister unter Lyndon B. Johnson, heute ein international anerkannter Rechtsanwalt und engagierter Menschenrechtsaktivist, beklagt, wie grundsätzlich »begrenzt die Medienberichterstattung über internationale Vorgänge (ist), die den außenpolitischen Interessen der USA entgegenstehen«, und sagt, daß es vor allem die Invasion in Grenada war, die ihm »drastisch vor Augen führte, daß zwischen der US-Regierung und den amerikanischen Massenmedien in den Handlungen fast völlige Übereinstimmung besteht«.[26]

Grenada wurde 1983 zu einem der wichtigsten, wenngleich dürftig bearbeiteten Nachrichtenthemen in den USA, geriet jedoch bald danach völlig aus dem Blickfeld der Medien. So erfuhr die amerikanische Öffentlichkeit praktisch nichts über die Opfer der US-Invasion oder korrekter: der US-Aggression. Clark weist darauf hin, daß beispielsweise die Zerstörung einer Nervenklinik durch ein US-Marineflugzeug 20 Tote gefordert hatte, aber über die genaue Zahl der grenadischen, kubanischen und amerikanischen Opfer weiß man bis heute nicht Bescheid, denn, so auch der Journalist und Autor John MacArthur, »auf der Regierungsseite (hat) sich bislang niemand öffentlich geäußert, und bei der Presse scheint niemand sonderlich darauf erpicht gewesen zu sein, sie herauszufinden«.[27]

Über das Schicksal Grenadas, »das durch die US-Invasion zu einer weiteren Generation der Armut verurteilt« worden war, wurde ein Schleier des Schweigens geworfen. So hatte die amerikanische Öffentlichkeit auch keine Ahnung, »daß die US-Streitkräfte mehrere tausend Bewohner Grenadas gefangengenommen hatten, die Verfolgung der überlebenden führenden Politiker durchsetzten und Millionen Dollar für deren Gefangennahme sowie für Staatsanwälte und Sondergerichte bezahlten«. 14 Todesurteile wurden gegen die Mitglieder der gestürzten Bishop-Regierung ausgesprochen, und es war die interamerikanische Menschenrechtskommission, die nach langjährigem Einsatz die Unschuld der Verurteilten beweisen konnte, aber »sogar über die dramatische Umwandlung der Urteile wurde nicht berichtet, weil die US-Regierung zu den Hauptbeteiligten gehörte und ihre Rolle auf jeden Fall vertuschen wollte«.[28]

Dennoch hagelte es von seiten der großen US-Medien Proteste nach dem Überfall auf Grenada. Die vehementen Einsprüche richteten sich sehr wohl gegen die US-Regierung, betrafen aber nicht deren Mittelamerikapolitik, sondern ihren Umgang mit der Presse. Die Redaktionen fühlten sich durch die von den politisch Verantwortlichen verhängte Nachrichtensperre vor den Kopf gestoßen und forderten ihr Recht auf Informationsfreiheit ein. Daraufhin zeigte sich die US-Regierung kompromißwillig und stellte eine dreizehnköpfige Komission auf, die sich mit Fragen der Kriegsberichterstattung beschäftigen sollte. Eine angebliche Lösung der widerstreitenden Interessen wurde bald gefunden, und die Presse tappte in die Falle.

Das Heilmittel sollte der »National Media Pool« sein, eine aus Zeitungs-, Magazin-, TV- und Radioredaktionen ausgewählte Gruppe von erfahrenen Pentagon-Korrespondenten, die nach einem Rotationsprinzip in ständiger Alarmbereitschaft stehen sollten. Das Verteidigungsministerium verpflichtete sich, die Pool-Journalisten bei allen militärischen Einsätzen, auch bei Überraschungsangriffen, an den Schauplatz der Kampfhandlungen zu bringen.

Wie so etwas aussah, konnten die Pressevertreter im Februar 1987 erfahren, als Einheiten der 82. US-Luftlandedivision nach Honduras geschickt wurden, um mit einem massenhaften Absprung von Fallschirmjägern der sandinistischen Regierung im benachbarten Nicaragua zu demonstrieren, was die US-Regierung so alles für sie in petto hatte. Ordnungsgemäß wurden die Pool-Journalisten zusammen mit noch ein paar internationalen Pressevertretern an Bord der Flugzeuge genommen und zum Einsatzort geflogen. Dort sprangen die Fallschirmjäger ab, die Journalisten natürlich nicht. Sie wurden vielmehr zu einem weit abgelegenen Landeplatz gebracht, von wo aus sie, eskortiert von Militärs, hinter einem Konvoi von Transportern hertrotteten und irgendwann in die Nähe der Absprungzone gelangten, ohne wirkliche Einblicke in das Geschehen zu erhalten.

Die Botschaft dieser Unternehmung jedoch begriffen die Journalisten nicht. Obwohl sich bei den Pool-Korrespondenten in entsprechenden Einsätzen schon mal Nachdenklichkeit und Unzufriedenheit einzustellen pflegte. Etwa als 1987/88 amerikanische Kriegsschiffe kuweitische Tanker im Persischen Golf begleiteten und pflichtgemäß die rotierenden Mitglieder der Pools mitnehmen sollten. Ein ›New York Times‹-Reporter beschwerte sich folgendermaßen: »Das derzeitige Pool-System der Berichterstattung ist nicht effizient. Die meiste Zeit der typischen Drei-Wochen-Rotation wird an Land verbracht, und es gibt kaum etwas zu tun. Unsere Gruppe war so frustriert mit dem Freizeitdasein im Hotel Diplomat in Bahrain, daß wir uns T-Shirts drucken ließen mit der Aufschrift ›When there's news in the Gulf, we're in the pool‹.«[29]

Panama

Etwas klarer wurde den Vertretern der Presse, daß die Pool-Lösung im Prinzip ein großes Täuschungsmanöver der US-Regierung war, als 1989 amerikanische Truppen in Panama einfielen, um General Manuel Noriega zu verjagen. Die ausgewählten Korrespondenten flogen zwei Stunden vor Beginn der Invasion in Militärmaschinen ab, um dann wieder, genauso wie in Honduras, im wahrsten Sinne des Wortes das Nachsehen zu haben und zuschauen zu müssen, wie die Fallschirmjäger absprangen. Die Flugzeuge mit dem National Media Pool an Bord landeten schließlich auf einem US-Stützpunkt, wo die Reporter so lange festgehalten wurden, bis die Militärs mit der Entwicklung der Kämpfe zufrieden genug und bereit waren, die Presse freizulassen.

Aber selbst die Berichterstattung, die dann folgte, blieb auf dem Niveau einer prinzipiellen Zustimmung zur US-Politik, wie der Produktionsleiter von CBS News, John Meyersohn, der von Noriega-Anhängern drei Tage lang als Geisel gefangengehalten wurde, bestätigte: »Als ich mir (mit den Geiselnehmern zusammen) die amerikanischen Fernsehberichte über die Operation Gerechte Sache anschaute, fiel uns auf, daß bezüglich der amerikanischen Verluste ständig die neuesten Zahlen genannt wurden, von panamaischen Toten oder Verletzten jedoch keine Rede war; daß immer wieder Archivaufnahmen von heldenhaften amerikanischen Soldaten abgespielt wurden, die in Kampfhubschraubern oder am Fallschirm an den Küsten landeten, aber keine Bilder von Krankenhäusern mit zivilen Opfern; daß Präsident Bush in fröhlicher Stimmung eine Pressekonferenz gab, während die Leichen von gefallenen amerikanischen Soldaten zu Hause eintrafen; daß Manuel Noriega ständig als perverser Voodoo-Anhänger und Drogenhändler, aber nie als langjähriger Verbündeter der USA bezeichnet wurde (…) Als Geisel habe ich bestimmt mehr gesehen, als ich als Journalist hätte sehen können (…)« Meyersohn spricht schließlich von einer »Public-Relations-gesteuerten Invasion«, die der Regierung den Rückhalt in der amerikanischen Öffentlichkeit sicherte.[30]

Über die wirklichen militärischen Vorgänge und die Zahl der panamaischen Toten gibt es bis heute nur widersprüchliche und teilweise sehr weit auseinandergehende Informationen. Während die amerikanischen Massenmedien die Zahlen des Pentagon übernahmen – mal war die Rede von 200 toten Zivilisten, mal von 345 –, gingen Schätzungen unabhängiger Kommissionen und Organisationen von 1000 bis 7000 Opfern aus und pendelten sich nach Angaben von Ramsey Clark auf 4000 ein. Auf Pressekonferenzen ermittelnder Gruppen, die über das Ausmaß der Zerstörung durch den amerikanischen Angriff aufklären wollten, erschienen die Verteter der großen US-Medien jedoch nicht, und sie interessierten sich auch nicht weiter für die Problematik. Panama war schnell vergessen. Was im Gedächtnis der Nation haften blieb, waren Bilder des amerikanischen Triumphes.

Ein dergestalt geformtes Kollektivbewußtsein war jedoch

schon immer eine wichtige Stütze in der Durchsetzung des amerikanischen außenpolitischen Konzepts in Zentralamerika und der Karibik gewesen, dem Vorgarten oder auch Hinterhof der USA. Das Hegemonialstreben der westlichen Großmacht in dieser Region und ihre direkte oder mittelbare militärische und politische Einmischung dort wurden während des kalten Krieges stets mit sicherheitspolitischen Erwägungen begründet und von einer wahren Kommunisten-Paranoia, die alle US-Regierungen teilten und nährten, getragen. Fidel Castro ist der letzte, immer noch überlebende Ahnherr dieser Ära, nach immerhin mehr als 40 mißlungenen Attentatsversuchen von seiten der CIA ein tiefer Stachel im wohlgenährten US-amerikanischen Fleisch.

Die ständig geschürte Angst vor einer sowjetischen Invasion via Zentralamerika diente im wesentlichen jedoch als Vorwand für die eigentlichen Interessen der USA, nämlich die aggressive Sicherung ihres ökonomischen und politischen Einflusses in Ländern, die vor allem billige Arbeitskräfte und die Möglichkeit der Errichtung von Monokulturen für den Bedarf des US-Marktes boten – abgesehen von der geopolitischen Bedeutung, die sie hatten und haben, wie etwa Panama mit seinem strategisch wichtigen Kanal. Allerdings sind schon in den achtziger Jahren, als sich der Niedergang des Kommunismus abzuzeichnen begann, die Mittel der US-amerikanischen Intervention – ausgenommen von Grenada und Panama – in Zentralamerika subtiler geworden und lassen sich als ökonomisches, politisches und psychologisches Engagement »niederer Intensität« charakterisieren. Ein Kontinuum außenpolitischer Bemühungen der USA in dieser Region indessen ist und bleibt das Interesse an der Installierung US-freundlicher Regierungen und Oligarchien.

Einer der schärfsten Beobachter US-amerikanischer Außenpolitik, Ex-Justizminister Ramsey Clark, zeigt sich nicht nur hinsichtlich der zentralamerikanischen Konfliktregion besonders erschüttert von der regierungstreuen Haltung der US-Medien, »die sich weigerten, über Tatsachen und Meinungen zu berichten, welche die Außenpolitik der USA in einem kritischen Licht erscheinen« lassen. Als Anwalt und Aktivist, der in außenpolitischen und militärischen Krisen auch die Seite der jeweils gegnerischen Konfliktpartei sich zu erhellen bemühte, mußte er bittere Erfahrungen mit den Medien machen: »Oft war ich der einzige oder gehörte zur einzigen Gruppe, die in solchen Fällen ermittelte und berichtete. Viele Male haben amerikanische Auslandskorrespondenten und Journalisten in den USA ihre Kameras abgeschaltet oder die Kugelschreiber aus der Hand gelegt und ganz klar erklärt, ihr Sender oder ihre Zeitung werde die Geschichte nicht verwerten. Und noch öfter haben sie zugegeben, sie seien nicht zu Interviews oder Pressekonferenzen von Leuten gegangen, welche die Handlungen und Politik der USA kritisieren. Manche Journalisten sagten sogar, man werde sie entlassen, wenn sie auf der Grundlage solch kritischer Berichte einen Artikel einreichen.«[31]

Nicht alle Journalisten und Redaktionen haben sich immer so verhalten, aber es besteht kein Zweifel, daß Clark in der Tendenz recht hat. Abweichende Meinungen, zumal in außenpolitischen Krisen, sind aus vielerlei Gründen nicht erwünscht, und dieser Umstand macht natürlich auch die Pool-Lösung des Pentagon einmal mehr zur Augenwischerei. Nicht nur, daß die modernen Kriegsberichterstatter von den wesentlichen militärischen Ereignissen nichts mitbekommen (sollen), sie würden auch dann nicht entscheidend anders oder gar kritisch berichten, wenn sie mehr zu sehen bekämen.

Vor diesem Hintergrund mangelnder kritischer Distanz gegenüber der politischen und militärischen Obrigkeit lassen sich Massenmedien sehr leicht genau zu jenem Instrument der Kriegsführung machen, in dem Korvettenkapitän Humphries so begeistert eine wirksame Waffe gesehen hat. Nimmt man noch den Konkurrenzdruck hinzu, unter dem sich die Medien im beschleunigten Wettbewerb der »entertainisierten« Informationsgesellschaft befinden, so entsteht eine wenig Gutes versprechende Kombination von zweifelhaften Dispositionen, wie sie etwa der Golfkrieg und die Berichterstattung über ihn beispielhaft offenbart haben.

Golfkrieg

Kein anderer militärischer Konflikt in der zweiten Hälfte dieses Jahrhunderts hat die Welt so sehr in Atem gehalten wie der Blitzkrieg am Persischen Golf vom Januar und Februar 1991, als die Menschheit am Rande der Apokalypse zu stehen schien. Und kaum jemals anläßlich eines Krieges hat sich die Presse so schnell so laut empört über militärische Eingriffe in ihre eigene professionelle Sphäre. Kein anderer Krieg aber hat die Strukturen und Funktionsmechanismen, die den Massenmedien zugrundeliegen, so schamlos offengelegt – und so bald vergessen gemacht. Denn als der Feind besiegt war und der Weltuntergang ausblieb, verebbte auch die öffentliche Diskussion um die unrühmliche Rolle der Medien in der Katastrophe am Persischen Golf, um ihre grundsätzliche Beschaffenheit und die besondere Form der Demütigung durch die Politik.

Das Weltereignis im Zeitalter des modernen Satellitenfernsehens, das sich in einer der ältesten Kulturregionen der Geschichte abspielte, ist so facettenreich wie der Spannungsbogen, der sich von Mesopotamien in die Ära von CNN und IBM schlagen läßt. Aus den zahlreichen politischen, ökonomischen, militärischen und kommunikationswissenschaftlichen Aspekten seien daher nur einige herausgegriffen und umrissen, die das Drehbuch eines vorbildlich inszenierten Krieges bereitstellte:

Die Neue Weltordnung

Spätestens seit Glasnost begann das Szenario des kalten Krieges zu bröckeln, das die »heißen« Kriege und weltpolitischen Schachzüge zur Eindämmung der kommunistischen Gefahr in Korea, Vietnam, Mittelamerika und anderswo ideologisch immer wieder rechtfertigte, und damit geriet die Plattform, auf der die USA ihre jahrzehntelange globale Vorherrschaft ausgebaut hatten, ins Wanken. Als das Sowjetsystem endgültig kollabierte, wurde eine ideelle und politische Neuorganisation der amerikanischen Führungsrolle notwendig. US-Präsident George Bush kündigte daher eine »Neue Weltordnung« an, und die von den Staats- und Regierungschefs der führenden westlichen Militärmächte im November 1990 unterzeichnete »Charta von Paris« verhieß, daß es eine Friedensordnung werden sollte, die auf Androhung oder Anwendung von Gewalt verzichten würde.

Aber schon die internationalen Entwicklungen im August 1990, als Saddam Hussein das benachbarte Kuwait überfiel, deuteten darauf hin, daß die westliche Supermacht USA ihre neue Vorherrschaft über den Weg einer militärischen Konfrontation installieren wollte. Lediglich sechs Tage nach der Besetzung Kuwaits durch den Irak ließen die USA ihre Muskeln spielen, kündigten die Entsendung von zunächst 40 000 Soldaten in die Golfregion an und stellten sich demonstrativ auf die Seite des »Opfers«. Politisch legitimierten sie diese Drohungen mit der Wiederherstellung der Souveränität eines Staates und der Verteidigung internationalen Rechts, das durch die Iraker gebrochen wurde.

In Wirklichkeit aber sahen die USA endlich den Augenblick gekommen, ihr lange verfolgtes Ziel, sich den Zugriff auf die lebenswichtigen Ölvorkommen der Nahost-Region zu sichern, in die Tat umsetzen zu können. Durch den Zusammenbruch des Sowjetreiches hatten das Weiße Haus und das Pentagon dafür nunmehr freie Hand. War eine direkte Konfrontation mit dem Sowjetimperium jahrzehntelang ein zu hohes Risiko gewesen, so fehlte nach dem Abzug der sowjetischen Truppen aus Afghanistan und der Auflösung des Warschauer Pakts jegliche Abschreckung für eine US-Intervention am Golf.

Die Interventionsstrategien standen schon lange fest und waren im Kriegsplan 1002 aus der frühen Reagan-Ära umrissen. Danach konnte und sollte »jeder Bedrohung des amerikanischen Zugangs zum Nahost-Öl (...) mit militärischen Mitteln begegnet werden«.[32] Die bereits unter Jimmy Carter entworfene »Schnelle Eingreiftruppe« wurde 1983 zum eigenen Oberkommando CENTKOM erhoben und begann mit der Ausweitung des Netzes der US-amerikanischen Militärbasen und Überwachungseinrichtungen in Saudi-Arabien. 1987 wurde General Norman Schwarzkopf zum Oberbefehlshaber der CENTKOM ernannt, und 1989 wurde der CENTKOM-Kriegsplan 1002 modifiziert und in Kriegsplan 1002-90 umbenannt. Der Feind war nicht mehr die Sowjetunion, sondern der Irak, und die letzten beiden Ziffern standen für das Jahr 1990.

Unter dem Oberbefehl von Norman Schwarzkopf begann man Kriegszenarien gegen den Irak zu entwerfen und spielte 1990 mindestens vier davon in Computersimulationen durch. Bei einigen ging man von der irakischen Invasion Kuwaits aus. Gleichzeitig schloß das Zentrum für strategische und internationale Studien (CSIS) im Mai 1990 eine zweijährige Studie ab. Die Untersuchungen der Washingtoner Denkfabrik prognostizierten den Ausgang eines Krieges zwischen dem Irak und den USA und nahmen ebenso eine Besetzung Kuwaits durch irakische Truppen als Ausgangspunkt. Die Studie wurde im Pentagon, unter Kongreßabgeordneten und Rüstungsfirmen verbreitet.[33]

Nach Einschätzungen von Militärexperten jedoch zeigte der Irak, wirtschaftlich stark geschwächt durch den achtjährigen Krieg gegen den Iran, keinerlei Absichten, neue militärische Abenteuer einzugehen. Das bezeugen auch die Ergebnisse einer Untersuchung des Instituts für strategische Studien der US-Kriegsakademie, die Anfang 1990 vorgelegt wurden: »Es steht nicht zu erwarten, das Bagdad irgend jemanden zu einer militärischen Konfrontation provozieren wird. Seinen Interessen ist zur Zeit und in nächster Zukunft mit dem Frieden am besten gedient. (...) Die Einkünfte aus Ölverkäufen könnten ihm ökonomisch gesehen zu einem Platz in den vordersten Reihen der Staaten verhelfen. Die Stabilität im Nahen Osten ist dem Verkauf von Öl nur förderlich; Störungen wirken sich langfristig nachteilig auf den Ölmarkt und damit für den Irak aus. (...) Gewalt ist nur wahrscheinlich, wenn sich die Irakis ernstlich bedroht fühlen. (...) Nach unserer Überzeugung ist der Irak grundsätzlich einer nicht-aggressiven Strategie verpflichtet.«[34]

Es ist ziemlich offensichtlich, daß die USA nach diesen Erkenntnissen ein Legitimationsproblem hinsichtlich des Krieges hatten, den sie gegen den Irak führen wollten. Daß sie den Krieg zu führen gedachten, stand außer Frage. Das Pentagon mußte seinen enormen Haushalt sichern, und die US-Rüstungsfirmen wollten ihren erklecklichen Markt im Nahen Osten ausbauen. (Während des iranisch-irakischen Krieges wurden amerikanische Rüstungsgüter im Wert von mindestens 20 Milliarden Dollar über Saudi-Arabien und Kuwait in den Irak geschleust und gleichzeitig die irakischen Anrainerstaaten mit Kriegsmaterial versorgt.) Schließlich waren da noch »die Ölgesellschaften, die auf eine bessere Kontrolle der Rohölpreise und höhere Gewinne aus waren; und die Bush-Regierung, die im Zerfall der Sowjetunion ihre Chance sah, im Nahen Osten eine ständige Militärpräsenz aufzubauen, ihre Vormachtstellung in der Region zu stärken und enorme geopolitische Vorteile durch die Kontrolle der Ölvorkommen bis ins nächste Jahrtausend zu erzielen. Die Herausforderung für das Pentagon bestand darin herauszufinden, was den Irak dazu bringen könnte, (...) Schritte zu tun, die eine US-Militärintervention rechtfertigen würden«.[35]

Der Agent provocateur sollte Kuwait werden. Ein im November 1989 zwischen den Spitzen des amerikanischen und des kuwaitischen Geheimdienstes geführtes Gespräch dokumentiert die Strategie. Verhüllt in diplomatische Formeln teilte der kuwaitische Generaldirektor der Abteilung für Nationale Sicherheit seinem Innenminister die Ergebnisse des Treffens mit CIA-Chef William Webster mit: »Wir sind mit der amerikanischen Seite übereingekommen, daß es wichtig wäre, die Verschlechterung der wirtschaftlichen Lage im Irak auszunutzen, um die Regierung dieses Landes zu veranlassen, unsere gemeinsame Grenze festzulegen. Die CIA hat uns die Druckmittel dargelegt, die sie für angemessen hält, und hat präzisiert, daß eine breite Zusammenarbeit zwischen uns eingeführt werden müßte, unter der Bedingung, daß die Aktivitäten auf hoher Ebene koordiniert würden ... Die amerikanische Seite hat uns ein Satellitentelefon zur Verfügung gestellt, um einen raschen Austausch von Ideen und Informationen zu fördern, die keiner schriftlichen Kommunikation bedürfen.«[36]

Das Scheichtum Kuwait, das nach dem Ersten Weltkrieg vom britischen Kolonialministerium mit ein paar Federstrichen aus dem irakischen Staatsgebiet herausgetrennt wurde, um den widerspenstigen Irakern den Zugang zum Persischen Golf und den Zugriff auf wichtige Ölquellen zu erschweren oder unmöglich zu machen, hatte schon am 8. August 1988, einen Tag nach dem Friedensschluß zwischen Iran und Irak, mit der eigenmächtigen und widerrechtlichen Erhöhung seiner Ölförderung einen Wirtschaftskrieg gegen den Irak entfacht. Die kuwaitischen Maßnahmen, die OPEC-Beschlüsse verletzten, ließen die Ölpreise drastisch fallen und stürzten die Wirtschaften ärmerer ölproduzierender Länder, darunter die des Irak, ins Chaos.

Wie Pierre Salinger, ehemals Sprecher des Weißen Hauses, in seinem Buch ›Krieg am Golf. Das Geheimdossier‹ aufzeigt, trieben die Kuwaiter diese Politik der Provokation im Laufe der Jahre 1989 und 1990 auf die Spitze. Neben einer erneuten Steigerung der Ölförderung gegen die ausdrücklichen Beschlüsse der OPEC vom Juni 1989 und entgegen weiterer Vereinbarungen im Juli 1990 verfolgten sie die Absicht, die teilweise widerrechtlich einverleibten Ölfelder von Rumailah an der strittigen irakisch-kuwaitischen Grenze mit Hilfe von US-Schrägbohr-Technologien stärker auszubeuten. Hinzu kam, daß das reiche Kuwait hartnäckig von den Irakern die Rückzahlung ihrer im Krieg gegen den Iran gemachten Schulden forderte beziehungsweise sich weigerte, dem wirtschaftlich darniederliegenden Land trotz wiederholter Anfragen die Schulden zu erlassen.

In der Eskalation dieses Konfliktes, die im Juli 1990 zur Verlegung irakischer Truppen an die kuwaitische Grenze führte, verhielten sich die USA widersprüchlich und gaben dem Irak falsche Signale, zuletzt am 25. Juli 1990, als die Bagdader US-

Botschafterin April Glaspie von Saddam Hussein zu einer Unterredung gebeten wurde und dem irakischen Führer die Position des Weißen Hauses mitteilte: »Mir liegt daran, Ihnen nicht nur zu sagen, daß der Präsident die besten und weitestgehenden Beziehungen zum Irak wünscht, er möchte auch, daß der Irak zum Frieden und zum Wohlstand des Nahen Ostens beiträgt. Präsident Bush ist ein intelligenter Mann, er wird keinen Wirtschaftskrieg gegen den Irak erklären. (...) Ich bewundere Ihre außerordentlichen Anstrengungen, das Land aufzubauen. Ich weiß, daß Sie dafür Kapital brauchen. Wir verstehen das und sind der Meinung, daß Sie die Möglichkeit haben müssen, das Land wieder aufzubauen. Aber wir wollen zu den innerarabischen Konflikten keine Positionen beziehen, beispielsweise zu Ihrem Konflikt mit Kuwait. (...) Wir hoffen, daß Sie Ihr Problem durch alle notwendigen Maßnahmen lösen.«[37]

Die US-Botschafterin gab damit Saddam Hussein grünes Licht für seine auch militärischen Aktivitäten.

Das Feindbild-Modell

Als die irakischen Truppen am 2. August 1990 in Kuwait einmarschierten, schien es, als sei eine alte amerikanische Rechnung endlich aufgegangen. Die US-Kriegsvorbereitungen liefen auf Hochtouren. Doch die Bush-Regierung stand noch vor einer großen Hürde: Die amerikanische Öffentlichkeit mußte für die Sache gewonnen werden, und sowohl Kuwait als auch der Irak hatten unzweifelhaft Image-Probleme in den USA. Sofern überhaupt bekannt war, in welcher Weltgegend sich diese Staaten befanden, herrschte über Kuwait die Vorstellung, es sei »weniger ein Staat als eine in Familienbesitz befindliche Ölgesellschaft mit eigener Flagge« (›New York Times‹) und feudal-repressiven Strukturen. Während Saddam Hussein ein ganz gewöhnlicher nahöstlicher Diktator war, den man mit Waffenlieferungen gegen den Iran unterstützte und der ganz nebenbei seine politischen Gegner mit Giftgas umbrachte, was aber kaum jemanden wirklich störte.

So bestand die Aufgabe der Bush-Regierung im Sommer 1990 darin, »den amerikanischen Medien zwei Bilder zu verkaufen – ein häßliches von Hussein und ein schönes von Kuwait«.[38] Da das Szenario des Kalten Krieges nicht mehr verfügbar war, wählte George Bush den Zweiten Weltkrieg als Modell für die militärische Konfrontation mit dem Irak. Wie Elihu Katz, Gründungsdirektor des israelischen Fernsehens und Professor für Soziologie und Kommunikation an mehreren internationalen Universitäten, in seinen Reflexionen zum ›Ende des Journalismus‹ ausführte, stilisierte der amerikanische Präsident den Krieg gegen den Irak, der das kleine Nachbarland geschluckt hatte, zum »moralischen Kreuzzug von Gut gegen Böse«, und die Medien folgten ihm: »Der Irak war das faschistische Deutschland mit seinem Völkermord an den eigenen Minderheiten. Saddam Hussein war Hitler, Personifizierung alles Bösen. (…) Der totale Sieg war die Voraussetzung für das Überleben der westlichen Zivilisation, und in der Tat auch der anderen Staaten in der Region. Dies verlangte erneute Mobilisierung der alliierten Streitkräfte des Zweiten Weltkriegs.«[39]

Andere Szenarien hätten zwar auch zur Verfügung gestanden, so etwa die Modelle »strategisches Interesse«, »Sicherung der Arbeitsplätze«, »streitende Nachbarn« oder »Polizeiaktion«, aber sie hätten »dem Irak die Ebenbürtigkeit verwehrt und gleichzeitig das Ganze von der Ebene des abgrundtief Bösen auf die des bloß Verbrecherischen geschoben«, so Katz. Dann wäre der irakische Einmarsch in Kuwait auf wenig nationales und internationales Interesse gestoßen, und die USA hätten sich in Legitimationsschwierigkeiten befunden.

Das Szenario des Zweiten Weltkriegs indessen wies für Bush erhebliche Vorteile auf. Eine erfolgreiche Vermarktung dieses Modells würde den Feind als mindestens so schlagkräftig wie die Armee des Dritten Reiches ausweisen, nach einer totalen Ausrottung des Gegners mit der Erniedrigung und Vernichtung seines Führers verlangen und einen Sieg gegen den Irak als »Großen Sieg« feiern. Mit einer erfolgreichen Konfrontation am Golf würde man auch endlich und ein für allemal die Erinnerung an das amerikanische Trauma Vietnam auslöschen können.

In der Phase der Mobilisierung der Öffentlichkeit für den Golfkrieg nahmen die Medien den Saddam Hussein/Hitler-Vergleich von Bush und die fortlaufende Dämonisierung des irakischen Diktators durch die US-Regierung auf und halfen, das Modell auszubauen. Wenige journalistische Stimmen warnten vor der unkritischen Hetze, wurden aber von der Masse nicht erhört, so wie jene Kolumne, die Ende August 1990 in mehreren amerikanischen Zeitungen gleichzeitig erschien und unter dem Titel »Die Verteufelung von Saddam Hussein« eine kleine Zusammenfassung der von CIA und DIA, dem militärischen Geheimdienst, verbreiteten Abscheulichkeiten lieferte: »Die Behauptungen über Saddam Hussein konkurrierten miteinander: er sei schon mit zehn Jahren ein Mörder gewesen, er erschieße seine Opfer mit Vorliebe von hinten, er besitze einen Bottich mit Säure, um die Leichen zu vernichten.«[40]

Elihu Katz resümiert den Erfolg des Frontalangriffs auf die öffentliche Meinung: »Nachdem sich (...) die Mär vom Zweiten Weltkrieg einmal in den Köpfen festgesetzt hatte, war es ein leichtes, den Wunsch der Tauben und einiger Medien nach Vermeidung einer bewaffneten Auseinandersetzung als Appeasement-Politik gegenüber diesem neuen Hitler zu denunzieren und vom Tisch zu wischen.« – Unter den gegebenen Umständen erhielten die in der Presse ausgetragenen Debatten über das Pro und Kontra des drohenden, aber unvermeidlich scheinenden Feldzugs den Beigeschmack einer Alibifunktion.

Die Massenmedien stellten sich vielmehr hinter den Präsidenten und den von ihm eingeschlagenen Weg der Konfrontation und wurden zum Austragungsort der von Bush betriebenen und von Saddam Hussein dankbar aufgenommenen Dramatisierung des Konflikts. Wie zwei Boxer vor dem Wettkampf begannen die beiden Führer sich gegenseitig und das Publikum mit Beschimpfungen und Drohungen aufzuheizen, und die Medien (auf beiden Seiten) ließen sich zum Instrument der psychologischen Kriegführung machen. In dieser forcierten Eskalation hin zum Krieg gelang es auch mit Hilfe der Public Relations-Firma Hill & Knowlton, aus Kuwait das Gegenstück zur Tschechoslowakei der dreißiger Jahre zu machen und damit ein eingängiges Opfer-Täter-Schema herzustellen, was die amerikanische Öffentlichkeit schließlich mobilisierte.

Und die Weltöffentlichkeit hinterdrein. Mediengerecht wurde am 27. November 1990 eine in der Geschichte der UNO einmalige Darbietung, nämlich die Anhörung kuwaitischer »Zeugen« irakischer Bestialität vor dem Sicherheitsrat der Vereinten Nationen inszeniert, die die Vorgabe hatte, das »Saddam-ist-Hitler-Thema« anzuschlagen. Nur eine von vielen Aussagen: »Was Saddam getan hat, deutet auf den Hitlerismus seines Charakters hin.«[41] – Zwei Tage später wurde vom UN-Sicherheitsrat die Resolution 678 verabschiedet, die die Mitgliedsstaaten ermächtigte, die irakischen Truppen mit militärischer Gewalt aus Kuwait zu vertreiben, sofern diese sich nicht bis zum 15. Januar zurückgezogen haben würden.

Die weltweite Inszenierung vom Showdown bis zum Countdown nahm bizarre Züge an. Am 12. Januar autorisierte der Kongreß George Bush zum »Einsatz aller Mittel« gegen den Irak, und zwei Tage später faßte eine CBS-Nachrichtenmoderatorin die patriotische Stimmung an der Heimatfront bündig zusammen: »Das ganze Land, einschließlich der Presse, steht auf der Seite des Präsidenten.«[42] Dieser dankte es dem Land, indem er den Kriegsbeginn auf die Abendnachrichten um 18.30 Uhr legte, auf den auch beispielsweise das deutsche Publikum vom RTL-Magazin »Explosiv« einige Zeit vor Ablauf des Ultimatums eingeschworen wurde: »Schauen Sie auf die Uhr, wie die meisten Menschen auf dieser Welt. Noch genau sieben Stunden und vierunddreißig Minuten, dann läuft das Ultimatum ab. In Tel Aviv feiern sie die letzten Untergangsparties ...«[43] Die Abendprogramme wurden mit Trauerflor versehen, indem man Comedy-Serien oder ähnlich deplazierte Sendungen ausfallen ließ, und eine so diabolische pro-irakische Propaganda wie der

Lennon-Song »Give peace a chance« wurde von Radiostationen rund um den Globus, vor allem in Großbritannien und den USA, aus dem Programm getilgt.

Der gefilterte Krieg

Der US-Propagandakrieg zur Mobilisierung der Weltöffentlichkeit war erfolgreich absolviert worden, der Feind entmenschlicht, doch die verheißene große Schlacht fand nicht statt. Jedenfalls nicht auf dem Bildschirm und nicht in den Printmedien. Oder jedenfalls nicht richtig: »Noch nie haben so viele Journalisten im Fernsehen mit so vielen Worten und Bildern so wenig Informationen zu einem Thema geliefert wie in der Berichterstattung über den Krieg am Golf.«[44] Die gedruckten Nachrichten kamen in der Beurteilung nicht besser davon: »Die Berichte (...), geschrieben von einigen der weltbesten Journalisten, sind banal und unterhaltsam, wie die Aufsätze (...), die man in den Anfängerkursen an der Journalistenschule zu lesen bekommt.«[45]

Die Informationslosigkeit des mit Hochspannung erwarteten Krieges war erschlagend und auf eine Kombination von drei Restriktionen zurückzuführen, nämlich des Pool-Systems mit einer Militärzensur und dem dadurch bedingten Fehlen von authentischen Kriegsbildern und Nachrichten. Als Saddam Husseins Truppen Kuwait besetzten, war das Pool-Arrangement des Pentagon aus den Tagen der Panama-Invasion noch in Kraft, und die meisten US-Redaktionschefs hatten ihm prinzipiell zugestimmt. Gleichzeitig waren in Saudi-Arabien, einem ohnehin presseunfreundlichen Staat, keine ständigen Korrespondenten stationert, so daß die großen Fernsehanstalten und Printmedien von den Ereignissen vor Ort zunächst ausgeschlossen waren. In Übereinstimmung (oder Abstimmung?) mit der restriktiven Pentagon-Politik begannen die Saudis damit, pro Redaktion nur ein Visum auszustellen, so daß der Zufluß von Reportern zum Aufmarschplatz der alliierten Truppen stark begrenzt war. Darüber hinaus wurden die Journalisten einem

Presseoffizier des Pentagon unterstellt und waren in ihrer Bewegungsfreiheit erheblich eingeschränkt. Zusätzlich ging man bei der Akkreditierung der internationalen Presse nach einem Auswahlverfahren vor, das die Journalisten aus den Staaten der Allianz bevorzugt behandelte.

Dagegen verfolgte Saddam Hussein zunächst eine »Pressepolitik der Öffnung«. Zehn Tage nach dem Einmarsch in Kuwait setzte der irakische Führer den weltgewandten Naji al-Hadithi als Chef des Informationsministeriums ein. Al-Hadithi, so ein Auslandsredakteur des BBC-Fernsehens, rechnete mit Krieg und wußte, »je mehr die westliche Öffentlichkeit auf ihren Bildschirmen von Bagdad sah, desto mehr würde es in ihrer öffentlichen Meinung an realer Gestalt annehmen. Es würde aufhören, ein abstrakter geographischer Begriff zu sein, den man in die Steinzeit zurückbomben könnte«.[46] So öffnete al-Hadithi den Irak für die internationale Presse in einem Maße, wie es in den zwanzig Jahren zuvor nicht der Fall gewesen war. Allerdings bekamen die Journalisten irakische »Begleiter«, also Zensoren, zugewiesen, gelangten noch nicht einmal in die Nähe von irakischen Truppen und wurden außerdem von den irakischen Militärs als potentielle »Spione« des Feindes grundsätzlich mit äußerstem Mißtrauen behandelt.

Bis zum Beginn des Krieges brachte die amerikanische Regierung die ohnehin verhaltenen Proteste der US-Medien gegen die Pentagon-Beschränkungen in mehreren Unterredungen zwischen hochrangigen Pressevertretern und dem Sprecher des Verteidigungsministeriums, Pete Williams, Schritt für Schritt zum Erliegen. Am 14. Dezember mündeten Williams' Versuche, die Presse einzulullen, in ein Memorandum, in dem erstmals in Aussicht gestellt wurde, daß das »Poolmaterial« über Kampfhandlungen einer »Sicherheitsprüfung an der Quelle« unterworfen werden sollte.[47] Das war die Einführung einer Militärzensur, jedoch verpackt in eine Geste des Entgegenkommens: »Das Pentagon möchte Ihnen helfen, die Story des Pentagon zu vermitteln.« Am 10. Januar reichten einige kleinere Wochen- und Monatspublikationen und vier prominente Journalisten Klage beim New Yorker Bundesgericht gegen das Pentagon ein, weil sie dessen Beschneidung der Presse- und Informationsfreiheit mittels der aufgestellten Regeln für verfassungswidrig hielten. Die Klage scheiterte, da sie von den großen Medien nicht unterstützt wurde, weder finanziell noch ideell und auch publizistisch nicht. Die US-Medien hatten die Vorgaben des Pentagon geschluckt.

Da die Presse also von alliierter Seite aus keinen Zugang zum Kampfgebiet hatte, war sie auf Material und Informationen angewiesen, die sie von den Militärs vor Ort in regelmäßigen Briefings vorgesetzt bekam. Noch vor Ablauf des Ultimatums zogen auch die meisten Redaktionen ihre Journalisten aus Bagdad ab, und wer nicht gleich ging, der wurde drei Tage nach Kriegsbeginn von der irakischen Regierung aufgefordert, die Stadt zu verlassen. Zurück blieben in der ersten Zeit des alliierten Bombardements nur Alfonso Rojo, ein spanischer Journalist, und Peter Arnett von CNN, der die gesamte Weltöffentlichkeit mit Berichten aus dem Inneren des Krieges versorgte und damit das Informationsmonopol auf der »Feindseite« hatte. Die Voraussetzungen, auch nur annähernd Zuverlässiges über die Wirklichkeit dieses Krieges erfahren zu können, waren denkbar schlecht.

Das Medienspektakel

Während die »Kriegsberichterstatter« an der »Front« im Prinzip wenig mehr tun konnten, als Däumchen zu drehen, standen die Redaktionen zu Hause unter einem ungeheuren Erwartungsdruck der Öffentlichkeit, für den sie sich kaum als nicht verantwortlich bezeichnen konnten. Die Kluft zwischen der gespannten Anteilnahme und dem Interesse des Publikums auf der einen Seite und dem, was die Medien auf der anderen Seite tatsächlich an Informationen zu bieten hatten, war, aus der Sicht und im Bewußtsein der Redakteure, beklemmend tief.

In Ermangelung eines unmittelbaren informativen Zugriffs auf die Kriegsereignisse und angesichts der Dürftigkeit des zugänglichen Materials wurde der Krieg inszeniert. Das Fernsehen als schnellstes, am weitesten verbreitetes und vermeintlich authentischstes Nachrichtenmedium geriet zum wichtigsten Austragungsort der Show. Dabei kristallisierten sich einige typische Darstellungsschemata heraus: 1. Leuchtspurfeuer über Bagdad; 2. Videoaufnahmen des US-Militärs von »chirurgisch präzise« durchgeführten Luftangriffen; 3. General Schwarzkopfs Pressekonferenzen; 4. Panzer, die durch die Wüste rollen. Als diese von der Zensur freigegebenen Sequenzen sich sehr schnell als unergiebig erwiesen, wurde das Material erweitert und ergänzt durch: 5. Landkarten- und Computeranimationen; 6. Expertenrunden; 7. Sondersendungen; 8. Szenarien der Apokalypse; 9. CNN-Darbietungen.

Vor diesem Hintergrund wurde öffentlich spekuliert, prognostiziert und phantasiert wie nie zuvor in der Nachrichtengeschichte. Malte Olschewski, Auslandsredakteur beim Österreichischen Fernsehen, dokumentierte rund dreißig Stunden gesendetes (und nicht gesendetes) Filmmaterial, das bei ihm in der Redaktion einlief, und unterzog es einer detaillierten Analyse, die zeigte, daß der im Fernsehen dargestellte Krieg alles in allem mit der offiziellen Informations- oder Desinformationspolitik wenig zu tun hatte. Die Medien konstruierten jenseits der manipulativen Eingriffe von seiten der Militärs ihre eigene Realität des Golfkriegs.

Mit Grafiken und Trickanimationen fing alles an, wie Olschewski beschreibt: »In der Aufmarschphase entwickelte sich in den US-Medien ein ›Krieg der Karten‹. Weit ausklappbare Centerfolds mit oberflächlichen, aber plastisch wirkenden Darstellungen des Nahen Ostens begannen zu wuchern. Schließlich verwandelte sich das ganze TV-Studio zu einer Karte. Moderator Peter Jennings begann zu wandern, während er redete: Vom Irak schlenderte er über Jordanien nach Israel, um dann über Saudiarabien nach Kuwait zu gelangen.«[48] Natürlich handelt es sich hier um eine völlig legitime Darstellungsweise, wenn kein anderes Bildmaterial vorhanden ist. Immer vorausgesetzt, man kann die Grafiken und Landkarten mit sinnvollen Wortinformationen ergänzen, was angesichts der Nachrichtenlage am Golf auf Dauer jedoch kaum möglich war.

Mit der fortschreitenden Eskalation der Ereignisse und dem Beginn des Krieges – bei gleichzeitiger Bilderarmut – griff man immer stärker auf die modernen Techniken der Visualisierung zurück. Olschewski: »Während des Krieges um Kuwait sind viele bewegte und großartig konzipierte US-Animationen (...) ins Haus gekommen. Sie waren technisch brillant ausgeführt. Die meisten davon waren ganz einfach falsch. (...) Vor allem bei der Darstellung von Saddams unterirdischen Bunkern ging den amerikanischen Paintbox-Malern das Temperament durch. Es wurden in Fantasy-Manier unglaubliche unterirdische Städte abgebildet mit riesigen Schaltzentralen und Rollbahnen für startbereite MIGs. Vom Film ›Batman‹ beflügelt schienen die Darstellungen vom privaten Bunkerbereich des Diktators zu sein. Da gab es ein bombensicheres Himmelbett und eine unterirdische Privatmoschee. Die vorgeblichen Bunkersysteme wurden immer größer und raffinierter, wuchsen als ein unterirdisches Geschwür von Tag zu Tag und waren dann endlich so groß wie Bagdad.«[49] Man braucht nicht zu betonen, daß authentische Informationen über Saddam Husseins geheimes Schlupfloch eher schwer zu bekommen gewesen sein dürften. Angeblich soll es in Wirklichkeit nur 100 mal 200 Meter groß sein. Angeblich.

Ungeschlagen im Angebot hollywoodreifer Aufführungen war jedoch der Sender CNN, der seine Realzeit-Übertragungen mit möglichst dramatischem Leben füllen mußte. Es lohnt sich, sich die Bilder, die um die Welt gingen, erneut in Erinnerung zu rufen. Malte Olschewski hat sie sich einige Male angesehen:

»Es ist eine Live-Schaltung. Es ist in den ersten Tagen des Krieges. Es ist das CNN-Büro in Jerusalem. Hier ist man mit der Produktion von Wirklichkeit beschäftigt. Am Vortag waren irakischen Scud-Raketen auf Israel niedergegangen. Sie hatten begrenzte Schäden und ein paar Verletzte gefordert. Nun hat es soeben neuen Alarm gegeben, dem baldige Entwarnung folgte. CNN beginnt mit diesem Fehlalarm eine typische Nachrichteninszenierung. Vor den in Realzeit weltweit übertragenden Kameras wuseln ein gutes Dutzend Journalisten und Techniker durchs Studio.

Sie beginnen ihre Gasmasken aufzusetzen. Israels Vizeaußenminister Netanyahu ist, weil es sich so schön ergeben hat, zu einem Interview im Studio. Auch er zieht sich die Gasmaske aufs Antlitz. Das Wort ›live‹ ist ständig eingeblendet. Aus Atlanta führt die Stimme von Anchorman Reid Collins überregionale Regie. Wie ein Hohepriester zelebriert er das Wunder der Schaltung: ›Ich will sehen, ob ich Larry Register hören kann, der jetzt mit Mikrofon und Gasmaske ausgerüstet ist. Larry, kannst du mich hören?‹ Jawohl, alles o. k.! Larry in Jerusalem hört Atlanta. Damit nicht genug. Die CNN-Zentrale strebt eine Dreierschaltung mit Hereinnahme von Tel Aviv an. Die Betonung gilt dem Wunder der Technik. ›Ich versuche Richard in Tel Aviv dazuzubekommen.‹ Bedeutungsschwere Sekunden. Ähnlich wie im Gottesdienst die Wandlung ist hier die Schaltung: ›Richard, kannst du mich hören?‹ Sekunden Pause. Dann die erlösende Botschaft in Form der Stimme des CNN-Reporters in Tel-Aviv, Richard Blystone. Er hat wenig zu sagen: ›Ja, ich bin hier. In Tel Aviv haben vor ungefähr drei Minuten die Sirenen zu heulen begonnen. Jetzt ist alles wieder still. Wenn ich aus dem Fenster schaue, sehe ich menschenleere Straßen. Nicht ganz. Ich sehe jetzt ein Auto. Nein, ich sehe zwei Autos …‹

Nach dem Hochamt der Schaltung folgt die Nullmeldung über zwei fahrende Autos. Mittlerweile hat sich die Korrespondentin Linda Scherzer im Jerusalemer Büro die Gasmaske übergestreift. Sie arbeitet sich durch das Gewühl zielstrebig ins Bildzentrum vor. Sie beginnt dort mit einem sehr allgemeinen Lagebericht. Sie tut es aber durch die Gasmaske, die sich damit als ungeeignetes Hindernis für flaches Realzeitgeplapper herausstellt. Die ganze Bedrohung ist simuliert. Das beweist ein CNN-Techniker, der die ganze Zeit im Hintergrund agierend ohne Maske bleibt. Die Journalisten mimen eine irakische Bedrohung. (…) Es geht hier nicht um Information. Der Nachrichtenwert bleibt die ganze Zeit knapp über Null.«[50]

115

Die geschilderte Szene, weltweit von zahlreichen Fernsehanstalten übertragen, steht geradezu prototypisch für einen großen Teil der Berichterstattung über den ungreifbaren »Wüstensturm« am Golf. Der Informationsgehalt der unzähligen Live-Schaltungen nach Dahran, Riad, Bahrein, Tel Aviv, Jerusalem, Amman und so weiter, die auch von deutschen TV-Sendern getätigt wurden, läßt sich, sofern die Leitungen überhaupt zustande kamen, vermutlich in ein paar Sätze fassen. Als eine eher »dünne Suppe« hat auch Fritz Pleitgen, WDR-Chefredakteur, in Selbstkritik zurückblickend, die Qualität der Golfkrieg-Sendungen im deutschen Fernsehen eingestuft. Dabei strahlten beispielsweise ARD und ZDF bei einem enormen Aufwand an Finanzen, Personal und Ausrüstung in den sechs Wochen des Golfkriegs »34 Stunden Sondersendungen aus, hinzu kamen das gemeinsame Frühstücksfernsehen zwischen sechs Uhr und neun Uhr und die regulären Nachrichtensendungen und -magazine, die zum Teil verlängert wurden«.[51]

Für die deutschen TV-Nachrichtenredaktionen gab es zusätzlich noch das Handicap, die Informationsarmut mit fremdproduziertem Material bestreiten zu müssen, wie Fritz Pleitgen zugibt: »Wir waren davon abhängig, quasi Zweit- oder Drittverwerter von ohnehin schon zensierten Bild- und Wortinformationen zu werden. (...) Hinzu kam, daß wir außer Poolmaterial meist nur fertige Sendungen beispielsweise von CNN verarbeiten konnten, was eigene Beobachtungen und Urteile nur schwer zuläßt.«[52] Nicht nur das. Die bereitgestellten Sequenzen und Informationen ließen sich auch kaum verifizieren. Wenn CNN beschloß, daß eine Kommandoaktion wie in jedem guten Actionfilm zum Höhepunkt kriegerischer Handlungen gehörte, das Wesen von Kommandoaktionen jedoch darin besteht, daß sie keine Kameras vertragen, dann wurde aus echten Hollywoodfilmen eine Version gebastelt, deren Authentizität nur in Zweifel ziehen konnte, wer mit den entsprechenden Filmszenen vertraut ist.[53]

Die professionelle Ohnmacht durch die karge Nachrichtenlage, zu der nicht nur deutsche Redakteure verdammt waren, führte schließlich zur Einrichtung von Expertenrunden, die eine »Nachrichten-Sicherheit« vortäuschten, zur Erörterung von Weltuntergangsszenarien, zur verzweifelten Suche nach anderen schuldigen Akteuren, wie etwa Wirtschaftsunternehmen, und zur Erkenntnis, daß die Medien Opfer waren, Opfer nämlich der Militärzensur *und* der Publikumserwartungen. Phasenweise wurde die Zensur selbst – und damit die Presse – zum Thema der Berichterstattung und wurde heftig diskutiert. Die Medien erkannten zwar, daß sie Teil einer Lügenstrategie geworden waren, hatten diesem Umstand jedoch außer einer vorübergehenden Empörung nichts entgegenzusetzen. Keine Redaktion hätte es gewagt, demonstrativ aus dem Medienzirkus auszusteigen. Als Begründung wurde die Verpflichtung und Verantwortung gegenüber dem Publikum angeführt, wie ZDF-Chefredakteur Klaus Bresser feststellte: »Nicht wir haben das Interesse der Zuschauer an der Berichterstattung über den Golfkrieg geweckt, sondern das Interesse war von Anfang an da. (...) Ganz offenbar wurde von den Medien Orientierung erwartet.«[54] Ein amerikanischer Kollege Bressers von den Printmedien formulierte es etwas offenherziger: »... ich meine, daß die Zeitungen im ganzen Land, auch die ›New York Times‹, die ›Los Angeles Times‹ und all die anderen ungeheuer besorgt sind, den Kontakt mit den Lesern und die Unterstützung ihrer Leser nicht zu verlieren (...) Sie dürfen nicht vergessen, daß dies nach allen Umfrageergebnissen, die ich kenne, ein ungeheuer populärer Krieg war (...) Einerseits darf man den Kontakt mit den Lesern nicht verlieren, andererseits muß man unabhängig von diesen Lesern sein, und das ist, wie ich finde, ein ungemein schwieriger Konflikt.«[55]

Hinter dieser Aussage und ähnlichen anderen verbirgt sich das Marktgesetz des Konkurrenzkampfs. Die Kommunikationswissenschaftlerin Claudia Mast weist darauf hin, »daß der Krieg am Golf als Thema der Medien auch und vor allem unter wettbewerbspolitischen Gründen inszeniert wurde: zwischen öffentlich-rechtlichen und privaten Anbietern, zwischen Presse und Rundfunk, zwischen nationalen Unternehmen auf internationalen Märkten«. Die Einschaltquoten von Hörfunk und Fernsehen schnellten in die Höhe, und selbst die Auflagenstatistiken von Printmedien erreichten in der ersten Phase des Konflikts Höchstwerte. »Im Wettlauf um die exklusive Aktualität der Bilder und Nachrichten verwandelte sich der Krieg am Golf mit gleicher Geschwindigkeit zu einem Krieg am Medienmarkt.«[56]

Der Gewinner dieses Wettkampfes war CNN. Nach Aussagen von Fritz Pleitgen mußte die ARD allein für die Benutzung der technischen Einrichtungen des amerikanischen Senders in Bagdad 50 000 Dollar als Einstiegsgebühr und 5000 Dollar pro Überspielung (der eigenen Beiträge) bezahlen, von den Lizenzen für CNN-Produktionen gar nicht zu sprechen. Berichterstattung wurde so zuvorderst zu einer Frage der Finanzkraft, die erst die Voraussetzungen für journalistische Arbeit, wie frei und kompetent diese auch immer gewesen sein mag, schuf. Aus Peter Arnetts Sicht sah das folgendermaßen aus: »Da wir (...) als einzige über ein TV-Uplink verfügten und Atlanta von den anderen Fernsehgesellschaften hohe Vorauszahlungen für die Übertragung von Bildmaterial verlangte, mußten wir uns mit aufgebrachten Korrespondenten herumschlagen, die keine Filme verschicken konnten, solange ihre Zentrale nicht bezahlte. Dementsprechend war die Stimmung, und statt mich freundschaftlich zu begrüßen, ließen die Kollegen ihren Ärger an mir aus.«[57]

Mehr als hundert Mitarbeiter hatte CNN in den Nahen Osten geschickt und nach Angaben von Peter Arnett eine siebenstellige Dollarsumme investiert. Ted Turner, der Eigentümer von CNN, wußte, daß es sich lohnen würde, auf einen Krieg zu setzen, denn schließlich hatte der Sender mit der Berichterstattung über die Ereignisse kurz nach der Panama-Invasion, als man tagelang darauf wartete, daß General Noriega sich den amerikanischen Truppen ergab, das Konzept der Live-Übertragung erfolgreich installiert, was ihm den Spitznamen »Crisis News Network« einbrachte. Peter Arnett: »Die Ereignisse in Panama hatten CNN gezeigt, wie gut Live-Berichterstattung

118

aus Krisengebieten bei den Zuschauern ankam. CNN verfügte jetzt über die Technik, das Können und das Geld, von jedem Ort der Welt live zu berichten.«

In Bagdad hatten hochrangige CNN-Mitarbeiter rechtzeitig gute Beziehungen zur irakischen Regierung aufgebaut und sie davon überzeugen können, ein gemeinsames und sehr hehres Interesse zu haben, nämlich mit Hilfe von CNN der Welt das Kriegselend im Land vor Augen führen zu können. In Wirklichkeit spekulierte der amerikanische Sender natürlich auf den Knüller schlechthin und wollte Fernsehgeschichte schreiben. Der schlachterprobte Peter Arnett, der in 30 Jahren 17 Kriege mitgemacht hatte (»Daß ich noch nie in Bagdad gewesen war, kümmerte mich wenig. Der Krieg sah überall gleich aus«), war der richtige Draufgänger für diesen Job. Womit er und CNN rechneten, war, sensationelle Bilder zeigen zu können, und das natürlich in Echtzeit, darunter vielleicht auch ein paar »human touch stories« als Gegenpol zum Videokrieg ohne Opfer, den das amerikanische Militär auftischte.

Mit seinem vorübergehenden Informationsmonopol (ein paar Tage nach Kriegsbeginn reisten auch wieder andere ausländische Journalisten nach Bagdad ein) wurde CNN ebenfalls zu einer bevorzugten Nachrichtenquelle für Politiker von Bush bis Kohl, die sich zwischendurch mal schnell kundig machen wollten und unter anderem erfuhren, »daß die Ziele mit höchster Präzision getroffen wurden«, was, wie sich später herausstellte, so nicht immer stimmte.

Mit der Zeit jedenfalls wurde CNN zum globalen Tagesgespräch und damit selbst zum Thema des Krieges, womit es (ungebührend) große Aufmerksamkeit auf sich zog, und das wiederum füllte die Kassen. Vom wirklichen Kriegselend war indessen auch bei CNN nicht viel zu sehen, auch wenn Peter Arnett heute noch der Meinung ist, er habe mit seinen Aufnahmen von der zerstörten irakischen Milchpulverfabrik oder von den Opfern des alliierten Angriffs auf den Bunker von Amariyah als »Augenzeuge« journalistisch wertvolle Arbeit geleistet, weil er das »wahre Gesicht« des Krieges gezeigt hat. Kaum war der Krieg jedoch vorbei, ließen sich Peter Arnett und das CNN-Team ohne Proteste aus dem Irak hinauskomplimentieren. Auch Peter Arnett und Atlanta wußten, daß die Wahrheit schwer zu verkaufen ist.

Am 29. Februar 1992, dem Jahrestag des offiziellen Kriegsendes am Persischen Golf, kam das Internationale Tribunal für Kriegsverbrechen unter dem Vorsitz von 21 Richterinnen und Richtern aller Rassen und Religionen aus 16 Staaten der Welt in New York City zusammen, um über die am 6. Mai 1991 von einer internationalen Untersuchungskommission erhobene Anklage mit 19 Anklagepunkten gegen die US-Regierung zu befinden. Die Mitglieder des Tribunals stützten ihr Urteil auf die Anhörungen der Kommission, die in 31 US-amerikanischen Städten und 22 Staaten vorgenommen worden waren, darüber hinaus auf die Auswertung der Veröffentlichungen von UN-Organisationen, Regierungen und NGO's (Nichtregierungsorganisationen) sowie auf die Analyse von Zeitungsausschnitten, Funk- und Fernsehaufzeichnungen und Büchern.

Das erste Tribunal in der Geschichte, das den militärischen Sieger auf eigenem Boden wegen Kriegsverbrechen verfolgte, kam zu folgendem Urteil: »Die Mitglieder des Internationalen Tribunals gegen Kriegsverbrechen, die sich in New York getroffen haben, haben gewissenhaft über die ursprüngliche Anklage der Untersuchungskommission vom 6. Mai 1991 gegen Präsident George W. Bush, Vizepräsident Dan Quayle, Verteidigungsminister Richard Cheney, den Vorsitzenden der Vereinigten Stabschefs Colin Powell und Norman Schwarzkopf, den Kommandeur der Alliierten Streitkräfte am Persischen Golf, beraten, die 19 verschiedener Verbrechen gegen den Frieden, Kriegsverbrechen und Verbrechen gegen die Menschlichkeit unter Verletzung der Charta der Vereinten Nationen, der Genfer Konvention von 1949 und des dazugehörigen Ersten Protokolls, anderer internationaler Abkommen und des allgemeinen Völkerrechts beschuldigt werden (...) und gelangen zu folgenden Ergebnissen: Die Mitglieder des Internationalen Tribunals für Kriegsverbrechen erklären jeden der Angeklagten für schuldig auf der Grundlage der gegen sie sprechenden Beweise und stellen fest, daß jedes einzelne der 19 verschiedenen Verbrechen aus der ursprünglichen Anklageschrift, die dem Urteil beigefügt ist, nachweislich und ohne jeden Zweifel begangen worden ist.«[58]

120 000 irakische Soldaten wurden im Golfkrieg getötet (148 Soldaten kamen auf amerikanischer Seite ums Leben), und 150 000 irakische Zivilisten starben im Krieg oder an den Folgen des Krieges. Nach Angaben der Militärzeitschrift ›Jane's Defence Weekly‹ stieg der US-Anteil am Waffenexport in die Dritte Welt von 56 Prozent im Jahre 1992 auf 73 Prozent im Jahre 1993. Der Anstieg ist im wesentlichen dem Umstand zu verdanken, daß die Vereinigten Staaten Saudi-Arabien und Kuwait mit F-15-Kampfflugzeugen und anderen militärischen Gütern im Wert von insgesamt 11,7 Milliarden Dollar belieferten.[59]

Punkt 18 der Anklageschrift des Internationalen Tribunals für Kriegsverbrecher lautet: »Präsident Bush hat die Berichterstattung in der Presse und den Massenmedien systematisch manipuliert, kontrolliert, gelenkt, falsch informiert und eingeschränkt, um propagandistische Unterstützung für seine militärischen und politischen Ziele zu erhalten.«[60] Nicht zu befinden hatte das Tribunal darüber, warum sich eine demokratische Presse zum Handlanger einer Kriegspolitik machen läßt. Oder zu deren Sprachrohr. Oder Komplizen.

Haiti

Drei Jahre nach dem Golfkrieg gingen die USA erneut auf Konfrontationskurs. Es galt nach den Worten des amerikanischen Präsidenten Bill Clinton, Haiti »vom gewalttätigsten Regime unserer Hemisphäre« zu befreien, von den Mördern und Vergewaltigern, die die haitianische Bevölkerung terrorisierten, von der »moralisch widerwärtigen Elite«, die illegitim an der

Macht war. General Raoul Cédras, Kopf der Militärregierung von Port-au-Prince, die 1991 den im Jahr zuvor demokratisch gewählten Präsidenten Jean-Bertrand Aristide gestürzt hatte, sollte abgesetzt werden, und Aristide sollte wieder an die Macht zurückkehren.

Die von der Clinton-Regierung gezeigte moralische Entrüstung, die mit dem Ruf nach der Sicherung von Demokratie und Menschenrechten für einen Einsatz militärischer Mittel gegen Cédras und sein Regime plädierte, hauchte einem alten amerikanischen Argumentationsmuster, das lange Zeit von der Strategie des Kalten Krieges überlagert gewesen ist (oder mit ihr kongruent und deshalb nicht erkennbar war), neues Leben ein.

1904 hatte US-Präsident Theodore Roosevelt die Politik vor allem gegenüber den »verdammten kleinen Republiken« – gemeint waren die Staaten Mittelamerikas – deutlich festgelegt: »Jedes Land, das sich wohlverhält, kann mit unserer innigen Freundschaft rechnen. Wenn eine Nation erkennen läßt, daß sie ihre Belange mit Vernunft und Anstand zu regeln versteht, wenn sie die Ordnung aufrechterhält und ihren Verpflichtungen nachkommt, braucht sie die Intervention der Vereinigten Staaten nicht zu fürchten. Ständiges Fehlverhalten jedoch und die Unfähigkeit, die Zügel der Zivilisation in der Hand zu halten, können, in Amerika ebenso wie in jedem anderen Teil der Erde, die Einflußnahme einer zivilisierten Macht unumgänglich machen. Das Bekenntnis der Vereinigten Staaten zur Monroe-Doktrin kann sie dazu verpflichten, auch gegen ihren Willen die Rolle einer internationalen Schutzmacht in den Fällen zu übernehmen, wo die besagten Verfehlungen auftreten.«[61] Die Monroe Doktrin wiederum forderte keine Einmischung der Europäer auf dem amerikanischen Kontinent und »Amerika den Amerikanern«.

Es waren die sehr wörtlich genommenen »Verpflichtungen« der Monroe-Doktrin und ihres Rooseveltschen Zusatzes, die unter anderem 1915 implementiert wurden, als der vom europäischen, insbesondere französischen Kolonialismus nicht zur Ruhe gekommene Inselstaat Haiti von seinem Hauptgläubiger, den USA, für fast zwei Jahrzehnte besetzt wurde. Die weißen Herren waren gekommen, um die »anarchischen Zustände« in dem Inselstaat zu beenden, die sie natürlich selbst mit verursacht hatten. Sowohl die neuen Herren als auch die Zustände blieben. Haiti und seine korrupten Oligarchien verweilten unter indirekter, aber »effizienter« Kontrolle der USA, und das Land stieg vom reichen Zucker- und Kaffeeproduzenten in den Hades der 25 ärmsten Länder der Welt und in die Gewalttätigkeit hinab. Während des kalten Krieges waren die USA dann sehr zufrieden mit dem Terror gegen die Bevölkerung, den die Todesschwadronen der Tontons Macoutes und die Militärs ausübten, um die Herrschaft der mit Milliarden Dollar US-Aid in amerikanische Abhängigkeit gebrachten Regime von Papa Doc und Baby Doc Duvalier zu sichern.[62]

Als Repression und Gewalt schließlich unerträglich wurden und bürgerkriegsähnliche Zustände ausbrachen, verließ Baby Doc am 7. Februar 1986 in einem amerikanischen Militärflugzeug fluchtartig das Land und brachte sich zunächst in Frankreich in Sicherheit. Der anschließende Weg in die Demokratisierung war weiterhin blutig. Und als demokratische Wahlen nach mehrfachen mißglückten Versuchen 1990 endlich abgehalten werden konnten und einen Sieger hervorbrachten, den Befreiungstheologen Jean-Bertrand Aristide, war die aufkeimende Hoffnung auf einen demokratischen Aufbruch nur kurz und wurde nach acht Monaten von einem Militärputsch zunichte gemacht.

Wie es das Schicksal so wollte, traf sich diese Entwicklung mit der relativ unverhohlenen Abneigung der US-Regierung gegen Aristide, den Linken und »Helden der Armen«. Und wenn verschiedene Menschenrechtsorganisationen recht haben, dann gab es noch einen Zufall, nämlich den, daß die neuen haitianischen Militärs schon lange auf den Gehaltslisten der CIA gestanden und Ausbildungsprogramme in den USA genossen haben. Der Merkwürdigkeiten noch nicht genug – obwohl die US-Regierung im Gefolge der UNO die neuen Zustände in Haiti offiziell »kritisierte«, schickte sie die massenweise an der

Küste von Florida strandenden und als »Schmarotzer« verunglimpften haitianischen Boat people unverzüglich in die Hände des Terrorregimes zurück, und die US-Botschaft in Port-au-Prince erklärte noch im März 1994 gegenüber Vertretern von Menschenrechtsgruppen, es gebe keine politische Gewalt in Haiti.[63]

Im Sommer 1994 war Präsident Bill Clinton nach eineinhalbjähriger fruchtloser politischer Amtszeit und nach hartnäckigen öffentlichen Diskussionen über seine Verwicklung in dunkle Immobiliengeschäfte (»Whitewater«-Affäre) und andere Skandale auf dem absoluten Tiefpunkt seiner Popularität angelangt. Es galt, Führungsstärke zu zeigen, aber dabei nichts zu riskieren, und Führungsstärke zeigt ein amerikanischer Präsident am eindrücklichsten als siegreicher Oberbefehlshaber der amerikanischen Truppen.

Plötzlich tauchten Photographien schrecklich zugerichteter haitianischer Leichen in der amerikanischen Presse auf, und die Debatte um eine Militärintervention in Haiti wurde von seiten der US-Regierung Anfang Juni forciert. Vier Wochen später landeten die Vertreter aller amerikanischen Networks und der großen Printmedien »im Pool« auf der Insel. Diesmal war es der Presse augenscheinlich gelungen, *vor* dem militärischen Eingriff da zu sein. Und wieder war es der legendäre Kriegsreporter Peter Arnett, der die Speerspitze der informativen Operation bildete. Vor der tropisch-dunstigen Kulisse der Karibikinsel gab er, zurückhaltend heldenhaft, einem deutschen Fernsehteam folgende Selbstauskünfte: »Sicherlich sind die Kriegstrommeln in Washington lauter geworden. Es wird ja bei CNN jetzt auch mehr über die Invasion gesprochen. Einige der Verantwortlichen hier haben mir gesagt, daß meine Ankunft sie beunruhigt, weil die Invasion jetzt unvermeidbar wäre.«[64]

Die Rechnung war klar: Bei aller Verachtung, die Präsident Clinton für das »mörderische Regime« des Armeechefs Raul Cédras dauernd kundtat, fehlte ihm eine wirklich breite Unterstützung in der amerikanischen Öffentlichkeit für seine Haiti-Expedition. Für die Networks CNN, ABC, NBC oder CBS wiederum war es lebenswichtig, die Ereignisse zu dramatisieren, weil sonst das Zuschauerinteresse an den Nachrichtensendungen schwinden würde. Die Dramatisierung der Ereignisse aber würde die Öffentlichkeit aufrütteln und den Handlungsdruck auf die amerikanische Regierung erhöhen. Die Medien würden damit den haitianischen Konflikt, der so vor sich hin köchelte, zum Siedepunkt bringen. Für diese Strategie sprach auch das Statement von Fiderico Guevara, der die mexikanischen ›ECO-Nachrichten‹ vor Ort vertrat: »Dieser Konflikt ist ein Krieg der Medien und der Kommunikation, ein Tauziehen, wer sich selbst am besten darstellt, ein Wettlauf unter den großen Networks, wer führend ist im haitianischen Konflikt.«[65] Der Konkurrenzkampf als Eskalationsmechanismus.

Man rechnete also mit der Zwangsläufigkeit, daß der medialen Invasion die militärische folgen würde. Die Rechnung ging auf, allerdings wider Erwarten aller Beteiligten etwas schleppend und wenig berauschend. Die große Begeisterung der Amerikaner für eine Militäraktion gegen Haiti wollte sich nicht so recht einstellen, und als im September die amerikanischen Truppen getarnt als UN-Mission auf Haiti landeten, war die Luft aus dem Konflikt draußen, und die Aktion nahm sich aus wie eine schlechte Hollywoodinszenierung, hätte es nicht ein paar reale haitianische Tote gegeben. Denn Ex-Präsident Jimmy Carter hatte sich rechtzeitig vor dem von allen heraufbeschworenen Blutvergießen vermittelnd eingeschaltet und die Militärjunta mit Amnestieversprechungen zur Aufgabe überredet. Als die multinationalen Kämpfer unter amerikanischer Führung anrückten, war zwar kein Feind mehr da, dafür aber die Medien.

Präsident Clinton feierte diesen Coup, der keiner war, als einen großen Sieg der Demokratie und seiner persönlichen präsidialen Entschlossenheit. Die Putschisten kamen frei, und ein im dreijährigen amerikanischen Exil unter ständiger geheimdienstlicher Beobachtung zurechtgestutzter Jean-Bertrand Aristide, der sich zunächst überhaupt weigerte zurückzukehren, sollte wiedereingesetzt werden. Er hatte jedoch unterschreiben müssen, daß er am Ende seiner Amtszeit 1996 abtreten würde.

Und am 19. September 1994, dem Tag der Invasion, verbreitete das amerikanische Magazin ›Newsweek‹: »Einem CIA-Bericht zufolge ist Aristide geistesgestört.« Allem Anschein nach hatte es sich bei der Haiti-Aktion doch um einen Coup gehandelt – einen Mediencoup.

3. Die verschwiegenen Kriege –
warum wir über sie nichts wissen

»Schwarze Tote zählen weniger« – so überschreibt der deutsche Journalist Walter Michler seine dokumentarische Reportage über den Bürgerkrieg in Somalia[1] und zieht damit das Fazit einer bitteren Erfahrung: Während die Weltöffentlichkeit wie gelähmt auf den Krieg der Weißen im europäischen Bosnien-Herzegowina starrte, wuchs sich das somalische Drama am Horn von Afrika, von westlichen Journalisten und Politikern praktisch unbemerkt, zum Inferno aus. Mitte Juni 1992 meldete der algerische UN-Sonderbeauftragte für Somalia, Mohammed Sahnoun, daß täglich 5000 Kleinkinder verhungerten, und drei Wochen später alarmierte das Internationale Komitee des Roten Kreuzes, in Somalia stünde die »größte humanitäre Katastrophe der Welt« bevor, fünf Millionen Menschen seien durch den Kriegszustand vom Hungertod bedroht. UNO-Generalsekretär Boutros Boutros-Ghali warf dem Sicherheitsrat vor, sich nur um den Krieg der Reichen in Jugoslawien zu kümmern.

Im August trafen dann die ersten weißen Politiker ein: der französische Minister Bernard Koucher (»die Hölle auf Erden!«), der irische Außenminister David Andrews (»schrecklichste Erfahrung meiner Laufbahn, Situation wie nach einer Atombombe«), der niederländische Entwicklungshilfeminister Jan Pronk (weinte bei seinem Bericht vor dem Parlamentsausschuß), der ehemalige belgische Ministerpräsident Martens (»so schlimm wie nach dem Zweiten Weltkrieg«). Zeitgleich mit ihnen kamen auch die Medien und brachten eine Lawine ins Rollen, deren Gesetzmäßigkeit Tagesthemen-Moderator Ulrich Wickert prägnant zusammenfaßte: »Wenn irgendwo in der Welt alle Fernsehkameras, Kriegsberichterstatter und Satellitenschüsseln zusammengezogen werden, steigt das politische Fieber.«[2]

Fast über Nacht wurde Somalia auf die Agenda der internationalen politischen Prioritäten gesetzt, und in scheinbar hektischer Betriebsamkeit entwarfen die westlichen Regierungen und die UNO einen Handlungskatalog, der erstmals in der Geschichte eine militärische Intervention aus humanitären Zwecken vorsah. Hatten die USA im März 1992 noch einen Beschluß des Sicherheitsrats über die Entsendung von UN-Friedenstruppen nach Somalia blockiert, so meldete CNN am 26. November desselben Jahres, die US-Regierung sei bereit, bis zu 30 000 Soldaten in die Region zu entsenden, was am Tag darauf von Washington bestätigt wurde. Somalia, der Staat, der in einem seit 1988 stetig eskalierenden Bürgerkrieg mittlerweile schon blutig zerfallen war und praktisch nicht mehr existierte, war in den Schlagzeilen, und die »Operation Restore Hope« nahm konkrete Formen an. Am 9. Dezember landeten etwa 1800 US-Marineinfanteristen an der somalischen Küste, stießen jedoch auf keinerlei militärischen Widerstand, dafür aber auf die versammelte Weltpresse, die sich in Erwartung eines spektakulären Einsatzes im Wüstensand vergraben hatte.

In Deutschland wurde Somalia derweilen zum Thema einer *innenpolitischen* Grundsatzdebatte um die Entsendung von Bundeswehreinheiten in ein Kriegsgebiet und bekam damit einen herausragenden Platz in der Nachrichtenhierarchie. Als die ersten deutschen Soldaten am Horn von Afrika ankamen, wurde in der Sprachregelung der Presse und der Politik das Wort »Somalia« immer stärker durch den Begriff »Belet Huen« ersetzt, dem Namen der Stadt, in der die Bundeswehr stationiert war, womit sich der Schwerpunkt der deutschen öffentlichen Aufmerksamkeit deutlich verlagerte. Die UN-Mission scheiterte schließlich spektakulär, und mit dem Abzug der internationalen Truppenkontingente aus Somalia nahm auch das Medieninteresse rapide ab. Das somalische Volk war wieder dem blutigen Chaos überlassen, und der Konflikt, der inzwischen mehr als

128

300 000 Menschenleben gekostet hat, rückte wieder an die Ränder der internationalen Wahrnehmung, während sich der Fokus internationaler politischer Bemühungen weiterhin auf den Krieg in Europa konzentrierte.

Im Grunde genommen ist Somalia ein Paradebeispiel für das Funktionieren der Medienordnung in der westlichen Weltgemeinschaft. An ihm lassen sich zunächst einmal die Kriterien der Berichterstattung ablesen, die sich am politischen Nord-Süd-Gefälle orientieren. Die Anliegen der sogenannten Dritten Welt rangieren im untersten Bereich der Nachrichtenskala. Somalia-Experte Walter Michler, der unter anderem auch Sprecher des »Dritte-Welt-Journalistennetzes« ist, hat etwa für den Zeitraum von einem Monat im Jahr 1990 nachgewiesen, daß von 1125 Minuten Gesamtnachrichten im deutschen Fernsehen lediglich 0,15 Prozent auf Schwarzafrika entfielen und überhaupt nur 13 Staaten der Dritten Welt Erwähnung fanden.[3] Zu ähnlichen Ergebnissen kommen auch zahlreiche andere Untersuchungen, so beispielsweise eine Ende der achtziger Jahre durchgeführte Analyse des WDR-Hörfunkprogramms, die dokumentierte, daß es in einem Untersuchungszeitraum von vier Monaten über 23 von 47 lateinamerikanischen Ländern keinerlei Nachrichten gab, wobei dominant über die Konflikte in Nicaragua und El Salvador berichtet wurde.[4] »Nachrichten-geographisch« bilden Schwarzafrika oder Lateinamerika keine Ausnahme, sondern stehen exemplarisch für die westliche Wahrnehmung der Dritten Welt nicht nur durch das deutsche Fernsehen und den WDR-Hörfunk.

Diese ohnehin stark eingeschränkte Berichterstattung geht wiederum selektiv vor und räumt Nachrichten von Kriegen, Naturkatastrophen, Hungersnöten, Militärputschen und ähnlichem den Vorrang ein etwa vor entwicklungspolitischen oder kulturellen Informationen, so daß der Eindruck entsteht, Chaos sei die Normalität in den Entwicklungsländern und dieses sei auch noch irgendwie selbst verschuldet: »Die Bevölkerung der Dritten Welt erscheint häufig als Opfer von für sie undurchschaubaren Verhältnissen, authentische Stimmen aus der

Dritten Welt kommen selten zu Wort. Insgesamt herrscht eine eurozentrische Sichtweise vor, Schuldzuweisungen erfolgen deutlich an die nationalen Regierungen der Entwicklungsländer, während weitergehende Erklärungszusammenhänge häufig ungenau bleiben.«[5] Daß eine so verkürzte Darstellung wenig an Erkenntnissen bietet, die vorhandene Vorurteile abbauen würden, braucht nicht betont zu werden.

In der vorherrschenden Katastrophenberichterstattung über die Dritte Welt werden aber nicht alle Krisen, Konflikte und Kriege gleichrangig behandelt. Abgesehen von der Präsenz oder Nicht-Präsenz von Reportern vor Ort und der Zugänglichkeit des Kriegsgebietes sowie der »Kooperationsbereitschaft« der Kriegsparteien, wird die Nachrichtenwürdigkeit von Kriegen und Krisen durch die »Kriegsordnung der Medien« bestimmt, die wiederum von allgemeinen journalismusinternen Faktoren geprägt ist: »Kriege, Konflikte und Krisen erfüllen – wie durch Inhaltsanalysen der Kriegsberichterstattung belegt werden konnte – eine Reihe der Kriterien, die aus Ereignissen Nachrichten machen. Ob ein Krieg als berichtenswert eingestuft wird (oder unsichtbar und unbeobachtbar bleibt), hängt unter anderem vom Grad der Betroffenheit (des eigenen Landes) ab, der Beteiligung von Elitenationen, der Möglichkeit von Anschlußkommunikation an berichtete Ereignisse im Inland, dem Grad der Überraschung, der kulturellen, politischen und ökonomischen Distanz sowie der Möglichkeit, den Krieg zu personalisieren. Im Zeitalter der Bildschirmmedien kommt als weiteres entscheidendes Kriterium hinzu, ob eine Krise oder ein Krieg ausreichende Visualisierungsmöglichkeiten bietet.«[6]

Die Kriege und Konflikte von Vietnam bis Haiti können nach dieser Definition vom Standpunkt der westlichen Öffentlichkeit als populär eingestuft werden, da sie teilweise vorbildhaft all die Kriterien von berichtenswerten Kriegen erfüllt haben, nicht zuletzt wegen der Teilnahme einer Elitenation, nämlich der westlichen Supermacht USA (auf Falkland Großbritanniens), als unmittelbare Konfliktpartei und damit als ein Handlungsträger, der kulturell nahesteht. Und ebenso kann man diesen

Mechanismus der Selektion am Beispiel von Somalia nachvollziehen, das zeigt, wie ein Dritte-Welt-Krieg erst dann ins Zentrum des westlichen Interesses rückt, wenn etwa internationale Organisationen oder Politiker Alarm schlagen. Und dann auch nur, wenn nachfolgend Aktivitäten entwickelt werden, die den eigenen Staat oder internationale politische oder militärische Bündnisse miteinbeziehen.

Es müssen also mehrere Faktoren zusammentreffen, damit ein Konflikt die selektiven Kriterien der Nachrichtenauswahl erfüllt, und Walter Michlers Schilderung der Ignoranz, die die deutschen Medien gegenüber Somalia Anfang 1992 an den Tag gelegt haben, ist nach dem Abzug der gescheiterten Blauhelme wieder aktuell geworden: »Schon zum Jahreswechsel 1991/92 war Somalia ein einziges Inferno. Darüber berichteten die internationalen Nachrichtenagenturen ausführlich, und außerdem wandte sich das Internationale Komitee des Roten Kreuzes mit dramatischen Appellen an die Weltöffentlichkeit. Die Sachlage war bekannt, jedem Redakteur und jeder Redakteurin, die es wissen wollten. Spätestens im Frühjahr wäre *Sonderberichterstattung* notwendig gewesen. Denn schon damals stellte sich die Situation Somalias in jeglicher Hinsicht schlimmer dar als in den Kriegsgebieten des alten Jugoslawien. Den Katalog meiner eigenen negativen Erfahrungen mit etlichen Redaktionen will ich hier nicht auflisten. Festzuhalten bleibt lediglich, daß über die Nicht-Wahrnehmung hinaus Angebote zur Berichterstattung ausdrücklich abgelehnt wurden«. Und er fügt hinzu: »Im Glashaus von New York verschlief man die somalische Apokalypse genauso wie in den Redaktionsstuben.«[7]

In den Jahrzehnten seit dem Zweiten Weltkrieg gab es neben den »populären« militärischen Konflikten einige wenige, die eine kontinuierliche oder stärkere Aufmerksamkeit in den westlichen Medien erfuhren. Dem Krieg in Afghanistan wurde dasselbe Schicksal zuteil wie Somalia – nach dem Abzug der sowjetischen Truppen, die der eigentliche Anlaß des intensiveren Interesses waren, verirren sich heute nur noch gelegentlich Berichterstatter in den westasiatischen Staat, dessen gewaltsamer

Zerfallsprozeß unaufhörlich voranschreitet und seit 1978 mehr als eine Million Tote gefordert hat. Die Nahost-Region mit den Konflikten im Libanon, in Palästina sowie zwischen Israel und den arabischen Staaten zog und zieht immer noch wegen der besonderen Beziehungen der westlichen Staatengemeinschaft zu Israel das Augenmerk der Medien auf sich. Der Bürgerkrieg im ehemaligen Jugoslawien, über den noch ausführlicher zu reden sein wird, ist ein relatives Dauerthema, weil er auf europäischem Boden stattfindet.

Damit dürfte die Aufzählung schon beendet sein. Die meisten anderen Kriege rücken häufig nur dann von der Peripherie ins Zentrum des Bewußtseins, wenn sie gerade einmal wieder eskalieren. So war es mit dem ersten Golfkrieg zwischen dem Irak und dem Iran oder mit Kambodscha (mehr als eine Million Tote), so ist es mit Sri Lanka (50 000 Tote), Angola (750 000 Tote), Ruanda (mehr als eine halbe Million Tote) oder dem Sudan (1 300 000 Tote). Mehr als 40 Kriege und 20 bewaffnete Konflikte an der Kriegsschwelle, die 1994 statistisch erfaßt wurden und noch andauern,[8] sind eine Quelle des Leidens für Millionen von Menschen, und die meisten davon finden noch nicht einmal die geteilte Aufmerksamkeit der westlichen Medien.

Das Schweigen über Kriege hat viele Ursachen – eine eurozentrische Sichtweise und medienspezifische Probleme sind zwei davon. Politische Steuerung kann eine weitere sein. Für ein paar Wochen im Frühjahr 1994 flackerten weltweit Horrorbilder über die Bildschirme. Ruanda war gerade dran, weil der seit 1990 andauernde Bürgerkrieg in unvorstellbarem Maße eskaliert war. Hunderttausende von Menschen kamen innerhalb kürzester Zeit ums Leben, die Vertreter der humanitären Organisationen sprachen nur noch in Superlativen von dem Massensterben, die Reporter hinterdrein, und die Politiker berieten verzweifelt, was zu tun sei. So plötzlich wie der Krieg aufgetaucht war, verschwand er wieder aus den Medien, gleich einer Schrecksekunde der Weltgeschichte.

Nur einige versuchen verzweifelt, das öffentliche Interesse an dem Morden, das immer noch weiter geht, wieder zu wecken, wie beispielsweise Alain Destexhe, ehemals Generalsekretär der Organisation »Ärzte ohne Grenzen«, der der Meinung ist, was in Ruanda passiert sei, sei einzigartig seit 1945 und verdiene die Bezeichnung Völkermord. Doch die Weltgemeinschaft wollte das nicht anerkennen. Alain Destexhes Erfahrung im Zusammenhang mit Ruanda und die einiger anderer bringt die ›Financial Times‹ auf einen prägnanten Nenner: »Die US-Regierung verbot sowohl ihren offiziellen Vertretern als auch dem Sicherheitsrat der Vereinten Nationen, den Begriff ›Völkermord‹ zu benutzen, ganz offensichtlich deshalb, weil es gemäß der ›Konvention über die Prävention und Verfolgung von Völkermord‹ (…) die Verpflichtung zur Folge gehabt hätte zu intervenieren.«[9] Ein paar Tage bevor Ruanda in die Schlagzeilen geriet, hatten die USA ihre letzten Truppen aus Somalia abgezogen.

4. Krieg in den Köpfen

Die Versuche der Politik, Einfluß zu nehmen auf die Medien, und umgekehrt, die Militärzensur, die mediale Vermittlung von Nachrichten über Kriege, die Wahrnehmung dieser vermittelten Realitäten durch die Öffentlichkeit und die Reaktionen der Öffentlichkeit auf diese Realitäten – all diese Vorgänge sind komplizierte Kommunikationsprozesse, bei denen Bilder und Urteile entstehen, die sich Individuen und Völker über die anderen machen. Diese Prozesse der Wahrnehmung und der Manipulation der Wahrnehmung hat es schon immer gegeben, aber mit dem Aufkommen der Massenmedien im 20. Jahrhundert haben sie zum einen ganz andere Dimensionen angenommen und sind zum anderen deshalb auch schwerer durchschaubar geworden.

Nationenbilder

In seinem berühmten Höhlengleichnis im siebten Buch der ›Politeia‹ schildert Platon die Problematik von Wahrnehmung und Realität. Die Menschen leben – Gefangenen gleich – von Kindheit an in unterirdischen, höhlenartigen Behausungen. Sie sind gezwungen, zeitlebens den Körper und den Kopf unbeweglich zu halten. Was sie von der Welt draußen, unter der Sonne, mitbekommen, sind die an die Wand geworfenen Schatten der Dinge, die hinter und über ihnen an der Höhlenöffnung vorbeigetragen werden. Die Schattenwelt an der Wand ist ihre Wirklichkeit. Würden die Menschen aus ihrer unterirdischen Behausung herauskommen, könnten sie nicht glauben, daß die Welt draußen die wahre Wirklichkeit sei.

Was Platon als Naturanlage des Menschen beschrieben hat, stellen Wissenschaftler der Gegenwart für unsere massenmedial geprägte Welt in ganz ähnlicher Weise als sozialpsychologisches Phänomen fest. Das Realitätsbild der amerikanischen Gesellschaft beispielsweise hat der große Historiker Daniel Boorstin schon 1964 vornehmlich als eine Welt der Illusionen geschildert.[1] Die Welt der von den Massenmedien geprägten Amerikaner sei voller Pseudo-Ereignisse: Ereignisse, die sorgfältig vorbereitet und orchestriert und von den Medien dann als Realität vermittelt würden. Darüber hinaus sei Werbung die »typische Rhetorik der Demokratie«. Die Illusionen seien so glaubhaft und überzeugend in Szene gesetzt, daß sie sich zu einer Scheinwelt fügten, die durch die wirkliche Welt kaum mehr zu ersetzen sei. Die massenmedialen Gesellschaften liefen daher besonders Gefahr, ausschließlich in Illusionen zu leben.

Die Prozesse der Wahrnehmung von Realität – angefangen von der anthropologischen Dimension, wie sie Platon in seinem Höhlengleichnis geschildert hat, über eine individualpsychologische bis hin zur sozialpsychologischen – besitzen in einer Welt, die sich immer stärker atomisiert und in der eigene Erfahrungen deshalb in zunehmendem Maße durch vermittelte Erfahrungen ersetzt werden müssen, nicht nur eine philosophische, sondern vor allem auch eine immens politische Relevanz. Denn es sind Konstrukte der Wirklichkeit, die nicht nur das Leben des einzelnen bestimmen, sondern auch alle Formen der Kommunikation bis hin zur interkulturellen und zwischenstaatlichen. Eine herausragende Bedeutung kommt dabei der Beschaffenheit von Realitäts- und Weltbildern in Konfliktssituationen zu.

In der Präambel der UNESCO-Satzung heißt es: »Da Kriege in den Köpfen von Menschen beginnen, muß in den Köpfen von Menschen Vorsorge für den Frieden getroffen werden«. Es sind individuelle und gruppendynamische Prozesse, die den »Krieg in den Köpfen« erzeugen und schließlich Nationen gegeneinander aufbringen: »Einen wesentlichen Faktor im Prozeß der interkulturellen Kommunikation bilden die Vorstellungen oder Images, die Attitüden, Vorurteile und Stereotype, die sich innerhalb der Kultur gegenüber anderen Kulturen entwickeln.«[2] Die Bilder von Nationen und Kulturen sind so stark, daß sie im Rahmen eines Kommunikationsprozesses zwischen Nationen letztendlich über Krieg und Frieden mitentscheiden.[3]

In einer Zeit des politischen, ideologischen und gesellschaftlichen Umbruchs, wie wir sie heute erleben, kommt der internationalen Kommunikation und der Rolle von stereotypen Vorstellungsinhalten wie den Nationenbildern eine außerordentlich hohe Bedeutung zu. Die Welt befindet sich in einer Phase der Neuordnung, die von Renationalisierung auf der einen und politischer Integration auf der anderen Seite bestimmt ist. Die Vernetzung durch die unterschiedlichen Kommunikationssysteme und damit der weltweite Austausch von Nachrichten und kulturellen Gütern lassen Kulturräume stärker zusammenwachsen, ohne daß »sich klare Äquivalente auf der sozialpsychologischen Schiene in Form von wachsendem Verständnis und Akzeptanz der Andersartigkeiten«[4] abzeichnen würden. Wirtschafts- und Handelsstrukturen verdichten dieses Netz. Gleichzeitig drohen die anarchisch wachsenden Computerkommunikationen, wie sie Internet oder Compuserve bieten, Massengesellschaften in Mikrogesellschaften aufzulösen und öffentliche Räume durch virtuelle Realitäten zu ersetzen. Der menschliche Geist reagiert auf solche komplexen Herausforderungen mit einer Bremse: Er reduziert und rationalisiert die Wahrnehmung und erhöht die Neigung zur Stereotypisierung von Vorstellungsinhalten.

Grundsätzlich beruht die Entstehung von Vorstellungsbildern über bestimmte Nationen »auf einem sehr komplexen Kommunikationsprozeß, bei dem die unterschiedlichsten Informationsquellen eine Rolle spielen; angefangen von der eigenen Erfahrung, Schul-, Kinder- und Märchenbüchern sowie sonstiger Unterhaltungsliteratur, Kino, Theater usw. bis hin zu Erzählungen von Verwandten, Bekannten und Freunden, sportlichen Ereignissen, kulturellen Austauschprogrammen und Staatsbesuchen. Eine herausragende Stellung nehmen dabei aber Zeitungen, Rundfunk und Fernsehen ein«.[5]

Drei schon erwähnte Ebenen, die kurz skizziert werden sollen, bestimmen die Entstehung von Nationenbildern – die anthropologische, die individualpsychologische und die sozial-psychologische.[6]

Die anthropologische Ebene, also der platonische Ansatz, bezeichnet den Vorgang der Wahrnehmung, bei dem sich der Mensch ein inneres Modell der Außenwelt macht. Sinnzusammenhänge werden gebildet durch das Zusammenspiel zweier Faktoren: auf der einen Seite ist das Individuum in seinen Verhaltensweisen nur bis zu einem gewissen Maße vorgeprägt, also offen für Neues, auf der anderen Seite besitzt es aber auch nur eine begrenzte Fähigkeit zur Informationsverarbeitung. So werden Kompromisse gebildet und in diese Sinnzusammenhänge neue Reize und Informationen eingebettet. In einer sich ständig verändernden Umwelt und massenmedial überfluteten Welt kann sich der Mensch nur schützen, indem er die Komplexität reduziert. Wahrnehmungen werden so verarbeitet, daß neue Informationen eingeordnet und gesteuert werden von bereits im System gespeicherten Informationen. So entstehen »stereotype Denkmuster, in denen sich die Außenwelt in Form von Bildern widerspiegelt«, Informationen werden zusammen mit schon gespeicherten (historischen und kulturellen) Erfahrungen zu »Weltbildern« geordnet.[7]

Dabei ist unser Bild von der Welt wichtig und nicht die tatsächliche Welt. Es kennzeichnet die Überlebensstrategie des Individuums, »die Welt einfach, übersichtlich und fraglos zu erleben«.[8] Dieses individuelle Weltbild, das unsere Informationen »organisiert«, macht die Komplexität des Daseins so überschaubar und beherrschbar wie möglich.

Diese Wahrnehmungsmuster wirken auf der individualpsychologischen Ebene als Vorurteile. Vorurteile sind abhängig von der jeweiligen Persönlichkeitsstruktur und kennzeichnen Vorstellungen über Fremdes, über Vorgänge, die der Mensch nicht selbst erfahren konnte. Sie dienen der Anpassung an die Umwelt, der Abwehr unangenehmer Informationen, der Selbstdarstellung und der Einordnung neuer Informationen. Dabei spielen verschiedene Techniken der Selektion eine Rolle. Mit

Hilfe seiner Vorurteile »gelingt es dem Individuum, sein psychologisches Gleichgewicht zu stabilisieren, indem den eigenen Vorstellungen entsprechende Informationen bevorzugt aufgenommen werden, andere Informationen hingegen abgelehnt werden«[9], damit das Weltbild nicht zu sehr zerfällt. Vorurteile sind demnach objektiv unzulässig, aber subjektiv nötig.

Vorurteile haben jedoch auch soziale Ursachen und Bedeutungen. Da der Mensch auf die Kommunikation mit sozialen Gruppen angewiesen ist, werden unter einem Konformitätsdruck individuelle Vorurteile an die kollektiven Vorstellungsinhalte der Gruppe angepaßt. Aus Vorurteilen werden Stereotype, was »die Entwicklung einer gruppenspezifischen Kultur«[10] ermöglicht. Ein Stereotyp richtet sich gegen soziale Gruppen oder einzelne Personen, die diesen Gruppen angehören und hat die logische Form eines Urteils. Dieses Urteil spricht aber »in ungerechtfertigter Weise« und »mit emotional wertender Tendenz« einer Gruppe von Personen bestimmte Eigenschaften oder Verhaltensweisen zu oder ab. Auf diese Weise vollzieht sich die Identitätsfindung der einzelnen Gruppenmitglieder und die Abgrenzung gegenüber anderen Gruppen. Das Denkmuster des Stereotyps integriert, solidarisiert und ordnet Gruppen, andererseits dient es zur Abgrenzung, führt also zu »Fremderniedrigung und Selbsterhöhung; Rechtfertigung und Anpassung; Abwehr unangenehmer Tatsachen; soziale(r) Aggression; organisierte(r) Gewaltsamkeit; Entmenschlichung des Feindes«.[11]

Im Zusammenwirken von Wahrnehmung, Vorurteil und Stereotyp entstehen also Nationenbilder; und aus den Bildern in unseren Köpfen werden »Landkarten in unseren Kopfen«, »organisierte Vorstellungsbilder«, »Völkerbilder«. Oder eine etwas ausführlichere Definition: »Nationenbilder sind systematisch gegliederte Darstellungen (...) bzw. Beschreibungen einer Nation oder eines Volkes, zu denen auch die Einstellungen ihnen gegenüber und ihre Perzeption durch andere gehören. Mit anderen Worten: Sie sind in sich zusammenhängende Sichtweisen, die die verschiedenen Vorstellungen und Eindrücke von einem Volk in einem einheitlichen geistigen Bild zusammenfügen wollen. Eine derartige organisierte Sicht (...) umschließt die aktuelle Vorstellung des einzelnen von einem bestimmten Land oder Staat und sein Urteil über dessen Vergangenheit und Zukunft.«[12]

Nationenbilder haben bestimmte Kennzeichen: Sie sind äußerst dauerhaft, sehr gefühlsbetont und tendenziell verallgemeinernd. Die eigene wie die fremde Nation werden mit bestimmten Eigenschaften ausgestattet, die selektiv sind. So kommt es zu verdichteten Wahrnehmungen, zu vereinfachten nationalen Symbolen wie dem »deutschen Michel«, der »französischen Marianne« oder dem »amerikanischen Uncle Sam«.

Nationen neigen – genauso wie Gruppen und Individuen – dazu, sich selbst und ihre eigene Perspektive zum Maß aller Dinge zu machen. Bei der Entstehung von Nationenbildern spielen kulturelle sowie geographische Nähe eine wichtige Rolle. So kann man weltweit ein »Nord-Süd-Gefälle der Wahrnehmung« und für Europa ein West-Ost-Gefälle beobachten. In den gegenseitigen Vorstellungen zwischen Russen, Polen, Deutschen und Franzosen lassen sich beispielsweise bestimmte wiederkehrende Strukturen feststellen, wonach »der jeweils westliche Nachbar stets als ›kultivierter‹ und ›fortschrittlicher‹, der jeweils östliche Nachbar hingegen immer als ›rückständig‹ und ›unzivilisiert‹ angesehen« wird.[13]

Gleichzeitig werden Nationenbilder auch durch positive wie negative historische Erfahrungen bestimmt, die tief wurzeln. So ist etwa das Rußlandbild der Deutschen entscheidend geprägt worden »durch Berichte über den despotischen Zaren Iwan IV. (...) Seit dieser Zeit dominiert in Deutschland das Bild des grausamen, naiven und unterwürfigen Russen. Die Heimtücke und Grausamkeit von Iwan wurden nicht als pathologischer Einzelfall gesehen, sondern als Wesenszug des russischen (...) Nationalcharakters aufgefaßt«.[14] Alle Versuche, dieses Bild grundlegend zu korrigieren, trugen bis in den heutigen Tag hinein kaum Früchte. Selbst das Bild vom kommunistischen »Reich des Bösen« wurde inzwischen ersetzt durch andere bedrohliche

Vorstellungen wie etwa die von Anarchie, Chaos oder Unberechenbarkeit. So führte auch die PR-Offensive eines Michail Gorbatschow lediglich zu seiner persönlichen, aber inzwischen schon wieder schwindenden Beliebtheit in Deutschland.

Ein weiterer wichtiger Faktor in der Genese von Nationenbildern ist das Gesetz der Größe. Das kleinere Land fühlt sich vom größeren stets bedroht. Ein klassisches Beispiel ist das Deutschlandbild der Holländer, das aus den stets wiederkehrenden stereotypen Vorstellungen vom rassistischen Nazi-Deutschen konstruiert wird. Stärker als der freundschaftliche Besuch von Bundespräsident Roman Herzog im Herbst 1995 wirken auf die Holländer immer noch ausländerfeindliche Ausschreitungen in Deutschland, die zu fast schon hysterischen Reaktionen und Analogien mit den Nazis führen. Ein anderes Beispiel ist das USA-Bild der Kubaner, das in dem übermächtigen Nachbarn eine ständige »imperialistische« Gefahr sieht und so stark integrierend wirkt, das es zu einer Hauptstütze von Castros Herrschaft geworden ist. – Wahrnehmungspsychologisch ebenso belastet und angstbesetzt sind die Beziehungen zwischen Kolonialländern und ehemaligen Kolonien, wo das Verhältnis von – vormaliger – Macht und Abhängigkeit zum Tragen kommt.

So gesehen kann man den Schluß ziehen, daß Images oder Nationenbilder in ihrer positiven Voreingenommenheit gegenüber der eigenen Gruppe und einer negativen Voreingenommenheit gegenüber der anderen relativ unflexibel sind und »oftmals mit der Realität – also dem beurteilten Volk –, abgesehen von dem berühmten ›Körnchen Wahrheit‹, nichts zu tun haben«. Die Bilder können also falsch sein, aber wenn alle diesen Bildern Glauben schenken, ist es einfacher, sich anzupassen und ihnen auch zu glauben, als sich der öffentlichen Meinung zu widersetzen, denn: »Das Kriterium der ›Richtigkeit‹ oder ›Wahrheit‹ von Images ist nicht ihre Übereinstimmung mit der objektiven Realität, sondern die erfolgreiche Bewältigung der Umwelt.«[15]

Ebenso wie das Stereotyp hat also auch das Nationenbild eine überwiegend integrative, solidarisierende und ordnende

Funktion. Es trägt bei zur Bildung gemeinsamer Erinnerungswerte und nationaler Symbole und übt erheblichen Einfluß auf die Herstellung eines Gruppenbewußtseins und eines Orientierungssystems aus. Damit spielt es auch eine Schlüsselrolle bei der Entstehung von Nationen, also bei der »Transformation eines Volkes oder einiger ethnischer Elemente innerhalb eines sozialen Mobilisationsprozesses«.[16] Es dient gleichzeitig zur Erzeugung von Feindbildern, wobei es Führungsansprüche legitimiert und Unterstützung mobilisiert: »Insbesondere in (...) Krisenzeiten spielen Nationenbilder und die Vorstellungen vom eigenen oder vom fremden ›nationalen Charakter‹ oft eine bedeutende Rolle, da sie feste ›Orientierungshilfen‹ für das eigene Verhalten gewähren und ›aufgestaute Gefühle in gleichlaufenden Bahnen kanalisieren‹«. Nationenbilder können also ein ganzes kulturelles Bezugssystem herstellen, in dem sie »Mythen und Symbole zur Erklärung der eigenen historischgesellschaftlichen Existenz« anbieten.[17] Dieser Integrationsmechanismus des Nationenbildes, der oft zur sozial und kulturell aggressiven Abgrenzung zu anderen Gesellschaften, zum Fremden dient, ist ein innen- wie außenpolitischer Prozeß.

Das Bild eines Landes stellt also einen wichtigen Faktor in der gegenseitigen Wahrnehmung von Nationen und damit im interkulturellen sowie im außenpolitischen Prozeß dar. Dabei wurde festgestellt, daß das internationale System das bei weitem pathologischste aller Vorstellungssysteme ist. Die Bilder oder Images, die das Denken und Handeln der internationalen Entscheidungsträger bestimmen, entstammen einer »Welt der literarischen Bilder«.[18] Kenneth E. Boulding beschreibt, wie sich die Entscheidungsträger dieses literarische Bild vom internationalen System machen. In der Regel handelt es sich bei deren Vorstellungen von anderen Nationen um eine Mischung aus erzählter Geschichte, Erinnerungen an vergangene Ereignisse, Geschichten, Gesprächen sowie einer Flut von schlecht verarbeiteten und sorglos zusammengestellten aktuellen Informationen. All dies sowie Vorlieben, Loyalitäten oder Abneigungen tragen dazu bei, daß Images entstehen, die schwerlich eine Ähnlichkeit mit der Realität haben und meist auch gar nicht an der Realität überprüft werden können.

Hinzu kommt, daß im internationalen System unter dem Vorwand des nationalen Interesses oder der nationalen Sicherheit jede Geheimhaltung und jede Lüge legitimiert werden können, sich also das Realitätsbild durch Manipulationen noch weiter verzerrt. Staatsmänner und Diplomaten, das hat schon Sir Henry Watton im Jahre 1639 gesagt, müssen für ihr Land lügen. Täuschungen und Beeinflussungen der ausländischen Politiker im Dienste der jeweils eigenen Politik sind eine alte Praxis der Diplomatie. Ergänzt oder ersetzt worden ist diese Praxis in neuerer Zeit durch Bemühungen, auf die Öffentlichkeit im Ausland mit Hilfe von internationalen Public Relations-Maßnahmen gezielt einzuwirken. Und schließlich kommt den Massenmedien im Vermittlungsprozeß zwischen Staaten und Nationen eine zentrale Rolle zu. Auslandsberichterstatter nehmen die Funktion von »Mediendiplomaten« an. Sie sind zu wichtigen Mittlern von Realitätsbildern geworden, auch und gerade solcher, die Nationen voneinander haben.

Auslandsberichterstattung und staatliche Public Relations

Um das Image eines Staates in einem anderen Land zu beeinflussen, gibt es eine Reihe von Maßnahmen, die wirkungsvoll eingesetzt werden können. Zum Beispiel verschiedene Präsenzformen von Staaten, wie etwa »materielle Repräsentanzen in Form von Gebäuden, Repräsentanzen von Organisationen, Werbung und Produkte, Warenmessen, herausragende Ereignisse, herausragende Persönlichkeiten sowie die verschiedensten (...) direkten Kommunikationsformen«.[19] Dazu zählen vor allem Handelsbeziehungen und eine auswärtige Kulturpolitik, die neben der Diplomatie als die wichtigsten Pfeiler der Außenpolitik bezeichnet werden können. So gesehen ist die eigene Imagepflege und -verbesserung von Nationen, die mit einem kulturel-

142

len und wirtschaftlichen Embargo belegt sind, im Ausland immens schwierig, da praktisch alle Präsenzformen unterbunden werden und der Prozeß der interkulturellen Kommunikation zum Erliegen kommt.

Eine der wichtigsten Kommunikationsformen für die Vermittlung von Nationenbildern sind die Massenmedien. Schon 1922 hat Walter Lippmann in seinem berühmten Buch ›Public Opinion‹ auf die Bedeutung der Massenmedien bei der Imagebildung hingewiesen und betont, daß der Mensch sich durch die Medien auch ein Bild von Teilen der Welt mache, die er niemals zu Gesicht bekommen habe, und sich Urteile darüber bilden könne.[20] Daher gründen sich Images oder Nationenbilder als massenmedial vermittelte Stereotype wesentlich auf Sekundärerfahrungen: Informationen über andere Nationen und außenpolitische Ereignisse werden den Medien entnommen. Dies gilt im übrigen auch für viele Mitglieder von Regierungen beziehungsweise Parlamenten und hohe Staatsbeamte, »die ihr Bild über ein fremdes Land häufig zu einem nicht unerheblichen Teil anhand massenmedialer Berichterstattung aufbauen, denn Politiker nutzen die Massenmedien in aller Regel intensiv«.[21]

Die Wirkung und Möglichkeiten der Massenmedien sind unbestritten, vor allem wenn es um die Erzeugung negativ beladener Bilder geht. Sehr viel schwieriger ist es, über die Medien das Bild von Nationen gezielt ins Positive zu verändern, denn negative Nachrichten aus der Fremde aktivieren das Sicherheitsbedürfnis, eines der menschlichen Grundbedürfnisse, während positive Nachrichten »Normalität herzustellen suchen in einem Umfeld, das von Fremdheit und Distanz bestimmt ist«.[22]

Die Selektion von internationalen Nachrichten wiederum findet nach Kriterien statt, auf denen auch die »Kriegsordnung der Medien« fußt: »Ranghöhere (Großmächte) sowie geographisch und/oder kulturell nähere Staaten besitzen eine größere Chance, zum Gegenstand der Berichterstattung zu werden, als ›rangniedere‹ sowie geographisch und/oder kulturell entferntere Staaten. Wirtschaftliche, bündnispolitische sowie ideologische Beziehungen führen ebenfalls zu einer intensiveren Berichtstattung über ein anderes Land.«[23] Neben nachrichtenwürdigen Ländern gibt es auch nachrichtenwürdige Ereignisse, wobei das Ungewöhnliche, nämlich Katastrophen, Unruhen, Staatsstreiche und so weiter besonders beachtet wird. In den so beschaffenen täglichen Informationsstrukturen bleibt »für Korrekturen eines etwaigen Zerrbildes (...) kein Platz. (...) Die unausgesprochene Devise lautet: Homogenität des (...) Nationenbildes als redaktionelle Strategie, die falsche Medienrealitäten in Kauf nimmt, weil die Annäherung an die ›nationale‹ Realität in ihrer Komplexität den Platzrahmen sprengen und auch die Rezeptionsbereitschaft der Mediennutzer überstrapazieren würde«.[24] Einmal vorgenommene Stigmatisierungen sind kaum noch zu beheben und immer wieder leicht zu reaktivieren.

Dieser Aspekt der Pathologie des internationalen Systems wird verstärkt durch die Leistungen und Fähigkeiten des Auslandskorrespondenten. In den allermeisten Fällen sind es nicht Fachkenntnisse über die jeweiligen Länder, die einen Journalisten oder eine Journalistin für einen Auslandsjob qualifizieren, sondern sachfremde Überlegungen, wie beispielsweise eine durch redaktionsinterne Faktoren bestimmte Personalpolitik: »ZDF-Personenkarusell (...) Beim ZDF wechseln altbekannte Gesichter auf neue Posten. Der Leiter des ZDF-Studios Bonn, Klaus-Peter Siegloch, wird vom 1. April an Studiochef in Washington (...) Der Washingtoner Korrespondent Gerd Helbig geht im Frühjahr nach Brüssel (...) Udo van Kampen, bisher Korrespondent in Brüssel, wird Mitte nächsten Jahres das ZDF-Büro New York am Sitz der UNO übernehmen (...) Leiter des Studios Wien wird im Sommer Joachim Jauer, Michael Schmitz wechselt dann nach Washington (...).«[25] Die Rotation der ZDF-Auslandskorrespondenten war ausgelöst worden durch personelle Umbesetzungen in der Heimatredaktion und den Aufstieg einzelner Redakteure auf der Karriereleiter.

Unter dem Aspekt der Qualifikation gesehen, ist es für einen Auslandsreporter ohnehin schwierig, alle notwendigen Voraussetzungen zu erfüllen. So muß seine Berichterstattung oft geographisch große, aber kulturell und politisch sehr unterschied-

144

liche Räume abdecken. Beispielsweise gibt es auch in vielen größeren elektronischen und Print-Medien nur *einen* Lateinamerika-Korrespondenten oder jeweils *einen* Asien- und *einen* Afrikakorrespondenten. Kairo ist ein beliebter Stützpunkt für den gesamten arabischen Raum, Moskau für das Riesenreich der ehemaligen Sowjetunion und Wien für Mittelosteuropa und den Balkan. Wenn Krisen in Kriege übergehen, fällt es zumeist in den Aufgabenbereich der Auslandskorrespondenten, »Kriegsberichterstattung« zu betreiben. So kommt es, daß über den Krieg in Ruanda großenteils aus Nairobi in Kenia berichtet wurde, über Tschetschenien oder Berg-Karabach aus Moskau und über den Krieg im ehemaligen Jugoslawien oftmals aus Wien.

Neben meist mangelnden, weil objektiv schwer erfüllbaren Qualifikationen und ungünstigen Arbeitsbedingungen der Auslandsreporter gehören auch unverrückbare Konventionen in der Berichterstattung, wie etwa der rigide, gleichgeschaltete Aufbau von Informationsfilmen, zu den wesentlichen Merkmalen der Auslandsberichterstattung. Geht man nun davon aus, so wie es verschiedene Autoren tun, daß den Massenmedien in den politischen Prozessen des internationalen Systems eine Schlüsselstellung zukommt, »da sie nicht nur politische Ereignisse kritisieren und kommentieren, sondern alle wichtigen Entscheidungen durch die Berichterstattung vorbereiten und damit den Rahmen definieren (…), in dem Entscheidungen als akzeptierbar und konsensfähig angesehen werden«,[26] kommt den Auslandsberichterstattern in der internationalen Kommunikation die Bedeutung von Diplomaten zu. Die Art der Berichterstattung kann also für das Verhältnis der einzelnen Staaten untereinander sowie für außenpolitische Entscheidungsprozesse von immenser Bedeutung sein, wobei die Journalisten für diese offiziösen Aufgaben in der Regel eben schlecht gerüstet sind.

Die Bedeutung der Medien führt zu einer immer stärkeren Anpassung der (Außen)-Politik an Medienzwänge und bringt gleichzeitig mit sich, daß die Politik die Medien benutzt: »Unterwerfung und Instrumentalisierung: Politik und Medien machen sich gegenseitig zum Opfer.«[27] Für die Politik bedeutet dies, daß nicht die substantielle Politik im Vordergrund steht, sondern »die nachrichtenadäquate Verpackung politischen Handelns«.[28] Es geht um Nachrichtenwerte, und gute Public Relations-Berater sind nicht nur in den Lage, Nachrichtenwerte zu erkennen, sondern sie können auch Nachrichten inszenieren. Sie werden zu »Schöpfern von Ereignissen«, und die internationale Kommunikation gerät zunehmend unter den Einfluß von PR-Maßnahmen.

Internationale PR kann für harmlose Zwecke eingesetzt werden, wie etwa für die Touristikwerbung, aber auch politisch sensibleren Zielen dienen, zum Beispiel der Überzeugung der Öffentlichkeit von der Notwendigkeit einer militärischen Intervention oder eines Krieges. In einer 1987 veröffentlichten Untersuchung mit dem Titel ›Public Relations. What Research tells us‹ hat John V. Pavlik festgestellt, daß internationale Public Relations einer der am schnellsten wachsenden, aber auch am wenigsten verstandenen Bereiche der Public Relations ist. Zu diesem Ergebnis kommt auch Michael Kunczik in seiner spannenden und detailreichen Studie von 1990 ›Die manipulierte Meinung‹ und erklärt die mangelnde Beachtung des Themas unter anderem damit, daß Public Relations auch die Kunst des Tarnens und Täuschens sei: »Erfolgreiche Imagepflege von Staaten durch Public-Relations-Aktionen bedeutet in vielen Fällen, daß die beeinflußten Menschen nicht merken, daß sie beeinflußt werden bzw. worden sind.«[29]

Die Versuche, staatliche Imagepflege bis hin zur Ergreifung propagandistischer Maßnahmen zu betreiben, sind keine Phänomene der Moderne, sondern ziehen sich durch die ganze Geschichte bis in die Antike. Apostel Paulus entwirft in einem Brief an Titus ein Bild der Kreter: »Einer von ihren Landsleuten hat als Prophet über sie gesprochen, als er sagte: ›Die Kreter lügen immer. Sie sind Raubtiere, liegen auf der faulen Haut und denken nur ans Fressen.‹ Er hat die Wahrheit gesagt.« Im 4. Buch Mose berichten zwölf ausgesandte Kundschafter vom Lande Kanaan, in dem Milch und Honig fließen, und zugleich

146

von seinen Bewohnern, die als riesig und stark geschildert werden, was die Israeliten zur Überlegung veranlaßt, doch lieber nach Ägypten zurückzukehren. Tacitus beschreibt in seiner ›Germania‹ die Sitten und Gebräuche der Germanen, und Herodot war nicht nur der »Vater der Geschichtsschreibung«, sondern auch ein »Presseagent« im Dienste Athens. Alexander der Große ließ von seinem »Hofhistoriker« Kalisthenes verbreiten, er sei der Sohn von Zeus, und Dschingis Khan hatte eine propagandistische Vorhut von Geheimagenten, die Gerüchte über die Größe und Grausamkeit seiner Armeen unter die Leute brachten, was den Tatsachen oft nicht entsprach.[30]

Napoleon führte mit dem europäischen Ausland einen richtigen Propagandakrieg (»Wir sind dazu da, die öffentliche Meinung zu lenken, nicht sie zu erörtern«), und Bismarck »versuchte mit Manipulationen, Bestechungen usw. der amtlichen Meinung entsprechende Meldungen in der in- und ausländischen Presse zu lancieren«.[31] So löste er mit der manipulativen Kürzung und Veröffentlichung der berühmten »Emser Depesche« im Jahre 1870, einem Telegramm über die ablehnende Haltung Wilhelm I. gegenüber dem französischen Botschafter, eine Verschärfung der diplomatischen Beziehungen mit Frankreich und den deutsch-französischen Krieg aus, der zur deutschen Reichsgründung führte.

Industrielle Ausmaße nahm die gezielte Einwirkung auf Nationenbilder oder Images von Staaten in der Propagandaschlacht des Ersten Weltkriegs an. Die Folge war, daß sich nach dem Krieg in den USA innerhalb kürzester Zeit Werbung und Public Relations als Industrien etablierten und die wissenschaftliche Auseinandersetzung mit den Massenmedien intensiviert wurde. Dem Phänomen der Massenbeeinflussung durch Massenmedien und der Schaffung von nationalen (Selbst-)Bildern war auch Joseph Goebbels auf der Spur und bemühte sich um positive Imagebildung im Ausland.

Einer der ersten politischen PR-Berater in den USA war Carl Byoir, der bald nach dem Ersten Weltkrieg Kampagnen im Auftrag von litauischen Gruppen betrieb, die sich für ein unabhängiges Litauen engagierten. Byoirs Firma versuchte darüber hinaus zu Beginn der dreißiger Jahre, der amerikanischen Öffentlichkeit ein positives Bild des kubanischen Diktators General Machado zu verkaufen, und traf 1933 eine vertragliche Vereinbarung mit dem »German Tourist Information Office«, angeblich ohne zu wissen, daß dieses eng mit den Nazis verbunden war. Wegen des umstrittenen Engagements auch anderer amerikanischer PR-Größen jener Tage für das Nazi-Deutschland kam es in den dreißiger Jahren in den Vereinigten Staaten zum ersten Mal zu einer öffentlichen Diskussion über die Arbeit von PR-Firmen im Dienste politischer Imagepflege.[32]

Nach dem Zweiten Weltkrieg wurde das Geschäft mit der gezielten Beeinflussung von Nationenbildern besonders intensiv von der Firma Hamilton Wright betrieben, die eine große Anzahl so unterschiedlicher Staaten wie Ägypten und Belgien, Libyen und Luxemburg, Kanada oder Südafrika positiv im Bewußtsein der Amerikaner zu plazieren versuchte. In den Jahren 1951/52 lancierte Indien eine Kampagne, um von unvorteilhaften Klischees wie »menschenfressende Tiger, Kindbräute, heilige Kühe, Unberührbare, Wolfskinder, Schlangenbeschwörer und religiöse Sekten«[33] wegzukommen, die offensichtlich auch die Vorstellungen amerikanischer Meinungsführer und Entscheidungsträger prägten. Das Negativ-Image war durch Indiens Neutralität im Korea-Krieg noch verstärkt worden, der Wunsch der Inder jedoch war es, als »junger demokratischer Staat« anerkannt zu werden. Edward L. Bernays, einer der herausragenden PR-Berater der USA, übernahm die Aufgabe der Imageverbesserung für Indien, versicherte sich jedoch nach eigenen Aussagen der Zustimmung der US Regierungsstellen zu diesem Projekt, um nicht in den Ruch zu geraten, für Feinde der USA Werbung zu machen. Die US-Regierung wiederum sah in Bernays Unterfangen die Chance, Indien als mächtige demokratische und antikommunistische Bastion in Asien zu installieren. Das Unternehmen scheiterte, als es zu einem Dissens über die Kaschmir-Frage kam und der indische Botschafter der ›New York Times‹ mit »Krieg« drohte, weil diese nicht den indischen

Standpunkt vertrat. Aus der Perspektive des PR-Beraters Bernays waren solche und ähnliche Vorgehensweisen nicht vereinbar mit seinen PR-Bemühungen im Dienste Indiens, und er kündigte den Vertrag.

Für PR-Berater sind so unsensible Versuche der Meinungsmache wie die des indischen Botschafters unannehmbar, weil sie den subtilen Strategien der Public Relations, die meist indirekt verfahren und die Quelle der Beeinflussung möglichst nicht erkennen lassen, diametral entgegenstehen. Denn direkte Manipulationsbestrebungen laufen Gefahr, bei den Zielpersonen Widerstand hervorzurufen und als Propaganda ausgelegt zu werden, vor allem, wenn sie allgemein vertretenen Ansichten widersprechen. Um so schwieriger ist es deshalb, die Früchte von PR-Kampagnen nachzuweisen.

Eine erste größere Studie über die Auswirkungen von PR-Aktivitäten auf das Image von Nationen wurde Mitte der achtziger Jahre in den USA anhand einer Analyse der einflußreichen ›New York Times‹ vorgenommen. Gegenstand der Untersuchung war die Berichterstattung über die Länder Süd-Korea, Philippinen, Jugoslawien, Argentinien, Indonesien und Zimbabwe, die alle Verträge mit PR-Firmen abgeschlossen hatten, und auf der anderen Seite über Mexiko, das keine professionelle PR-Unterstützung genoß.

Die von den PR-Firmen angebotenen Dienstleistungen umfaßten »eine Verbesserung des Zugangs der jeweiligen Regierungen zu amerikanischen Journalisten. Daneben wurden Pressemitteilungen verfaßt, Entscheidungsträger bzw. Meinungsführer angeschrieben, Broschüren und ›newsletters‹ angefertigt. Ferner wurde zum Teil das Botschaftspersonal trainiert, wie über sensible Themen (z.B. Terrorismus und Menschenrechte) zu sprechen sei. Organisiert wurden ›field trips‹ für die Presse, Besuche bei Herausgebern und Arbeitsessen mit Wirtschaftsführern. Zu weiteren PR-Aktivitäten gehörten u. a. Empfehlungen, die folgende Bereiche betrafen: Besuche von Staatsoberhäuptern, Einladungen von Präsidenten und Vize-Präsidenten der USA zu Staatsbesuchen, Freilassung politischer Gefangener, von den jeweiligen Regierungen organisierte Reisen für amerikanische Journalisten, Einrichtung von Informationsbüros ...«[34]

Auswirkungen dieser Aktivitäten auf die Berichterstattung in der ›New York Times‹ konnten nicht unmittelbar erfaßt werden, wohl aber gelang es, aufzuzeigen, daß zwischen Vertragsabschluß und einem darauffolgenden Imagewandel eine »klare zeitliche Entsprechung« bestand. Die Menge der Artikel über diese Länder nahm zunächst ab, was ein Zeichen für das »Absterben« des alten Images war, und schließlich wurde das Zahlenverhältnis der positiven gegenüber den negativen Artikeln bedeutend besser. Was Mexiko anbelangte, das keinen PR-Vertrag hatte, so nahm die Zahl der positiven Artikel bei gleichbleibender Häufigkeit der Berichterstattung ab. Das Fazit dieser Erkenntnisse war, »es sei nicht überraschend, daß Staaten versuchten, ihr Image zu beeinflussen, wohl aber sei es überraschend, in welchem Ausmaß sie damit Erfolg hätten«.[35] Berücksichtigt man, daß sich die Öffentlichkeit über andere Staaten anhand von Medien informiert und die ›New York Times‹ unter amerikanischen Politikern und Eliten die am häufigsten gelesene und zitierte Zeitung ist, so sind die nicht leicht erkennbaren Maßnahmen der politischen PR äußerst wirksam.

Krisenkommunikation und PR

Bilder, die sich die Menschen eines Landes von einem anderen Land und dessen Menschen machen, können zum besseren gegenseitigen Verständnis und zum Dialog dienen, sie können aber auch polarisieren und Abneigungen oder Feindschaften produzieren. Wenn es in internationalen politischen Prozessen zu Krisen kommt und politische Entscheidungsträger in demokratischen Gesellschaften handeln müssen oder wollen, können sie entweder auf einen in ihrer jeweiligen nationalen Öffentlichkeit schon vorhandenen Konsens zurückgreifen, oder sie versuchen die Unterstützung der Öffentlichkeit durch Argumente und Manipulationen zu gewinnen. Sie stellen Bilder der anderen und Selbstbilder her und bemühen sich unter Umständen gleichzeitig darum, das Verständnis oder Interesse anderer Staaten für ihr Anliegen zu gewinnen.

Wie der Erste Weltkrieg gezeigt hat, sind solche Versuche nicht erst seit der Entstehung von moderner Public Relations systematischer und wissenschaftlicher geworden, aber Public Relations-Maßnahmen in der massenmedialen Gesellschaft bieten zunehmend umfassendere und zugleich subtilere Möglichkeiten. Insbesondere in den Vereinigten Staaten, wo sich ein internationaler Führungsanspruch sowohl im politisch-militärischen Selbstverständnis als auch in einem wissenschaftlichen und technischen Fortschrittsvorsprung manifestiert, bündeln sich Interessen und Möglichkeiten zur Manipulation von Nationenbildern gerade auch im Bereich der Krisenkommunikation. An zwei Beispielen – dem Golfkrieg und dem Krieg im ehemaligen Jugoslawien – lassen sich die neuen Verpackungen alter Propagandamethoden, wie sie einst von »Presseagenten« oder ähnlichen Mittelsmännern interessensgebundener Wahrheiten angewandt wurden, eindrucksvoll demonstrieren.

In der Krise am Persischen Golf waren, wie schon gezeigt, die Bemühungen von seiten der US-Regierung, das Zweite-Weltkrieg-Modell als Konfliktmuster zu installieren, ziemlich intensiv und erfolgreich. Eines der zentralen Anliegen war es, vor allem die Amerikaner selbst, aber auch die Weltöffentlichkeit für einen »gerechten« Feldzug zu mobilisieren, indem man aus Kuwait das Opfer einer Aggressionspolitik Hitlerschen Ausmaßes machte. Die beiden Konfliktstaaten Irak und Kuwait hatten in den USA ein eher schlechtes als ein gutes, auf jeden Fall kein weit verbreitetes Image. Eine Schlüsselrolle in der Popularisierung und Polarisierung der beiden Nationen nahm die Public Relations-Firma Hill & Knowlton ein.

Für Hill & Knowlton, eines der größten Unternehmen der Branche in den USA, das sich jedoch in britischem Besitz befindet, war und ist politische Imagepflege von Staaten kein Neuland. Zu den Hill-&-Knowlton-Kunden zählen unter anderem die Türkei, China (seit 1991) oder Indonesien, drei Staaten, deren Menschenrechtsverletzungen notorisch sind. Weder die Kurden-Politik der Türkei noch das gewaltsame Vorgehen des chinesischen Regimes gegen Oppositionelle oder die brutalen Übergriffe indonesischer Regierungstruppen gegen das seit 1975 annektierte Ost-Timor, die mittlerweile Zigtausende von Menschenleben gefordert haben, waren oder sind für Hill & Knowlton Hindernisse für ein gut bezahltes PR-Engagement. Zumal die PR-Firma über gute politische Beziehungen in den USA verfügt und die amerikanische politische Elite Menschenrechtsverletzungen in anderen Staaten in der Regel eher selektiv wahrnimmt. So war auch die Zeit, als der Irak gegen den Iran aufgerüstet wurde, und danach Saddam Husseins Vernichtungsfeldzug gegen die Kurden kaum Anlaß für Irritationen unter den amerikanischen Politikern.

Sofort nach dem Einmarsch irakischer Truppen in Kuwait organisierten sich in den USA die »Bürger für ein freies Kuwait«, deren Vorsitzender der ehemalige kuwaitische Erziehungsminister Dr. Hassan Al Ibrahim wurde. Al Ibrahim, Professor für internationale Politik an der Universität Kuwait, befand sich gerade auf einer Konferenz in Washington und war durch sein Studium an der Universität von Indiana ohnehin mit »der amerikanischen Denkweise« vertraut, also bestens geeignet für dieses Amt. Wie sich nach dem Krieg herausstellte, war diese Organisation als Vereinigung von »Bürgern« eine Fiktion und erhielt lediglich 17 861 Dollar von einzelnen Spendern gegenüber 11 852 329 Dollar, die die Regierung von Kuwait zur Verfügung stellte.[36]

Am 10. August 1990, also gerade eine Woche nach der Invasion, engagierten die »Bürger für ein freies Kuwait« die PR-Firma Hill & Knowlton, die enge Kontakte zur US-Regierung pflegte, was die ›Washington Post‹ später zur Feststellung veranlaßte, das Engagement Hill & Knowltons für kuwaitische Belange trage das »Imprimatur« des Weißen Hauses. – Die Kampagne für Kuwait sollte eine der umfangreichsten werden, die je eine Public-Relations-Firma für einen ausländischen Kunden in den USA unternommen hat.

Hundertneunzehn Hill-&-Knowlton-Mitarbeiter begannen, verstreut über das ganze Land, die Medien mit Pressemappen zu versorgen, organisierten nationale Gebettage für Kuwait, verteilten Zigtausende von T-Shirts und Autoaufklebern mit dem Aufdruck »Freies Kuwait« und vermittelten ungezählte Treffen zwischen Redakteuren und kuwaitischen Persönlichkeiten oder »Widerstandskämpfern«. Zunächst einmal galt es, überhaupt erst ein Image des kleinen, den allermeisten Amerikanern völlig unbekannten Emirats aufzubauen.

Es versteht sich praktisch von selbst, daß es ein geschöntes Image sein mußte, denn das wahre Bild der kuweitischen Gesellschaft wäre abstoßend gewesen: Ein Scheichtum mit feudalen Strukturen, beherrscht von einer Familie; Wahlrecht nur für Männer über einundzwanzig Jahren, deren Familien seit 1920 im Land ansässig sind (13,5 Prozent der Kuwaiter); Sklavenarbeit; Folter; Hinrichtung von Oppositionellen. – Dr. Hassan Al Ibrahims Beschreibung seines Landes läßt den Tenor der PR-Kampagne erkennen: »Die Geschichte Kuwaits verzeichnet in den letzten zweihundertfünfzig Jahren keinen einzigen Fall von Gewaltanwendung. Im Unterschied zu allen anderen Ländern der arabischen Halbinsel ist in unserer Geschichte kein Blut geflossen (...) Wir sind mit ganzem Herzen der Demokratie und der Verfassung ergeben.«[37]

Bekundungen dieser Art ließen zwar Kuwait in den strahlendsten Farben leuchten, reichten jedoch nicht aus, um die amerikanische Bevölkerung von der Notwendigkeit eines US-Militäreinsatzes gegen den Irak zu überzeugen. Stärkere »Geschütze« mußten aufgefahren werden. Hill & Knowlton ließ erforschen, wie die Amerikaner auf die Kuwaitproblematik reagierten beziehungsweise was ihre Gemüter besonders bewegen könnte, und kam zu dem Ergebnis, daß Verbrechen an Kindern und ähnliche Greueltaten ein Grund wären, militärisch zu intervenieren. Plötzlich tauchte eine Geschichte in den Medien auf, die diese Vorgaben nahezu ideal zu erfüllen schien – die Brutkasten-Story: »Von allen Anklagen, die gegen den irakischen Diktator erhoben wurden, schlug keine bei der amerikanischen Öffentlichkeit so stark an wie die, daß irakische Soldaten dreihundertzwölf Babys aus ihren Brutkästen genommen und sie auf dem kühlen Krankenhaus-Fußboden von Kuwait-Stadt hatten sterben lassen.«[38]

Der Ursprung der Geschichte ist unklar. Die ersten Fassungen erschienen Anfang September 1990 in der Londoner ›Daily Mail‹ sowie in der ›Los Angeles Times‹ und wiesen als Quellen den kuwaitischen Wohnungsbauminister, der sich im Exil befand, und eine aus dem besetzten Kuwait evakuierte Amerikanerin namens »Cindy« aus. Ungeprüft begann die Story in den Medien zu kreisen, aber zum Inbegriff der »Vergewaltigung Kuwaits« durch die irakische Soldateska wurde sie erst, als man ihr durch eine öffentliche Präsentation im Kapitol entsprechendes offizielles Gewicht verlieh.

Am 10. Oktober gab es vor dem Arbeitskreis für Menschenrechte im amerikanischen Kongreß eine Anhörung über die vom Irak in Kuwait begangenen Menschenrechtsverletzungen und Greuel, bei der zwei Organisationen Gelegenheit bekamen, ihr Material auszubreiten: Amnesty International und die »Bürger für ein freies Kuwait«, also Hill & Knowlton. Was Amnesty anbelangte, so hatten seine Mitarbeiter jahrelang vergebens an die Türen des Weißen Hauses geklopft, um Saddam Husseins Übergriffe anzuzeigen. Um so erstaunlicher war es für sie, daß man ihnen nun solche Bedeutung beimaß und einen so spektakulären Rahmen bot. Sie wußten nicht, daß sie nur als Glaubwürdigkeitskatalysator für die eigentliche Präsentation dienen sollten, und die lieferte »Nayirah«, ein fünfzehnjähriges kuwaitisches Mädchen, das als Augenzeugin in Erscheinung trat. In erschütternden Berichten beschrieb sie die Brutalität der Besatzer und Aggressoren: »Ich tat freiwilligen Dienst im Al Addan-Hospital (...) Während ich dort war, sah ich die irakischen Soldaten bewaffnet in das Krankenhaus kommen und in den Raum gehen, wo fünfzehn Babys in Brutkästen lagen. Sie nahmen die Babys aus den Brutkästen, nahmen die Brutkästen mit und ließen die Babys auf dem kalten Fußboden zurück, wo sie starben.«[39]

154

Die Bilder von Nayirahs emotionalem Auftritt gingen um die Welt, und am Abend zeigte sich Präsident George Bush auf einer Feier im Weißen Haus hochzufrieden mit deren Wirkung – er habe die Anhörung auf CNN verfolgt und finde es äußerst begrüßenswert, daß das Leid Kuwaits entsprechend gewürdigt wurde. Die beiden Vorsitzenden des Arbeitskreises gaben sich zutiefst beeindruckt: »In der achtjährigen Geschichte des Arbeitskreises für Menschenrechte haben wir von vollkommen glaubwürdigen Augenzeugen, die wir in dieser Zeit vernommen haben, noch nie dermaßen makabre und grauenhafte Horrorstories gehört.«

Die Täuschung war gelungen und die Weltöffentlichkeit aufgerüttelt. Niemand ahnte und kaum jemand wußte, daß es sich bei Nayirah um die Tochter des kuwaitischen Botschafters in den USA handelte und keineswegs um eine »glaubwürdige Augenzeugin«. In den Wochen nach dem Spektakel versuchte die Menschenrechtsgruppe Middle East Watch die Aussagen, die vor dem Arbeitskreis gemacht wurden, zu verifizieren, jedoch ohne Erfolg. Um so emsiger brachten die Presseagenten von Hill & Knowlton die Brutkasten-Story unters Volk und bereiteten die nächste Attacke auf die öffentliche Meinung vor.

Am 27. November 1990 inszenierten sie eine technisch aufwendige audiovisuelle Präsentation der irakischen Bestialität vor den Kameras der großen Fernsehanstalten. Auf Ersuchen der kuwaitischen Regierung fand die mediengerechte Darbietung ausgerechnet im Plenarsaal des Sicherheitsrats der Vereinten Nationen statt, ein Novum in der Geschichte der UN, und die Welt schaute mit wachsendem Entsetzen zu. Videoaufzeichnungen und Live-Befragungen von Zeugen, deren Echtheit nicht infrage gestellt wurde, genausowenig wie die Authentizität ihrer Behauptungen und Aussagen, warfen ein düsteres und blutiges Bild der irakischen Mörderbanden an die Wand, und es schien, als ob Saddam Hussein allgegenwärtig war und jede Folterung oder Vergewaltigung zumindest befehligte, wenn nicht gar selbst durchführte.

Auch die Brutkasten-Story wurde neu aufgewärmt, diesmal von einem Arzt namens »Dr. Issah Ibrahim«, der als eine seiner

schrecklichsten Erfahrungen die Beerdigung der aus den Brutkästen gerissenen Babys schilderte. Besagten Zeugen hätten die
Medien jedoch mit einem relativ geringen Aufwand an Recherchen als den Zahnarzt Dr. Ibrahim Bahbahani entlarven und
darüber hinaus die falsche Identität weiterer vier Zeugen auf-
decken können. Statt dessen wurden die Aussagen der »Zeugen« anderntags in der Presse als »Beweise« gehandelt.

John MacArthur, der die abenteuerlichen Inszenierungen von
Hill & Knowlton und der »Bürger für ein freies Kuwait« ausführlich dokumentiert hat, zeigt auch, wie vor allem aus dem
eingängigen Schreckensbild der toten Babys politisches Kapital
geschlagen wurde. Präsident Bush kam wiederholt öffentlich
auf die Geschichte zu sprechen, der Kongreß und die UN befaßten sich damit. Schließlich gelang es den Propagandamachern,
sogar Amnesty International – das lange gezögert hatte, die
Geschichte zu übernehmen – von der »Richtigkeit« der Behauptungen zu überzeugen, was dem Ruf von Amnesty später erheblichen Schaden zufügte. Denn weder während der Besatzung,
als Saddam Husseins Truppen Kuwait für jegliche Art von
Beobachtern sperrten, noch danach konnten die Brutkasten-
Story oder andere Behauptungen verifiziert werden.

Unzweifelhaft haben irakische Soldaten bei ihrem Einmarsch
in Kuwait Grausamkeiten begangen. Doch aus ein paar ver-
streuten Vorwürfen oder Feststellungen solcher Art läßt sich
noch keine erfolgreiche Öffentlichkeitspolitik machen, die die
Welt in einen Krieg führen würde. Erst die organisierte und
gezielte Strategie von Hill & Knowlton hat die Amerikaner und
die internationale Gemeinschaft zu einem gemeinsamen Kriegsziel integrieren können: »Die Bedeutung der Brutkasten-Story
im Rahmen der umfassenderen Propagandakampagne einerseits gegen Saddam Hussein und andererseits für die Kriegsop-
tion, darf man nicht unterschätzen. Ohne sie verliert der Vergleich Saddam Husseins mit Hitler seinen Glanz; man mußte
beweisen, daß Hussein das Böse schlechthin war.«[40]

Als die lange schwelende politische Krise im ehemaligen
Jugoslawien Mitte 1991 in einem offenen bewaffneten Konflikt

eskalierte, waren die Medien und die westliche Öffentlichkeit auf die sich überschlagenden Ereignisse praktisch nicht vorbereitet. Der jugoslawische Zerfall hatte sich im Schatten des Golfkriegs zugespitzt, dessen Dramatik alle öffentliche Aufmerksamkeit absorbiert und die Vorgänge auf dem Balkan zum entlegenen Nebenschauplatz gemacht hatte. Hinzu kam eine massive Verwirrung hinsichtlich der komplizierten historischen, politischen, kulturellen und ethnischen Verhältnisse auf dem Balkan, kombiniert mit einer grundlegenden Unkenntnis der Krisenregion. Noch im September 1991, als der Krieg in Kroatien schon voll entbrannt war, konnte die Autorin in der Kulturredaktion einer renommierten, großen deutschen Tageszeitung den Aufschrei vernehmen: »Mein Gott, wir wußten ja noch nicht einmal, daß es in Jugoslawien Serben, Kroaten und Slowenen gibt. Was sollen wir nur schreiben?« Von Bosniern wußte man damals erst recht nichts.

Dieses weit verbreitete Unwissen wurzelte unter anderem in der Tatsache, daß ein homogenes Nationenbild von »den Jugoslawen« existierte. Über Jahrzehnte hinweg hatte das jugoslawische Regime nach innen und nach außen hart an dem Image eines Staates gearbeitet, dem es gelungen war, verschiedene Völker in friedlicher Koexistenz unter einer jugoslawischen Identität zusammenzufassen. Aber selbst die Kenntnisse um diese jugoslawische Identität waren außerhalb Jugoslawiens begrenzt und wurden in Westeuropa vornehmlich aus zwei Quellen geschöpft: den touristischen Erfahrungen vieler Jugoslawienreisender und den Pilgerfahrten linksintellektueller Kreise, die das jugoslawische Modell der Arbeiterselbstverwaltung und den »liberalen« Kommunismus als beispielhaft priesen. Für beide Wahrnehmungsperspektiven war die Vielfalt der jugoslawischen Kulturen exotisches und folkloristisches Beiwerk. In manchen europäischen Ländern wurde dieses Bild in den sechziger Jahren durch Kontakte mit der wachsenden Zahl jugoslawischer Gastarbeiter ergänzt, was eher dazu beitrug, Jugoslawien in den Kontext des »armen Südens« einzuordnen. Der Herrscher über dieses Jugoslawien schließlich, Josip Broz Tito, galt als ein großer Staatsmann, der es verstand, sein Land auf einem Sonderweg durch die Strudel der Geschichte zu führen.

Jenseits dieser stereotypisierten Wahrnehmung blieb Jugoslawien ein Fall für Südosteuropa-Experten und Slawistik-Professoren. Im Grunde genommen läßt sich dieses stark vereinfachte Nationenbild auf die Existenz einer tiefliegenden und weit zurückreichenden Kulturgrenze zurückführen, die der 1981 verstorbene kroatische Schriftsteller Miroslav Krleza folgendermaßen definierte: »Das imposante Gebäude der europäischen Zivilisation ist aufgebaut auf den Knochen zahlloser besiegter Völker. Wenn wir heute von Europa sprechen und zu ergründen versuchen, worin die Sendung dieses ruhmreichen, großen und uns so teuren Kontinents besteht, dürfen wir nicht vergessen, daß es zwei Europa gibt. Neben dem klassischen westeuropäischen, museal-grandiosen, historisch-pathetischen Europa lebt noch ein zweites, das bescheidene, in die Ecke gedrängte, seit Jahrhunderten immer wieder unterworfene periphere Europa der östlichen und südöstlichen europäischen Völker (...), denen es bestimmt ist, nicht innerhalb der europäischen Mauern zu leben, sondern antemural, eine Art Glacis bildend gegen die osmanische und mongolische Gefahr und gegen alle anderen Bedrohungen militärischer und politischer Art.«[41] Die innereuropäische Grenze zwischen slawischen und nichtslawischen Völkern, zwischen Ost- und Westeuropa, war ein historisches Kontinuum und ist es bis heute geblieben.

Als der Krieg in Jugoslawien ausbrach, wurde das Ausmaß westlicher Ahnungslosigkeit und lange gehegter Vorurteile deutlich, und die Ignoranz wurde zu einem Faktor, der den Konflikt prägte und steuerte. Die Medien hangelten sich von Ereignis zu Ereignis durch die Schluchten des Balkans, und die »internationale Gemeinschaft«, die sich zu politischem Handeln gezwungen sah, versuchte Schritt zu halten. Die Orientierungslosigkeit war ausgelöst durch das Bersten eines ohnehin verschwommenen Jugoslawienbildes, und das in einer Zeit, in der die Koordinaten des kalten Krieges keine Gültigkeit mehr hatten und neue erst geschaffen werden mußten.

Das Auseinanderbrechen des jugoslawischen Staates ließ hinsichtlich staatlicher Images oder Nationenbilder Leerstellen entstehen. Wer waren Kroaten, Slowenen, Serben, Makedonier, Bosnier, jugoslawische Albaner oder Montenegriner eigentlich? Gleichzeitig war die Konfliktstruktur nicht erkennbar: Warum bekämpften sie sich plötzlich? Wer erhob welche Ansprüche? Wie konnte die Krise gelöst werden? Ein vielstimmiger Chor von Meinungen auf allen Ebenen erhob sich: Politiker, Journalisten, Prominente, Intellektuelle, echte und falsche Experten, unabhängige Organisationen, politische Initiativen und so weiter. Das Bild, das sich so der westlichen Öffentlichkeit von den Ereignissen in Jugoslawien bot, war unstrukturiert und undurchsichtig. Im Verlauf des Jahres 1991 jedoch sollte allmählich Ordnung in dieses Chaos kommen.

Wie alles im jugoslawischen Konflikt, waren auch die Ursachen komplex, die in der Folge zu einer fest umrissenen, aber nicht unbedingt zutreffenden Meinung über diesen Krieg führten. Da gab es, insbesondere in Deutschland, prominente Journalisten, die eine deutche Meinungsführerschaft übernahmen, da gab es Politiker, die sich einseitig informierten, alte Stereotype, die wieder auflebten, und schließlich Public-Relations-Kampagnen, die auf eine breite Wirkung in der westlichen Öffentlichkeit und unter Politikern zielten.

Im Frühjahr 1991 gab es zwei immer stärker miteinander rivalisierende politische Optionen für das zerfallende Jugoslawien. Auf der einen Seite wurde für ein Zusammenhalten des Staates plädiert, bis alle strittigen Dinge zwischen den Konfliktparteien einvernehmlich geklärt wären. Diese Position vertrat die europäische Gemeinschaft, gefolgt von den USA. Die internationale Gemeinschaft war zudem der Auffassung, es handle sich um einen ethnisch-nationalen Konflikt. Noch in der Vereinbarung von Brioni vom 7. Juli 1991, die zwischen der Ministertroika der EG und den jugoslawischen Konfliktparteien getroffen wurde, war die Rede von den »Völkern Jugoslawiens«, die über ihre Zukunft selbst entscheiden sollten.[42] Auf der anderen Seite drängten die politischen Führungen Kroatiens und Sloweniens auf eine schnelle Sezession aus dem jugoslawischen Staatsverband und die völkerrechtliche Anerkennung ihrer Republiken als Staaten, um damit eine Internationalisierung des Konflikts herbeizuführen. Am 25. Juni 1991 erklärten die beiden Republiken ihre Unabhängigkeit, was zum endgültigen Ausbruch der bewaffneten Konflikte führte.

Trotz der in Brioni vereinbarten Aussetzung der Unabhängigkeitserklärungen für drei Monate und der damit verbundenen Auflage, ein innerjugoslawisches Einvernehmen über den Fortbestand oder die Auflösung des jugoslawischen Staates zu finden, begann Kroatien für seinen »Staat« und dessen politische Interessen professionelle Werbung außerhalb Jugoslawiens zu machen. Am 12. August 1991 engagierte die kroatische Regierung die amerikanische Public-Relations-Firma Ruder Finn Global Public Affairs, die später auch die PR-Kampagnen für Bosnien-Herzegowina und die Albaner aus der serbischen Provinz Kosovo führen sollte. In dem Rechenschaftsbericht von Ruder Finn an das US-Justizministerium über den Vertrag mit Kroatien heißt es, daß die Firma »Public-Relations-Maßnahmen und Dienstleistungen für Regierungsangelegenheiten« übernimmt, mit dem Zweck, »Strategien und Taktiken für die Kommunikation mit Mitgliedern des US-Repräsentantenhauses und des Senats zu entwickeln und umzusetzen sowie mit Beamten der Exekutivorgane der US-Regierung, einschließlich derer im State Department, im Nationalen Sicherheitsrat und anderen relevanten Abteilungen und Dienststellen der US-Regierung sowie mit US-amerikanischen und internationalen Nachrichtenmedien«.[43]

Nun war die Agentur Ruder Finn ebenso wie ihre Konkurrenz von Hill & Knowlton, was staatliche und Krisen-PR anbelangte, keine Anfängerin. Ruder Finn hatte schon im Februar 1967 eine sezessionistische Konfliktpartei mit PR-Maßnahmen unterstützt, nämlich die nigerianische Provinz Biafra, die sich von der Zentralregierung in Lagos abspalten wollte. Die Ruder-Finn-Kampagne für Biafra, die noch vor der »offiziellen« Loslösung stattfand und den Grundstein für eine umfassende PR-Strategie Biafras legte, zielte darauf, »amerikanische Meinungsführer in Regierung, Parlament, Wirtschaft und Massenmedien zu kontaktieren und mit Informationen über die Lage Biafras zu versorgen. Die Selbständigkeit der Ostprovinz wurde als unumgängliche historische Notwendigkeit dargestellt«.[44] Mit einer zunehmenden Verschärfung des Konflikts wurde auch die Propaganda angeheizt.

So wurden im weiteren Verlauf des Krieges noch andere PR-Firmen von Biafra beauftragt, in den USA und in Europa die Werbetrommel für die Sache des Sezessionsführers Ojukwu und der zumeist christlichen Bevölkerung der Ibo zu rühren, und Analysen zeigen zwei Phasen der Propagandastrategien auf. In der ersten Phase »legte man besonderes Augenmerk auf die Publizität nigerianischer Scheußlichkeiten, auf einen Stopp der Waffenlieferungen nach Nigeria, auf die biafranische Unabhängigkeit und diplomatische Anerkennung sowie auf Feuereinstellung. (...) Das Analyseergebnis läßt zweifelsfrei den Schluß zu, daß es in erster Linie darum ging, das materielle Kriegspotential Nigerias zu schwächen. Wir wissen heute, daß dies auch teilweise gelungen ist«. Die zweite Phase des biafranischen Werbefeldzugs ließ »insbesondere in den Sommermonaten 1968 (...) Biafra zu einem Markenartikel des Hungers und des Kriegsleides werden (...). Die Formel vom ›Völkermord an der christlichen Bevölkerung Biafras‹ – über Fernsehen, Hörfunk und Presse den Bürgern direkt ins Haus geliefert – schockte damals die gesamte freie Welt.«[45]

In die biafranische Propagandakampagne waren auch ganz wesentlich Strategien der persönlichen und informellen Kontakte eingebaut. Studentische und kirchliche Vertreter, die im westlichen Ausland lebten und mit Ojukwu sympathisierten, sowie Biafra-Freunde übernahmen die Organisation von Demonstrationen vor dem UN-Hauptquartier in New York, von Schweigemärschen und Protestveranstaltungen oder sorgten dafür, daß in den Sonntagsmessen über den »Völkermord in Nigeria« aufgeklärt wurde, worüber dann wieder die Medien berichteten. Alles in allem wurden die Mittel ausgeschöpft, »die letztlich immer wieder einer Aufgabe dienten, die Jürgen Habermas Public-Relations-Managern zuschreibt, nämlich in der Öffentlichkeit spezifische Anlässe zu arrangieren, ›die in vorhersehbarer Weise die Kommunikationsapparate in Bewegung setzen‹.«[46]

Über die Wirkung der Kampagne im Dienste des charismatischen und fanatischen Sezessionsführers Ojukwu läßt sich sagen, daß es Biafra zwar gelungen war, weltweit Unterstützung und Sympathien zu gewinnen, jedoch nicht, den Krieg und das Leiden der Bevölkerung zu stoppen. Im Gegenteil: »Insgesamt gesehen hat die geschickte Verwendung internationaler Public Relations durch Biafra nicht dazu beigetragen, eine frühe und friedliche Beilegung des Konflikts zu begünstigen. Eine spannungsreduzierende Funktion haben die PR-Aktionen nicht gehabt; statt dessen scheinen sie die militärische Auseinandersetzung verlängert zu haben.«[47]

In ähnlicher Weise haben die von der kroatischen Regierung in die Wege geleiteten PR-Aktivitäten nicht spannungsreduzierend gewirkt. In einem Konflikt, der maßgeblich auf einen Konsens angewiesen war, ging die kroatische PR-Maschinerie auf Polarisierungskurs. Vom 1. bis zum 23. Oktober 1991 verteilte Ruder Finn im amerikanischen Kongreß Informationsmaterial, das Kroatien als das Opfer einer großserbischen Aggressionspolitik auswies. Videoclips mit schrecklichen Bildern von Tod und Zerstörung durch die serbischen »Aggressoren« wurden produziert und unter dem Motto »Stop the War in Croatia« weltweit gesendet. Carl Gustav Jacobsen, Professor an der Carleton University im kanadischen Ottawa und Direktor des »Unabhängigen Komitees für Kriegsverbrechen auf dem Balkan«, hat mit zwei Kollegen in einer Analyse festgestellt, daß die Kosten der kroatischen TV-Werbekampagne in verschiedenen kanadischen und US-amerikanischen Fernsehanstalten jene von Coca-Cola und Pepsi zusammengenommen übertrafen.[48]

Das Image, das sich Kroatien im Ausland aufbaute, war das eines jahrzehntelang vom Serbokommunismus unterdrückten

Volkes, dessen demokratischer Freiheitswille und Streben nach Selbstbestimmungsrecht vom großserbischen Expansionismus erstickt werden solle. Aus einem ethnisch-nationalen Konflikt wurde ein Konflikt zwischen zwei Ideologien konstruiert: zwischen Nationalbolschewismus und Demokratie. Der Tenor der Kampagne wird aus einer im November 1991 in Deutschland von der Partei des kroatischen Präsidenten Tudjman, HDZ, herausgegebenen und verbreiteten Propagandaschrift erkennbar: »Der Krieg Serbiens gegen Kroatien ist das blutige Finale des schon lange vorbereiteten großserbischen Eroberungsplans. Dieser monströse Plan wird von der offiziellen serbischen Politik entworfen und durchgeführt. Er kann also keine Folge der angeblichen Fehler der neuen kroatischen Regierung sein, die durch ihren angeblichen Extremismus die serbische Bevölkerung bedrohe, was die Aggression gegenüber Kroatien rechtfertigen könnte. Es handelt sich um eine aggressive und expansionistische Strategie, die mit den Plänen und mit der Politik Hitlers, Mussolinis und Stalins identisch ist, die fremde Länder, andere Völker, ihre Freiheit und die Würde des Menschen vernichten wollten. Um ihre Ziele zu erreichen, bedient sich diese Politik der rücksichtslosen Lügen und Falsifikate, der Täuschung des eigenen Volkes und der Weltöffentlichkeit, um Massenzerstörungen, Massaker an der Zivilbevölkerung, Vernichtung der Kulturdenkmäler, Kirchen, Kindergärten, Altersheime, Krankenhäuser und Bibliotheken zu rechtfertigen. (…) Wir sind überzeugt, daß die demokratische Welt, vor allem Westeuropa, nicht erlauben wird, daß ein Staat und ein Volk, das mehr als dreizehn Jahrhunderte hier lebt und einen Teil der europäischen Geschichte und Kultur darstellt, vernichtet werden.«[49]

Inwieweit es sich bei diesen Behauptungen selbst um »rücksichtslose Lügen und Falsifikate« handelt, soll später erörtert werden. Fest steht, daß Kroatien bei seiner Imagebildung auf ein altes Stereotyp gebaut hat, nämlich die Zugehörigkeit der katholischen Kroaten zur westlichen Zivilisation. Zugleich wurden die Serben in die Ecke der Barbarei gedrängt – auch ein altes Stereotyp, nämlich das der »orientalischen« orthodoxen

Serben, die unter jahrhundertelanger osmanischer Herrschaft »verwildert« sind. Mit dem Hitlervergleich schließlich wurde ein Propagandamuster etabliert, das sich später als äußerst wirkungsvoll erweisen sollte.

Am 12. November 1991 verlängerte die Republik Kroatien ihren Vertrag mit der Firma Ruder Finn bis zum Mai 1992. Das Angebot von Ruder Finn wurde in einem Brief vom 8. November an Dr. Frane Golem formuliert, den von der kroatischen Regierung für diese Zwecke autorisierten Repräsentanten in den USA. In dem Brief hieß es, daß die Firma für den unabhängigen Staat Kroatien lobbyistisch tätig sein wird in bezug auf »Anerkennung, Sanktionen und Embargos (…), Briefings für Beamte der Regierung Bush und Vorbereitung von speziellem Hintergrundmaterial (…), Bereitstellung von Presseerklärungen, Beratungsstellen für Medien und Pressekonferenzen, Leserbriefen und reaktiven sowie proaktiven Artikeln, Briefings für Journalisten, Kolumnisten und Kommentatoren …«[50]

Im Januar und Februar 1992 organisierte Ruder Finn darüber hinaus Reisen von Kongreßabgeordneten nach Kroatien. Am 7. April 1992 wurde der unabhängige Staat Kroatien von den USA anerkannt. Als der Vertrag im Mai 1992 auslief, war die PR-Firma nach eigenen Angaben noch bis 1993 im Rahmen einer informellen Zusammenarbeit als Beraterin für kroatische Medienstrategien in den USA tätig.[51]

Gegen Ende 1992 begann die kroatische Regierung in ein schwerwiegendes Imageproblem zu geraten: Als der bosnische Kroatenführer Mate Boban offen den Anschluß der kroatischen Gebiete in Bosnien an Kroatien forderte und der Krieg zwischen Kroaten und Muslimen ausbrach, wurde die Politik Zagrebs in Bosnien-Herzegowina immer häufiger mit der serbischen Aggressionspolitik verglichen. Westliche Berichterstatter, Kommentatoren und Politiker erhoben den Vorwurf, Kroatien und Serbien wollten sich Bosnien-Herzegowina auf Kosten der bosnischen Muslime untereinander aufteilen.

Um dieses Bild zurechtzurücken, engagierte die kroatische

Regierung im März 1993 die amerikanische Agentur Waterman and Associates für die Dauer eines Jahres und ein Honorar von 300 000 US-Dollar. Der Waterman-Vertrag sah vor, durch Interventionen bei der US-Regierung, im Kongreß, in den Medien und in den wichtigsten wissenschaftlichen Einrichtungen die Behauptung zu widerlegen, Kroatien sei, was die Desintegrationspolitik in Bosnien-Herzegowina anbelangte, in gleichem Maße schuld wie Serbien: »Diesem Standpunkt muß entgegengewirkt werden«, hieß es in dem Vertrag.[52] In der Folge fiel es der Firma Waterman auch zu, den Krieg zwischen Kroaten und Muslimen der amerikanischen Öffentlichkeit aus kroatischer Perspektive zu verkaufen.

Des weiteren verpflichtete sich Waterman, mögliche zukünftige kroatische Militäraktionen gegen die Serben in Kroatien ins rechte Licht zu rücken: »Sollte der Zeitpunkt kommen, daß es für Kroatien notwendig sein wird, mit Gewalt die Kontrolle über kroatische Territorien zurückzugewinnen, auf denen gegenwärtig die UN präsent ist, muß man mit einer Welle von Kritik rechnen und ihr entgegenwirken. Das Fundament für die Rechtfertigung solcher Aktionen sollte jetzt gelegt werden und nicht nach vollendeten Tatsachen (...). Ein anderes widriges Bild, das manchmal in den USA gezeichnet wird, ist, daß die kroatische Regierung selbst repressiv ist und ›aus ehemaligen Kommunisten besteht, die sich spärlich als Nationalisten verkleidet haben‹, wie ein politisches Magazin schreibt. Es ist offensichtlich, daß dieses Thema nicht unwidersprochen bleiben darf.«[53]

Die breit gestreute und unmittelbare Einflußnahme von Ruder Finn und Waterman auf US-Meinungsführer und politisch Verantwortliche im Dienste der kroatischen Regierung wurde flankiert von zahlreichen Initiativen kroatischer Emigrantenorganisationen. So sollen diese nach Angaben der Londoner Zeitschrift ›Defense & Foreign Affairs‹ 50 Millionen Dollar als »Spenden« an Mitglieder des US-Kongresses überwiesen haben. Eine Klage der Kroaten gegen diese Behauptung blieb erfolglos.[54] Bernard M. Luketich, Vorsitzender der in den USA ansässigen HBZ (Hrvatska Bratska Zajednica – Kroatische Brudergemeinschaft), mit 100 000 Mitgliedern die weltweit größte Vereinigung von Auslandskroaten, erklärte in einem Interview mit der Zagreber Tageszeitung ›Vecernji list‹ im Juni 1993, daß die HBZ unzufrieden sei mit der Clinton-Regierung, die ihre Versprechen, Kroatien und Bosnien-Herzegowina zu helfen, nicht einhalten würde. Schließlich habe die HBZ in einer einzigartigen Kampagne Bill Clinton, den Luketich als »unseren Freund« bezeichnet, im Wahlkampf unterstützt: »Das ist das erste Mal in der Geschichte, daß wir alle kroatischen Kräfte und Strömungen organisiert haben, um einen Präsidentschaftskandidaten in den USA zu unterstützen. Wir waren immer eine unpolitische Organisation, haben uns nie in Politik eingemischt, aber gerade wegen der Situation in unserer Heimat Kroatien hielten wir es für notwendig, daß die HBZ an die Öffentlichkeit tritt und die Wahl eines neuen Präsidenten unterstützt. Wir waren der Meinung, daß sich dann die Haltung gegenüber Kroatien ändern würde.«[55] – Im Interview gibt Luketich des weiteren bekannt, daß sich die kroatischen Organisationen in den USA zum ersten Mal in der Geschichte zu einer Lobby zusammengeschlossen haben, die die kroatischen Interessen in Washington vertreten soll.

Der Erfolg kroatischer PR-Bemühungen in den USA läßt sich – zumindest in seiner zeitlichen Entsprechung – an der konsequenten Änderung der US-Politik im Balkankonflikt ablesen, die von amerikanischen Meinungsführern im wesentlichen unterstützt wurde. Eine kontinuierlich wachsende Zuwendung der amerikanischen Regierung zum Tudjman-Regime und dessen Anliegen kann man schrittweise nachvollziehen:

Während die Regierung Bush 1991 noch eine von allen Parteien einvernehmlich ausgehandelte Lösung der jugoslawischen Staatskrise befürwortete, sprach sie im April 1992 die Anerkennung Kroatiens, das sich einseitig unabhängig erklärt hatte, als Völkerrechtssubjekt aus.

– Insbesondere die Regierung Clinton hat sich als Vertreter kroatischer Interessen gezeigt und operierte von Anfang an mit doppelten Maßstäben, was die kroatische und serbische Politik in Bosnien-Herzegowina anbelangte. Als der bewaffnete Konflikt zwischen Kroaten und Muslimen voll entbrannt war, kam die amerikanische Forderung auf, die *bosnischen Serben* mit einer »lift and strike«-Taktik zu bezwingen, also das Waffenembargo gegen die bosnischen *Muslime* aufzuheben und gleichzeitig Luftangriffe auf serbische Stellungen und wichtige Verkehrsverbindungen zu fliegen,[56] eine Drohung, die nie gegen die bosnischen Kroaten gerichtete wurde. Auch dann nicht, als der muslimische Ostteil der herzegowinischen Stadt Mostar in Grund und Boden geschossen wurde, nach Angaben der UN ein Verbrechen, das um ein Vielfaches schwerer wog als der Beschuß Sarajewos durch die Serben.[57] Auch gab es keine ernsthaften Einwände dagegen, daß sich der kroatische Präsident Tudjman vorbehaltlos auf die Seite der bosnisch-kroatischen Extremisten stellte.

– Im März 1994 wurde der Krieg zwischen Kroaten und Muslimen durch amerikanische (und deutsch-iranische) Vermittlung mit einem »Friedensschluß« beendet. Die in Washington feierlich unterzeichneten Verträge sahen eine Föderation der bosnischen Kroaten und Muslime sowie eine Konföderation zwischen Sarajevo und Zagreb vor. Die Verträge waren in der bosnisch-herzegowinischen Realität nicht die Tinte wert, mit der sie unterzeichnet wurden, legitimierten jedoch kroatische Ansprüche im »souveränen« Staat Bosnien-Herzegowina und schrieben sie fest. Die bosnisch-kroatische Republik Herzeg-Bosna, im Herbst 1992 ausgerufen, bestand weiter fort und verschmolz wirtschaftlich und institutionell immer stärker mit der Republik Kroatien. Das zeigten zuletzt die in der Republik Kroatien abgehaltenen Wahlen vom Oktober 1995, bei denen die bosnischen Kroaten – in der überwiegenden Mehrheit Tudjman-Anhänger – stimmberechtigt waren und anschließend mit eigenen Abgeordneten in das Parlament in Zagreb einzogen. Gleichzeitig wurde jedoch darauf bestanden, die Grenze zwischen Serbien und der serbischen Republik in Bosnien so dicht wie möglich zu machen.

– Anfang August 1995 gelang es der kroatischen Armee, in

einem Blitzkrieg die seit 1991 von den kroatischen Serben gehaltene Krajina zurückzuerobern. Es waren US-Militärs, die die Pläne für diesen historischen Feldzug entworfen haben,[58] der nach Angaben vom Vermittler der Europäischen Union, Carl Bildt, den Tatbestand der »ethnischen Säuberung«, der größten seit Beginn der Balkankriege, erfüllte und zwischen 200 000 und 250 000 Serben in vier Tagen heimatlos machte.[59] In einer Pressekonferenz erklärte Bill Clinton dazu lapidar, er habe ein »gewisses Verständnis« für das kroatische Vorgehen. Als die Bilder der serbischen Elendstrecks und Nachrichten von Greueltaten und Massakern der kroatischen Soldaten erstmals seit Beginn der Balkankriege ein wenig Weltsympathien auch für serbische Opfer aufkommen ließen, konterkarierte die US-Regierung die Bilder des serbischen Leides mit geheimdienstlichen Luftaufnahmen von Massengräbern bei Srebrenica, die viel schrecklichere Verbrechen der bosnischen Serben suggerierten. Angesichts der vermuteten Tragödie von Srebrenica wurden die kroatischen Verbrechen relativiert. Carl Bildts Vorwurf, Tudjman sei ein Kriegsverbrecher, verhallte im Nichts.

– Die unter massivem amerikanischen Druck zustandegekommenen Friedensverträge von Dayton im November 1995 schließlich ließen die Kroaten als eindeutige und einzige Sieger aus dem Konflikt hervorgehen: Die bosnisch-kroatische Föderation mit einer »offenen Grenze« nach Kroatien wurde nochmals besiegelt und damit auch der erweiterte Einflußbereich des kroatischen Präsidenten Tudjman. Nachdem mehr als 70 Prozent der serbischen Häuser in der Krajina von kroatischen Soldaten niedergebrannt und viele der zurückgebliebenen zumeist alten Menschen ermordet wurden,[60] hatte sich das in Dayton vereinbarte »Rückkehrrecht der Flüchtlinge« für diesen Teil des Balkans von selbst erledigt. Damit hatte die Republik Kroatien die »serbische Frage« im eigenen Land, die eine der Ursachen für den Krieg war, gelöst und ist zu einem ethnisch fast homogenen Nationalstaat geworden.

Das amerikanische Engagement im ehemaligen Jugoslawien hatte viele Gründe, innenpolitischer wie auch weltpolitischer Natur. Die Affirmation der USA als erfolgreich führende Supermacht – oder eigentlich: einzige im Rahmen der neuen Weltordnung – bringt zu Hause eine Menge politischer Sympathien, und besonders viele dann, wenn sich die Hauptkonkurrenten Europa und Rußland als »führungsschwach« erweisen. Die Entschlossenheit der US-Regierung, auf dem Balkan energisch Ordnung zu schaffen, entspringt so gesehen einer wohlkalkulierten politischen Strategie. Daher wäre es zu kurz gegriffen zu behaupten, allein ein paar PR-Agenturen und patriotische Vereine hätten die Politik der Vereinigten Staaten bestimmt. Aber sie haben sie ganz wesentlich auf Kurs gebracht.

Noch weniger als Kroatien, das durch seine Emigrantenorganisationen weltweit und über Jahrzehnte hinweg immerhin eine gewisse Präsenz hatte, besaß Bosnien-Herzegowina irgendein internationales Image, als Jugoslawien auseinanderfiel. Erschwerend kam hinzu, daß das komplizierte Bild einer Vielvölkerrepublik in einem Vielvölkerstaat, in der plötzlich Krieg herrschte, einem breiten Weltpublikum nicht vermittelbar war. Die Regierung in Sarajewo, die ebenso wie Kroatien im Konflikt mit den Serben auf die Hilfe der »internationalen Gemeinschaft« hoffte und damit in erster Linie die politisch schwergewichtigen US-Amerikaner meinte, nahm mit Datum vom 23. Juni 1992, gut zweieinhalb Monate nach Kriegsbeginn, die PR-Agentur Ruder Finn unter Vertrag.[61]

In den USA sind Firmen, die sich im Bereich internationaler Public Relations engagieren und mit ausländischen Regierungen zusammenarbeiten, gesetzlich verpflichtet, ihre Arbeit gegenüber dem amerikanischen Justizministerium halbjährlich zu dokumentieren. Der Rechenschaftsbericht, den sie abliefern müssen, hat die Form eines Fragebogens und enthält unter Punkt römisch fünf die Frage, ob politische Propaganda geleistet wurde. Nach dem entsprechenden Gesetz, dem »Foreign Agents Registration Act«, ist politische Propaganda definiert als Kommunikation jeglicher Art, »die einen Empfänger oder einen

Teil der Öffentlichkeit in den Vereinigten Staaten« für bestimmte politische Zwecke »indoktrinieren, bekehren, bewegen oder in irgendeiner anderen Form beeinflussen« will, auch in bezug auf die Außenpolitik der USA. Ruder Finn hat die Frage nach der politischen Propaganda mit ja beantwortet und als Kunden die »Republiken von Kroatien, Bosnien-Herzegowina und Kosovo« genannt.[62]

Daß die Arbeit von Ruder Finn politisch hochambitionierten Zielen diente, geht aus dem detaillierten Anhang zum Rechenschaftsbericht hervor. Hinsichtlich der politischen Aktivitäten für die Republik Bosnien-Herzegowina heißt es dort: »Um eine stärkere Führungsrolle der USA auf dem Balkan zu fördern, unterstützte Ruder Finn im sechsmonatigen Berichtszeitraum die Regierung von Bosnien-Herzegowina bei Kontakten mit Medien und auf Regierungsebene. Das Ziel war, Regierungs- und Medienvertreter, Redakteure und Produktionsleiter über die andauernde Tragödie, die sich mit dem stillschweigenden Einverständnis der westlichen Führer in Bosnien abspielte, zu unterrichten.«[63] Schon eine Auswahl der Tätigkeiten von Ruder Finn im Dienste der Republik Bosnien-Herzegowina in der zweiten Hälfte des Jahres 1992 verdeutlicht das Ausmaß dieser »kommunikativen Intervention«, die nach Angaben der PR-Firma nicht nur die amerikanische, sondern die gesamte Weltöffentlichkeit für die Sache der Regierung Alija Izetbegovics gewinnen sollte. Die Aktivitäten Ruder Finns umfaßten unter anderem:

– die Einrichtung eines »Bosnia Crisis Communication Center« im Büro von Ruder Finn mit Kontakten zu amerikanischen, englischen und französischen Medien;

– einen Lehrgang für den bosnischen Außenminister Haris Silajdzic im Umgang mit den Medien und für seine Medienauftritte;

– die Ausarbeitung eines in sich stimmigen Pakets von Aussagen und Botschaften, die in Gesprächen angewendet und ständig wiederholt werden sollten;

– die Erstellung einer Liste der wichtigsten Kongreßabgeordneten und Mitarbeiter des State Department, nationaler und internationaler Medien, ausländischer diplomatischer Vertretungen, UN-Einrichtungen und der 15 Mitglieder des UN-Sicherheitsrates;

– den Aufbau eines Fax-Netzes für internationale Bosnien-Berater;

– das Verfassen von 37 »Fax-Updates«, d. h. Übersichten über die neuesten Entwicklungen in Bosnien-Herzegowina, die über ein besonderes System jeweils an 300 Empfänger weltweit verteilt wurden, darunter die wichtigsten Medien und Kongreßabgeordneten;

– das Verfassen von Kommuniqués an den amerikanischen Kongreß;

– das Verfassen von insgesamt 17 Briefen, die von Alija Izetbegovic und Außenminister Haris Silajdzic unterzeichnet wurden, davon vier an den Vorsitzenden des UN-Sicherheitsrates, zwei an Präsident Bush, einen an Margaret Thatcher, drei an US-Außenminister Baker, weitere an die jeweiligen Vorsitzenden von KSZE, EG und WEU;

– die Organisation von Treffen des bosnischen Außenministers mit US-Staatssekretär Lawrence Eagleburger, mit Margaret Thatcher, mit dem Kandidaten für das Amt des US-Vizepräsidenten Al Gore sowie mit Vertretern der israelischen Botschaft in Washington; des weiteren persönliche Kontakte mit 17 einflußreichen Senatoren, darunter Robert Dole und George Mitchell;

– die Formulierung und Plazierung von Leitartikeln in ›New York Times‹, ›Washington Post‹, ›USA Today‹ und ›Wall Street Journal‹;

– Beratertätigkeiten hinsichtlich der Resolutionen 770 und 771 des UN-Sicherheitsrats;

– die Organisation von Pressekonferenzen der bosnischen Regierung und Interviews mit bosnischen Regierungsvertretern anläßlich internationaler Konferenzen, so im Rahmen des KSZE-Gipfels in Helsinki (Juli 1992), der Sondersitzung des UN-Sicherheitsrats (August 1992), der Londoner Jugoslawien-

Konferenz (August 1992) und der 47. Generalversammlung der Vereinten Nationen (September 1992); Alija Izetbegovic, Haris Silajdzic sowie der bosnische UN-Botschafter Muhamed Sacirbey gaben bei diesen Gelegenheiten folgenden Medien mehrfach Interviews: CNN, CBS-TV, ABC-TV, ITN, BBC, ›Newsweek‹, ›New York Times‹, ›USA Today‹, Associated Press, ›Time Magazine‹ und anderen.[64]

Soweit die Auswahl. Das Netz von Kontakten, das Ruder Finn weltumspannend gelegt hatte (dazu gehörten im übrigen auch humanitäre Organisationen und wissenschaftliche Einrichtungen), garantierte eine effektive Imagebildung für Bosnien-Herzegowina in kurzer Zeit, da es sich um Schlüsselkontakte handelte, und ermöglichte der Regierung Alija Izetbegovic, ihre Sichtweise des Konflikts an prominentesten Stellen zu plazieren.

1993 erhielt Ruder Finn für das Bosnien-Engagement die Silbermedaille der Public Relations Society of America in der Kategorie »Krisenkommunikation«. In einem Gespräch mit dem stellvertretenden Chefredakteur des französischen Fernsehens France 2, Jacques Merlino, erläuterte der Chef von Ruder Finn, James Harff, die Geheimnisse seines Erfolges: »Eine Kartei, ein Computer und ein Faxgerät, das ist im wesentlichen unser Werkzeug. (…) Und unser Handwerk besteht darin, Nachrichten auszustreuen, sie so schnell wie möglich in Umlauf zu bringen, so daß die Behauptungen, die unserer Sache dienen, als erste an die Öffentlichkeit gelangen. Die Schnelligkeit ist entscheidend. Sobald irgendeine Information für uns vorteilhaft ist, sehen wir uns verpflichtet, sie sofort in die öffentliche Meinung einzupflanzen. Denn wir wissen genau, daß die erste Nachricht von Bedeutung ist. Ein Dementi hat keine Wirkung mehr. (…) Wichtig ist die Fähigkeit, im richtigen Moment an der richtigen Stelle zu handeln.«[65]

Solche und ähnliche Aussagen weisen James Harff als überaus geschickten Kommunikationsstrategen und Informationsmanager aus, der die Interessen seiner Kunden optimal zu vertreten weiß. Nachdem er in der Kroatien-Kampagne schon den

Grundstock für eine bestimmte Lesart des Jugoslawienkonflikts gelegt hatte, konnte er in der Bosnienkampagne auf bereits vorhandene Images aufbauen, speziell auf das Negativ-Image der Serben als »barbarische Aggressoren«, die sich einen souveränen, demokratischen Staat (oder Teile davon) in einer systematischen Politik von nationalem Größenwahn einverleiben wollten. James Harff griff dabei – gewollt oder ungewollt – auf Erkenntnisse der Kommunikationswissenschaft zurück, wonach bei bereits vorhandenen Images jene Informationen vom Publikum bevorzugt aufgenommen werden, die in das bestehende Bild passen, das heißt solche, die die eigene Meinung bestätigen.[66] Diese Art von Selektion dient, wie schon erwähnt, als Schutzschild.

Im Sommer 1992 gelang James Harff dann der eigentliche Coup in seiner Propagandaarbeit für die »antiserbische« Koalition der jugoslawischen Ex-Republiken. Gegenüber Jacques Merlino zeigte er sich in diesem Punkt besonders redselig und beantwortete die Frage, auf welchen Erfolg er denn besonders stolz sei, erschöpfend: »Darauf, daß es uns gelungen ist, die jüdischen Kreise für unsere Sache zu gewinnen. Das war eine wirklich schwere Partie, und von daher war die Aufgabe auch außerordentlich gefährlich. Präsident Tudjman hatte sich in seinem Buch ›Irrwege der Geschichte‹ als unvorsichtig gezeigt, denn man konnte ihn auf Grund dessen, was er geschrieben hatte, des Antisemitismus bezichtigen. Auch auf der bosnischen Seite waren die Dinge nicht einfacher, denn Präsident Izetbegovic hatte sich in seiner 1970 veröffentlichten ›Islamischen Deklaration‹ zu offen für einen fundamentalistischen islamischen Staat ausgesprochen. Außerdem war die Vergangenheit Kroatiens und Bosniens von einem realen und grausamen Antisemitismus gekennzeichnet. Mehrere zehntausend Juden sind in kroatischen Lagern liquidiert worden. Es bestanden also alle Voraussetzungen dafür, daß die jüdischen Intellektuellen und Organisationen gegenüber den Kroaten und Bosniern feindlich gesinnt sein würden.

Wir standen vor der Herausforderung, diese Situation umzukehren. Das ist uns auch gelungen, und zwar meisterhaft. Zwischen dem 2. und 5. August 1992, als ›New York Newsday‹ die Sache mit den Lagern veröffentlichte. Da haben wir im Flug zugegriffen und drei jüdische Organisationen überlistet – die B'nai B'rith Anti-Defamation League, das American Jewish Committee und den American Jewish Congress. Wir haben ihnen vorgeschlagen, einen Beitrag in der ›New York Times‹ zu veröffentlichen und eine Protestkundgebung vor dem Sitz der Vereinten Nationen zu organisieren. Das hat hervorragend funktioniert; die jüdischen Organisationen auf seiten der Bosnier ins Spiel zu bringen war ein großartiger Bluff. In der öffentlichen Meinung konnten wir auf einen Schlag die Serben mit den Nazis gleichsetzen.

Die Aufgabe war komplex, niemand hat verstanden, was eigentlich in Jugoslawien passierte und, um offen zu sein, die Mehrheit der Amerikaner fragte sich, in welchem afrikanischen Land sich Bosnien befindet; aber mit einem Schachzug konnten wir die Sache vereinfachen und sie darstellen als Geschichte von den guten und den bösen Jungs. Wir wußten, daß das Spiel auf diesem Platz gespielt wird. Und wir haben gewonnen, denn wir haben das richtige Ziel ausgewählt, das jüdische Publikum *(targeting Jewish audience)*. Sofort stellte sich eine bemerkbare Veränderung des Sprachgebrauchs in den Medien ein, begleitet von der Verwendung solcher Begriffe, die eine starke emotionale Aufladung hatten, wie etwa ethnische Säuberung, Konzentrationslager usw., und all das evozierte einen Vergleich mit Nazi-Deutschland, Gaskammern und Auschwitz. Die emotionale Aufladung war so mächtig, daß es niemand wagte, dem zu widersprechen, um nicht eines Revisionismus bezichtigt zu werden. Wir hatten ins Schwarze getroffen.«[67]

Berücksichtigt man die Reichweite Ruder Finns bis hinein in den Sicherheitsrat der Vereinten Nationen, so war sozusagen über Nacht ein Bild ins Bewußtsein der Weltöffentlichkeit implantiert worden, das ein bereits existierendes Bild von den nach Hitlerschem Vorbild agierenden »serbischen Aggressoren« um die Dimension des nazigleichen Völkermords erweiterte und weltweit schauderndes Entsetzen auslöste. Dabei stützte sich die PR-Agentur auf Berichte des ›New York Newsday‹-Reporters Roy Gutman, der wiederum sämtliche Informationen über serbische Gefangenenlager oder Todeslager, wie er sie nannte, entweder von anonymen Zeugen oder aus »zweiter Hand« oder von bosnischen Regierungsstellen hatte.[68] Auf den Einwand, er hätte zu diesem Zeitpunkt außer den ›Newsday‹-Artikeln keine Beweise für seine Behauptungen in der Hand gehabt, antwortete James Harff: »Unser Job ist es nicht, Informationen zu überprüfen. Wir sind dafür auch nicht ausgerüstet. Unsere Aufgabe ist es, (...) Informationen, die uns günstig erscheinen, schnell in Umlauf zu bringen und ein sorgsam ausgewähltes Ziel zu treffen.«[69]

Standen die Vorwürfe über Konzentrationslager und Völkermord erst einmal im Raum, waren sie kaum mehr zu entkräften, zumal dann nicht, wenn sie von jüdischen Organisationen mitgetragen wurden. In der Tat war James Harff damit ein brillantes Image-Manöver gelungen: Aus den gemeinsamen Opfern des Faschismus im Zweiten Weltkrieg und damit aus quasi natürlichen Verbündeten, nämlich den Juden und Serben, hatte er Gegenspieler gemacht. Diejenigen Juden, die mit Verbitterung darauf reagierten, wurden nicht gehört.

In der von der Theodor-Herzl-Stiftung herausgegebenen Zeitschrift ›Midstream‹ kommentierte Yohanan Ramati, Direktor des Jerusalem Institute for Western Defense, im April 1994 die Propagandakampagne zum Krieg auf dem Balkan folgendermaßen: »Der Bürgerkrieg in Jugoslawien dauert an, mit unsäglichem Leid auf allen Seiten. Die Medien berichten über das Leid der Muslime in grausigen Details. Das Leid von Kroaten, das ihnen von Muslimen zugefügt wird, erfährt wenig Aufmerksamkeit. Das Leid der Serben wird ignoriert. (...) Diese organisierte anti-serbische und pro-muslimische Propaganda sollte bei jedem, der an Demokratie und Redefreiheit glaubt, ernsthafte Besorgnis hervorrufen. (...) Die amerikanischen jüdischen Organisationen und Führer, die von Ruder Finn überlistet wurden, können sich auf die Schulter klopfen. (...) Die wohlorchestrierte und wohlkonstruierte Dämonisierung der Serben ist eine Warnung an alle Juden, die wollen, daß Israel weiterhin bestehen bleibt. Israel könnte zur Zielscheibe werden.«[70]

Das Klima, das die PR-Kampagne erzeugt hatte, machte es in der Tat schwer, sich dem öffentlichen Druck zu entziehen, auch und gerade für Juden. Im September 1993 veröffentlichte das ›Wall Street Journal‹ einen von Margeret Thatcher initiierten offenen Brief, in dem die Aufhebung des Waffenembargos gegen die bosnischen Muslime und die Bombardierung der Serben gefordert wurde. Zu den Unterzeichnern gehörten prominente Juden, darunter Elie Wiesel und Teddy Kollek, damals noch Bürgermeister von Jerusalem. Elie Wiesel hatte im Sommer 1992 die serbischen Gefangenenlager besucht und dabei festgestellt, daß man sie in keinerlei Hinsicht mit den Schlachthäusern der Nazis vergleichen könnte. Nach seiner Unterschrift befragt, die er ein Jahr später geleistet hatte, antwortete er, daß er es bereue, so gehandelt zu haben. Er hätte unterschrieben, ohne den Inhalt zur Kenntnis zu nehmen, denn er habe auf die Integrität solcher Mitunterzeichner wie Teddy Kollek gesetzt.[71]

Und die Autorin und Balkankennerin Nora Beloff warnte angesichts der massiven Beeinflussung durch öffentliche Kampagnen im Dezember 1993 im ›Jewish Chronicle‹: »Es besteht ein klarer Bedarf für alle Beobachter des Konflikts, auf harten Beweise zu bestehen, bevor sie die Serben beschuldigen.«[72]

Die koordinierten amerikanisch-bosnischen Propagandabemühungen machten auch nicht halt davor, jüdische Organisationen und Einzelpersonen, die von der »Serben-ist-gleich-Nazis-These« abweichende Meinungen hatten, zu diffamieren. Die Vereinigung »Students against Genocide – Project Bosnia« der Stanford University, eine Unterorganisation des amerikanischen »Komitees zur Rettung Bosniens«, begann 1994 eine Kampagne gegen »Apologeten der Serben und gegen Revisionisten«. Unter den Beschuldigten befanden sich zahlreiche renommierte Professoren aus aller Welt, Journalisten, serbische und griechische Organisationen in den USA, aber auch die Vereinigung der Überlebenden von Buchenwald (»Buchenwald Concentration Camp Survivors«) sowie einzelne jüdische Persönlichkeiten, beispielsweise Alfred Lipson, ein führender Forscher des Holocaust. Sowohl die Überlebenden von Buchenwald als auch Alfred Lipson hatten mehrfach auf das Schicksal der Serben unter dem faschistischen Ustascha-Regime der Kroaten während des Zweiten Weltkriegs hingewiesen und vor dem aktuellen kroatischen nationalen Fanatismus und bosnischen Islamismus gewarnt.[73] – Noch im Juli 1995 wurden dieselben jüdischen Namen und Organisationen in der nationalen bosnischen Wochenzeitung ›Ljiljan‹, dem publizistischen Sprachrohr von Alija Izetbegovic, unter der Überschrift »Wessen Ohren füllt die Tschetnik-Propaganda?« in die Nähe von Kriegsverbrechern gerückt. Die Quelle waren die »Studenten gegen Völkermord«.[74]

Es besteht kein Zweifel darüber, daß die serbische Soldateska grausame Verbrechen in den Kriegen auf dem Balkan begangen hat, die durch nichts zu rechtfertigen sind. Die Frage jedoch, die sich angesichts der weltweiten konzertierten Propaganda-Aktionen zweier Kriegsregierungen, der kroatischen und der bosnischen, stellt, ist nicht nur die nach der Wahrhaftigkeit des Bildes, das die westliche Öffentlichkeit von den Konflikten in Ex-Jugoslawien hat, sondern auch die nach den politisch-militärischen Zielen, die hinter den Manipulationsbemühungen stehen. US-Oberstleutnant John E. Sray, ein Golfkriegsveteran, war 1994 sechs Monate als Chef des UNPROFOR-Nachrichtendienstes in Sarajewo stationiert. Im Rahmen seiner anschließenden Tätigkeit am »Foreign Military Studies Office« in Kansas resümierte er im Oktober 1995 seine politischen, militärischen und persönlichen Beobachtungen im Bosnien-Konflikt und unterzog die amerikanische Bosnien-Politik einer kritischen Überprüfung. Sein Fazit baut fast ausschließlich auf der eklatanten Diskrepanz zwischen dem Bild, das über diesen Krieg verkauft wird, und der Realität vor Ort auf.

Dabei schont Sray die Serben mitnichten. Den bosnischen Serbengeneral Ratko Mladic hält er für ein Großmaul, und dem serbischen Kriminellen Zeljko Raznatovic, genannt Arkan, verantwortlich für viele grausame Übergriffe an Kroaten und Muslimen, weist er seinen ihm gebührenden Platz als Kriegverbrecher zu; wie er generell der Meinung ist, daß die Kriegsverbrechen einzelner Mitglieder der bosnisch-serbischen Armee unentschuldbar sind und geahndet werden müssen – genauso wie die der anderen Konfliktparteien. Überdies erkennt Sray bei den (bosnischen) Serben einen bäuerlichen Archaismus, den sie seiner Meinung nach überwinden müssen, um endlich in die Moderne eintreten zu können.[75]

In seiner detailreichen Analyse räumt Oberstleutnant Sray jedoch ein, die Serben hätten sofort nach Beginn der Feindseligkeiten in Bosnien-Herzegowina einen Verlust erlitten, den sie nicht mehr aufzuholen imstande gewesen seien: Sie haben den Propagandakrieg gegen die Regierung Alija Izetbegovic verloren. Für die »fruchtbare Propagandamaschinerie« der bosnischen Muslime macht Sray die Kombination dreier Faktoren verantwortlich. Die Arbeit der PR-Agentur im Zusammenwirken mit wichtigen publizistischen Meinungsführern und »Elementen des US State Department«, die mit den bosnischen Muslimen sympathisierten, erzeugte ein Klima, in dem sich jede rationale Auseinandersetzung über den Konflikt von selbst verbot. Die »bosnische Lobby« versuchte politische Verantwortliche davon zu überzeugen, sie würden »moralischen und politischen Selbstmord begehen«, wenn sie nicht die Ziele der Muslime unterstützten, etwa die Aufhebung des gegen sie erlassenen Waffenembargos, während sie alle Kritiker solcher Politik »bösartig angriff (...) als ›pro-serbische‹ oder gar ›Nazi-Sympathisanten‹. Ihre Holocaust-Vergleiche riefen mächtige Gefühle und Bilder hervor, existierten in diesem Fall jedoch nur in der blühenden Phantasie (...) fehlgeleiteter Moralisten und unprofessioneller Elemente aus den Medien.«[76]

Die PR-gesteuerte Kampagne war, so Sray, »erfolgreich in der einseitigen Darstellung nur von Serben begangener Verbrechen, die alle folgenden moralischen Urteile korrumpierte. Leidende Serben in muslimischen Gefangenenlagern wurden dargestellt als leidende Muslime in serbischen Lagern; die ›ethnische Säuberung‹ von seiten der Bosnier wurde ignoriert; Statistiken von Mischehen wurden aufgeblasen, um das Bild einer friedlichen Koexistenz vor dem Krieg zu manipulieren; das Ausmaß der Unterstützung (der bosnischen Serben, M. B.) durch Serbien selbst wurde ebenfalls aufgeblasen oder erfunden, um Handelssanktionen und Embargos zu erzwingen; militärische Vorteile der bosnisch-serbischen Armee wurden erklärt mit der angeblich mangelhaften militärischen Ausrüstung der Muslime; über muslimisch-bosnische militärische Offensiven (viel häufiger als serbisch-bosnische) wurde absichtlich nicht berichtet; Behauptungen über Massenvergewaltigungen wurden willkürlich produziert und von den Medien verbreitet; und die Aufzählung läßt sich mit viel abscheulicheren Beispielen fortsetzen, die von der Öffentlichkeit ohne die geringsten Zweifel hingenommen wurden.«[77]

Die Gegenüberstellung der bosnischen Wirklichkeit mit der systematischen Desinformationskampagne von seiten der bosnischen Regierung läßt Sray zu der Überzeugung kommen, daß man mit vier existierenden Mythen aufräumen muß, um eine den bosnischen Verhältnissen wirklich angemessene Politik machen zu können:

Mythos Nummer eins: *Die Bosnier sind unschuldige Opfer.* Sray dokumentiert Erkenntnisse der UNPROFOR und unabhängiger Analytiker, wonach die bosnisch-muslimische Seite gerade in Sarajewo für viele an Zivilisten begangene Verbrechen und auch für schwerste Massaker, die den Serben zugeschrieben wurden, selbst verantwortlich ist. Daneben wurden militärische Aktionen der Serben von bosnischer Seite bewußt provoziert. So hatten die Bosnier beispielsweise lange Zeit Artillerie am Kosevo-Krankenhaus in Sarajewo stationiert und von dort auf serbische Stellungen geschossen, um Gegenangriffe der Serben auf das Krankenhaus zu provozieren, was dann als ein Beweis serbischer Grausamkeit dargestellt werden konnte.

Mythos Nummer zwei: *Die Bosnier sind militärisch kompe-*

tent. Eine von der Regierung Alija Izetbegovic ständig verbreitete Behauptung sei, so Sray, der bosnischen Regierungsarmee würden nur genügend und vor allem schwere Waffen fehlen, um die »serbischen Aggressoren« auch ohne internationale Hilfe zurückschlagen zu können. Mit diesem Argument wollte man eine Aufhebung des Waffenembargos erwirken. Sray widerlegt Versicherungen solcher Art mit militärischen Analysen. So seien die Bosnier bei einer zahlenmäßigen Überlegenheit der Streitkräfte (140 000 Soldaten gegenüber 70 000 serbisch-bosnischen Soldaten) aufgrund einer strukturell bedingten Unbeweglichkeit ihrer Truppen zu einem Offensivkrieg oder größeren Operationen gar nicht in der Lage. Die militärischen Erfolge der Bosnier wären ohne die Hilfe kroatischer Truppen nicht möglich gewesen. Überdies beklagt Sray die mangelnde Kompetenz der bosnischen Offiziere, die ihre Positionen nicht durch Qualifikationen und Erfahrungen erwerben würden, sondern durch politische Küngelei oder religiöse Bande.

Mythos Nummer drei: *Die bosnischen Muslime sind die rechtmäßigen Eigentümer der Territorien Bosnien-Herzegowinas.* Mit dieser These, so Sray, habe die Regierung Alija Izetbegovic das Bild von der »serbischen Aggression« und einem »Eroberungsfeldzug« der Serben konstruiert, dem 70 Prozent des bosnischen Territoriums zum Opfer gefallen seien. Oberstleutnant Sray widerspricht deutlich: »Ein anderes hartnäckig verbreitetes Element der Propaganda-Attacken betrifft das legitime Recht auf den Landbesitz. Die bosnisch-serbische Armee wäre nie dazu in der Lage gewesen, 70 Prozent des Landes zu ›überrennen, einzunehmen und zu besetzen‹, wie es die verbalen Täuschungen der bosnischen Regierung darstellen. Obwohl sie über weite Strecken des Konflikts 70 Prozent des Territoriums kontrolliert hat, hätte die bosnisch-serbische Armee niemals die militärische Leistungskraft gehabt, dieses zu ›überrennen, einzunehmen und zu besetzen‹. Die Medien und PR-Firmen benutzen solche hetzerischen Ausdrücke nur, um die Situation der Vorkriegszeit zu vernebeln. Aufgrund ihrer bäuerlichen Lebensweise nämlich stellten die Serben zu Beginn des Krieges auf

64 Prozent des Territoriums eine Bevölkerungsmehrheit, während die urban und handelsorientierten Muslime die Städte bewohnten.« Sray bezieht diese Informationen, die wiederholt als »serbische Propaganda« abgetan wurden, unter anderem aus einer Untersuchung der CIA.[78]

Obwohl Sray der bosnischen Regierung das Recht auf die Kontrolle ihres Staatsgebietes zugesteht, stellt er fest, daß sie die Mindestkriterien für die Souveränität über das gesamte, von ihr beanspruchte staatliche Territorium nicht erfüllt, denn die Serben wollten sich abspalten und hätten dasselbe legitime Recht der Sezession von Bosnien-Herzegowina, wie es Bosnien-Herzegowina bei der Sezession von Jugoslawien in Anspruch genommen hat.

Schließlich, so Sray, sei nach allen vorhandenen Erkenntnissen die Behauptung zurückzuweisen, bei dem Krieg handele es sich um eine »Aggression« der jugoslawischen Armee aus Serbien, also einen Eroberungskrieg, der von Belgrad aus geführt würde. »Beweise« für diese Art der Einmischung von außen seien entweder frei erfunden oder übertrieben worden.

Mythos Nummer vier: *Die bosnische Regierung vertrete eine multiethnische, liberale Demokratie westlichen Zuschnitts.* Sray nennt dies die zweifelhafteste aller bosnischen Behauptungen. Während er solche idealistischen Vorstellungen Teilen der bosnischen Elite und der Bevölkerung nicht absprechen mag, streitet er sie für die Regierung Alija Izetbegovic energisch ab. Die Machtclique um Izetbegovic strebe vielmehr die Errichtung eines an fundamentalistischen Doktrinen orientierten islamischen Staates in Bosnien an. Die propagandistische, für den Westen bestimmte Rhetorik vom multiethnischen und demokratischen Bosnien verdecke lediglich die bereits deutlichen Anzeichen der radikalen Islamisierung einzelner bosnischer Institutionen und Segmente der Gesellschaft.

Oberstleutnant Srays Resume: Diese vier PR-gestützten Mythen bosnischer Propaganda sollten die internationale, vor allem amerikanische Öffentlichkeit und Politik zur »moralisch unent-rinnbaren« Parteinahme und zum militärischen Eingreifen auf seiten der bosnischen Regierung bewegen, obwohl, so Sray, gerade in diesem Konflikt absolute Neutralität unabdingbar wäre. Das NATO-Bombardement allein der Serben – bei einer beständigen Überschreitung der Absprachen auch durch die Muslime – hätte gezeigt, daß die Propaganda ihre Wirkung getan habe.

Die Erkenntnisse, die Oberstleutnant Sray über diesen Krieg und seine propagandistischen Manipulationen gewonnen hat, teilen auch andere Militärs, die in Bosnien waren, bis hin zur Einsicht, die UN selbst habe den Propagandakrieg gegen die bosnische Regierung verloren. Der kanadische General Lewis Mackenzie, erster Kommandant der UN in Sarajewo, wandte sich schon früh gegen die Verzerrungen; ihm wurden von der bosnischen Propaganda eine serbische Freundin angedichtet und Vergewaltigungen muslimischer Mädchen vorgeworfen. Der belgische General Briquemont wurde zum Schurken und Pazifisten erklärt, und der englische General Michael Rose als pro-serbisch diffamiert, obwohl sein Briefwechsel mit den bos-nischen Serben das Gegenteil dokumentiert.

Rose war es auch, der im Januar 1995 mit einem BBC-Team noch einmal zum Schauplatz des bosnischen Krieges zurückge-kehrt ist, an den Ort seiner Propaganda niederlage also, und den Satz geprägt hat: »Hier ist nichts so, wie es zu sein scheint.« In derselben Sendung des englischen Fernsehens vervollständigte der bosnische Regierungschef Haris Silajdzic Roses Feststel-lung: »Es ist richtig, daß man die Wahrheit auf verschiedene Arten darstellen kann. Wir haben natürlich immer die gewählt, die am vorteilhaftesten für uns war.«[79]

»Krisenkommunikation« wurde während der Kriege in Kroa-tien und Bosnien auf vielen Ebenen betrieben. Zahlreiche pri-vate Initiativen und gemeinnützige Organisationen wurden im europäischen und amerikanischen Ausland gegründet und engagierten sich, unterstützt von zahlreichen Intellektuellen, in der Öffentlichkeit für die Belange der kroatischen und bosnischen Kriegsopfer. Eine schon zur Institution gewordene Nichtregierungsorganisation sei an dieser Stelle hervorgehoben, da sie besonders professionelle Öffentlichkeitsarbeit geleistet hat – die »Gesellschaft für bedrohte Völker« (GfbV) aus Göttingen.

Die GfbV, 1970 gegründet und seither geleitet von Tilman Zülch, begann sich nach eigenen Angaben schon früh zunächst auf kroatischer, dann auf bosnischer Seite gegen den »serbischen Aggressionskrieg« zu engagieren. Ihr erklärtes Ziel war der Kampf gegen den »serbischen Faschismus« und die »Herrenvolkideologie« des Belgrader Regimes.[80] In einem 1993 von Tilman Zülch herausgegebenen Buch über »Ethnische Säuberung – Völkermord für Großserbien« werden in einer kurzen Selbstdarstellung die Leistungen der GfbV im Balkankrieg skizziert: »Mit Demonstrationen, Mahnwachen, Kundgebungen, in Hunderten von Rundfunk- und Fernsehinterviews, mit Presseerklärungen, auf deutschen und internationalen Pressekonferenzen, mit Menschenrechtsdokumentationen und Berichten aus Kroatien und Bosnien von GfbV-Mitarbeitern haben wir immer wieder über die Verbrechen informiert und uns an Politiker und Öffentlichkeit gewandt.«[81]

Die Funktionsweise der GfbV definiert ein Assistent Tilman Zülchs so: »Wir sammeln Informationen zu einer Menschenrechtsproblematik und geben sie weiter. Im Prinzip arbeiten wir wie eine Nachrichtenagentur«.[82] 50 bis 100 Presseerklärungen pro Minute kann die GfbV im Bedarfsfall an 300 Redaktionen und einzelne Journalisten in Deutschland aussenden, darunter alle wichtigen Fernsehanstalten und großen Printmedien. In ihrer EDV sind 62 000 Interessenten gespeichert, davon 10 000 Institutionen, die in Abständen ebenfalls mit Informationsmaterial beliefert werden. Mit besonderem Nachdruck wird auf die immer stärker werdende Internationalisierung der GfbV hingewiesen. So gibt es inzwischen Sektionen der Gesellschaft in der Schweiz, in Österreich, Südtirol, Italien und Luxemburg, und seit 1993 ist die GfbV als »Nichtregierungsorganisation mit Beraterstatus« von der UNO anerkannt worden. 19 hauptamtliche Mitarbeiter hat die GfbV und etwa 45 ehrenamtliche Koordinatoren, die sich aus Studenten, Politologen oder Angehörigen der betroffenen ethnischen Gruppen rekrutieren und die notwendigen Informationen sammeln und bereitstellen. Bei einem Haushaltsvolumen von 2,9 Millionen Mark im Jahr entfallen 1,2 Millionen auf Personalkosten und 1,1 Millionen auf Öffentlichkeitsarbeit; etwa 15 Prozent sind Sachkosten. Die Einnahmen der GfbV setzen sich zusammen aus den Beiträgen der 6800 Mitglieder, aus Spenden, zweckgebundenen Zuwendungen und Verkaufserlösen.[83]

Aufbau und Struktur der GfbV weisen die Organisation als außerordentlich potente Informationsagentur aus, und auf Nachfragen wird auch bestätigt, daß man die Arbeit der GfbV durchaus mit der einer Public-Relations-Firma vergleichen kann.[84] Insbesondere der Einsatz gegen den »Völkermord« in Bosnien hat Tilman Zülch und seine Organisation populär gemacht. Im Arbeitsbericht 1994/95 heißt es: »Die Arbeit der Gesellschaft für bedrohte Völker hat in ihrem 25jährigen Bestehen noch nie so sehr die Aufmerksamkeit der Medien erregt wie 1994: Fernsehteams, Radioreporter und Presseleute aus vielen Ländern und Kontinenten gaben sich im Göttinger Bundesbüro die Klinke in die Hand. Die Telephone standen nicht still. Nicht nur viele Deutsche, sondern auch kanadische, britische, französische, amerikanische und italienische Kameraleute machten Aufzeichnungen in unseren Räumen. Regelmäßig berichteten deutschsprachige Zeitungen in der Schweiz, Österreich, Südtirol und Luxemburg über Aktivitäten der GfbV.

Schon einen Tag nach der Verhaftung des mutmaßlichen serbischen Kriegsverbrechers Dule Tadic am 14. Februar 1994 in München konnten wir den Medienvertretern Gespräche mit Augenzeugen und Opfern der Verbrechen im serbischen Konzentrationslager Omarska vermitteln. Gemeinsam mit den bosnischen Zeugen gelang es uns, die Berichterstattung von der Geschichte eines Einzeltäters auf den Völkermord an den bosnischen Muslimen und den dafür verantwortlichen Drahtziehern auszuweiten.

Unsere unermüdliche Recherche und Pressearbeit über den Völkermord in Bosnien-Herzegowina hat sich ausgezahlt. In millionenfacher Auflage in nahezu allen deutschen Tages- und Wochenzeitungen, in Fernseh- und Radioreportagen wurde über unsere Arbeit berichtet. Auch international wurde die GfbV bekannt: Ausführliche Beiträge erschienen u. a. in ›Time International‹, ›Washington Post‹, ›Chicago Sun‹, ›International Herald Tribune‹, ›Los Angeles Times‹, ›New York Times‹, ›Sunday Times‹, ›El País‹, ›Manifesto‹, ›La Repubblica‹, ›Le Monde‹, ›Libération‹, ›Le nouvel Economiste‹, ›Politiken‹, ›Dagens Nyheter‹, ›The Frontier Post‹ (Pakistan) und ›Malaysian Times‹.«[85]

Tatsächlich ist die Medienwirksamkeit der GfbV nicht zuletzt auch darauf zurückzuführen, daß sie Ereignisse »inszeniert«, über die dann berichtet wird. Die Liste der Aktionen zu Bosnien-Herzegowina ist außerordentlich lang und spektakulär. Allein eine Auswahl der Veranstaltungen aus dem Zeitraum 1993–1995 dokumentiert sowohl die Form als auch die politische Zielsetzung der GfbV-Öffentlichkeitsarbeit:

»Bundesweite Mahnwachenaktion am Jahrestag der serbischen Invasion in Bosnien vor britischen und französischen Konsulaten im April 1993: ›Major und Mitterand lassen Bosnien sterben‹;

– April 93 Teilnahme am Bosnien-Kongreß Simon Wiesenthals mit drei Referenten; gemeinsame Anzeige mit dem American Jewish Congress in der ›Zeit‹;

– Errichtung eines symbolischen Internierungslagers und Demonstration mit Spruchbändern bei der UN-Menschenrechtskonferenz in Wien im Juni 93;

– Mahnwache für die Opfer des Völkermords in Bosnien vor dem ehemaligen Konzentrationslager Dachau bei einer Gedenkveranstaltung des evangelischen Kirchentags für die Opfer des Holocaust in München im Juni 93;

– Mahnkundgebung am ehemaligen Konzentrationslager Buchenwald für die Opfer des Völkermords in Bosnien-Herzegowina zusammen mit dem Kommandanten des Widerstands des Warschauer Ghettos, Marek Edelmann, dem französischen Philosophen Alain Finkielkraut und Litauens Ex-Ministerpräsident Vytautis Landsbergis im November 1993;

– Gründung des Europäischen Forums für Bosnien-Herzegowina im Februar 94 mit 500 Teilnehmern aus Deutschland, der Schweiz, Luxemburg, Belgien, den Niederlanden, Österreich und Italien. Das Forum stellt die erste repräsentative Arbeitsgemeinschaft des bosnischen Exils dar;

– Unterstützung der deutschen Behörden bei der Ermittlung von Kriegsverbrechern im Februar 1994, internationale Medien berichten wochenlang aus dem GfbV-Büro in Göttingen;

– 10. April 1994 größte Kundgebung außerhalb Bosniens seit Kriegsbeginn gegen Teilung und Aggression in Bosnien mit 50 000 Teilnehmern; Sprecher u. a. Rita Süssmuth;

– 20. April 94 Mahnwachen vor dem Bundeskanzleramt, der britischen, amerikanischen und russischen Botschaft für sofortige NATO-Intervention zur Rettung Gorazdes;

– 22. April 94 Organisation eines Gorazde-Trauerzugs von hundert bosnischen Frauen in Bonn und des Empfangs im Außenministerium, Bundeskanzleramt und den Parteivorständen von CDU, SPD und FDP (in einem anderen Arbeitsbericht ist die Rede von fünfzig bosnischen Frauen, M. B.);

– April / Mai ständige Gespräche mit Funkamateuren aus Gorazde und Weitergabe an deutschsprachige Medien;

– am 20. Juli 1994 sprachen der GfbV-Vorsitzende Tilman Zülch und Jasna Causevic vom Forum im Auswärtigen Amt mit Klaus Kinkel ausführlich über die unsolidarische deutsche Bosnien-Politik und überreichten ihm 10 000 Unterschriften von Bundesbürgern, die sich für die Verfolgung und Bestrafung serbischer Kriegsverbrecher aussprachen;

– am 8. November demonstrierten wir in Den Haag vor dem Gebäude des UN-Tribunals anläßlich der Prozeßeröffnung gegen mutmaßliche serbische Kriegsverbrecher. Mit Transparenten, die weltweit über die Bildschirme flimmerten, forderten wir die Vereinten Nationen auf, auch die Hauptkriegsverbrecher Milosevic und Karadzic zur Verantwortung zu ziehen.

Tilman Zülch und Fadila Memisevic gaben Interviews für 49 Rundfunk- und Fernsehanstalten von Island bis Australien; – anläßlich des deutsch-französischen Gipfels in Bonn am 30. November prangerte die GfbV mit einer Mahnwache das Versagen der europäischen Bosnienpolitik an. Kinder aus Bihac, Überlebende serbischer Todeslager und Verwandte von Ermordeten riefen Helmut Kohl zu: ›Herr Bundeskanzler, unser Europa scheitert in Bihac‹; – am 28. Januar war Sarajewo seit tausend Tagen belagert. Zum Gedenken an die 11 000 Menschen, die allein in dieser Stadt getötet wurden, stellte die GfbV auf einer Bonner Wiese 1000 christliche, muslimische und jüdische Grabstelen auf.«[86] Und so weiter und so fort.

Der Aktionismus der GfbV beschränkt sich nicht nur darauf, die Öffentlichkeit aufmerksam zu machen, sondern will unmittelbar politisch intervenieren, wie auch aus der Aufzählung ersichtlich wird. So versteht sich das Göttinger Büro beispielsweise als eine Mittlerinstanz zwischen bosnischen Regierungsstellen und dem Kriegsverbrechertribunal in Den Haag. Ein wichtiger Bestandteil der GfbV-Arbeit ist »die Dokumentation« von »Völkermordverbrechen« in Bosnien-Herzegowina. Für diesen Zweck wurde die Bosnierin Fadila Memisevic als Botschafterin des im zentralbosnischen Zenica ansässigen Dokumentationszentrums für Kriegsverbrechen nach Göttingen berufen, wo sie eine Zweigstelle dieser bosnischen Regierungseinrichtung eröffnete. Nach Angaben der GfbV leitet Fadila Memisevic ihre Erkenntnisse über mutmaßliche Kriegsverbrecher direkt nach Den Haag weiter.

Zu den engeren Mitarbeitern der GfbV auf diesem Gebiet zählen auch der amerikanische Journalist Roy Gutman, dessen Berichte Ruder Finn als Auslöser für die Holocaust-Kampagne dienten, sowie die als Kronzeugin für Den Haag vorgesehene bosnische Kroatin Jadranka Cigelj, eine »politische Aktivistin«, vor dem Krieg stellvertretende Vorsitzende der Tudjman-Partei HDZ im bosnischen Prijedor und später Mitarbeiterin des »Kroatischen Informationszentrums« in Zagreb, die Roy Gutman bei seinen Recherchen in Bosnien behilflich gewesen ist.[87] Ein vorläufiger Höhepunkt der GfbV-Arbeit auf ihrem Spezialgebiet war ein vom 31. August bis 4. September 1995 gemeinsam mit einem Institut der Universität Sarajewo und der »Menschenrechtsgruppe für Bosnien« aus Kuala Lumpur veranstalteter »Internationaler Kongreß zur Dokumentation des Völkermords in Bosnien«, den der bosnische Präsident Alija Izetbegovic mit einem Grußwort bedachte und den der bosnische Premier Haris Silajdzic als Vortragender beehrte. Zu den weiteren Gästen zählte auch Bundestagspräsidentin Rita Süssmuth, die ihren Wahlkreis in Göttingen hat, dem Sitz der GfbV.

Aus der dargestellten Öffentlichkeitsarbeit der GfbV wird ersichtlich, daß die Göttinger Organisation ganz unzweideutig die politischen und militärischen Propagandaziele der Regierung in Sarajewo unterstützt. Die politische Parteinahme für eine Kriegsregierung ist natürlich jeder Menschenrechtsorganisationen unbenommen. Sie wird jedoch bedenklich, wenn sie zu Diffamierungen anderer Meinungen und zu Versuchen führt, Informationen, die dem propagierten Bild nicht entsprechen, zu unterdrücken.

Mehrmals hat die GfbV interveniert, als deutsche Medien Berichte über serbische Opfer in Bosnien veröffentlichten. So wurden etwa die ›Spiegel‹-Redakteurin Renate Flottau und die Mitarbeiterin der ›Süddeutschen Zeitung‹ Heidi Hecht der einseitigen Berichterstattung im Dienste der serbischen Propaganda bezichtigt, als sie über vergewaltigte serbische Frauen oder die systematischen Mißhandlungen an den in Sarajewo zurückgebliebenen Serben – bis hin zu Mord und Massakern – schrieben. Protestschreiben der GfbV gingen als Presseerklärungen an die Öffentlichkeit oder an die Herausgeber.[88] In einem Brief an die ›Süddeutsche Zeitung‹ erklärte ein GfbV-Mitglied im Namen mehrerer bosnischer Unterzeichner: »Wir (...) distanzieren uns von derartiger kriegsfördernder Propaganda und fordern die Redaktion der SZ im Namen aller Kriegsopfer und des Niveaus ihrer Zeitung auf, solche Pamphlete in Zukunft nicht abzudrucken.«[89] – Heidi Hecht hatte unter anderem über die systematischen Folterungen an serbischen Intellektuellen und die Vergewaltigungen serbischer Frauen von seiten muslimischer Extremisten in der Viktor-Bubanj-Kaserne in Sarajewo berichtet. Die GfbV hatte energisch behauptet, es gebe solche Einrichtungen nicht. Inzwischen sind die Vorgänge aus der Viktor-Bubanj-Kaserne durch umfangreiche Aussagen von Opfern dokumentiert.[90]

Auf der anderen Seite scheut sich die GfbV selbst nicht, Behauptungen zu verbreiten, die schwer verifizierbar oder nicht haltbar sind. Im Vorwort der Publikation »Ethnische Säuberung – Völkermord für Großserbien« erläutert Tilman Zülch die »Vernichtungspolitik« der Serben und spricht von mehr als 200 000 bosnischen Opfern. Das war im Januar 1993. Im selben Buch ist auch ein Artikel von George Kenney abgedruckt, der als Leiter der Jugoslawien-Abteilung des US State Department im August 1992 wegen der Untätigkeit der Bush-Regierung im Bosnienkrieg seinen Rücktritt einreichte. Unter dem Eindruck der Nachrichten über »Konzentrationslager« und »Völkermord« hatte George Kenney einen schnellen Militärschlag gegen die Serben gefordert, war damit im State Department jedoch auf taube Ohren gestoßen. Fast drei Jahre später ist Kenney, um etliche Erkenntnisse reicher, zur Taube geworden und wendet sich entschieden sogar gegen eine Aufhebung des Waffenembargos und gegen jede Parteinahme zugunsten der bosnischen Regierung, die er eine »Clique nationalistischer Politiker« nennt, einen »antidemokratischen muslimischen Block von Hardlinern«.[91]

Ausdrücklich ohne serbische Verbrechen beschönigen zu wollen, thematisiert George Kenney im April 1995 mit einem einprägsamen Artikel im ›New York Times Magazine‹ die problematische Anwendung solcher Begriffe wie »Holocaust« oder »Völkermord« im Zusammenhang mit dem Krieg in Bosnien.[92] Als professioneller Beobachter des Konflikts, der alle vorhandenen Erkenntnisse zusammengetragen hat, kommt er zu dem Schluß, daß der Völkermordvorwurf nicht haltbar ist: »Bosnia isn't the Holocaust.« Statt der von der bosnischen Regierung verbreiteten und von den Medien ständig unkritisch reproduzierten Zahl von 200 000 Opfern im Bosnien-Krieg ist es, so Kenney, realistisch, von 25 000 bis 60 000 Toten auf allen Seiten auszugehen, was sich beispielsweise auch mit den Angaben des Internationalen Roten Kreuzes und seriöser Analytiker deckt. Die amerikanische Regierung als Quelle für objektive Berechnungen lehnt Kenney im übrigen ab, da sie sich offen auf die Seite der bosnischen Muslime geschlagen hat und damit zur »Kriegspartei« geworden ist.

Auf den ersten Blick mag das als zynisches oder akademisches Zahlenspiel anmuten; es hat jedoch tiefere Gründe. Nach Kenneys Ansicht nämlich bereitet gerade auf dem Balkan jede Manipulation mit Opferzahlen, die ins »Epische« gehen, den Nährboden für den nächsten Krieg vor und setzt eine endlose Spirale von Haß und Gewalt fort: »Solange die Welt so leichtfertig mit Wörtern wie ›Völkermord‹ um sich wirft, wird diese Tragödie ohne Ende weitergehen.« Daneben relativiert der »inflationäre Gebrauch« der emotionsgeladenen Begriffe »Genozid« oder »Holocaust«, so Kenney, die wirklichen Völkermorde und verschiebt die Maßstäbe, was auf Kosten anderer, schwerer Kriege und deren Opfer geht. »Zahlen zählen eben doch«, lautet Kenneys Fazit.

Noch im Sommer 1995 ist in einem Faltblatt der GfbV von 250 000 Toten die Rede. – Im selben Zeitraum besetzten Mitglieder der GfbV aus Protest gegen den »Völkermord« in Bosnien das ehemalige Konzentrationslager Buchenwald. Völlig ignoriert haben sie dabei den Umstand, daß gerade die Überlebenden von Buchenwald wiederholt dramatische Appelle an die Öffentlichkeit gerichtet haben, die den Thesen der GfbV zuwiderlaufen: »Die Medienkampagne gegen das serbische Volk, die Amerika einer Gehirnwäsche unterziehen will, ist unfaßbar. (…) Die Serben haben beschlossen, daß sie sich nie wieder jenen unterwerfen werden, die ihre Mütter, Väter, Schwestern und Brüder ermordet haben. Die serbischen Überlebenden erinnern sich noch an die Ausrottung ganzer Dörfer, an die Konzentrationslager der Nazis und ihrer kroatischen und bosnisch-musli-

mischen Helfer. (...) Die Serben haben gegen die Nazis gekämpft und einen schrecklichen Preis dafür bezahlt (...) Wir
Überlebende des Holocaust verstehen sie. Sie haben unser
Schicksal geteilt. Ihr Recht auf Freiheit und Unabhängigkeit
haben sie sich tausendmal verdient. (...) Hitlers Bomben trafen
die Serben wegen ihres hartnäckigen Widerstands immer und
immer wieder; wollen unser Präsident und die NATO Herrn
Hitler folgen, statt eine gerechte politische Lösung zu finden?«[93]

Eine Analyse der Propagandastrategien und Krisenkommuni-
kationen in den Kriegen auf dem Balkan wirft natürlich auch
die Frage nach den entsprechenden Aktivitäten der serbischen
Seite auf. Allein die Antwort darauf zerstört das Image von »den
Serben«, das die kroatischen und bosnisch-muslimischen Manipulationsbemühungen ex negativo gebildet haben. »Die Serben« nämlich stellen alles andere als einen monolithischen
nationalen Block dar. Es gab und gibt keine serbische Politik,
die alle Serben unter einem gemeinsamen Ziel vereinigen und
damit zu einer gezielten öffentlichen Kampagne befähigen
würde. So sind beispielsweise die Auslandsserben zum überwiegend großen Teil Gegner des serbischen Präsidenten Slobodan Milosevic und haben in ihren jeweiligen Gastländern seine
Politik nie unterstützt. Aber auch die Auslandsserben sind unter
sich gespalten. In den USA etwa arbeiten die beiden größten
Vereinigungen, der Serbian Unity Congress und die Serbian
National Federation, kaum miteinander und vertreten schon
gar nicht zusammen eine gemeinsame Sache nach außen.[94] Ihre
Öffentlichkeitsarbeit erschöpft sich, wie auch die des Serbnet
Media Center oder des Serbian American Media Center, in Ein-
zelaktivitäten, die nicht aufeinander abgestimmt und nicht weit-
reichend sind. Zu den größeren Initiativen gehört das Engagement der Agentur Manatos and Manatos durch den Serbian
Unity Congress im September 1995, das vor allem die Beziehungen zur griechischen Gemeinde in den USA intensivieren
sollte.
Bezeichnend für die Uneinigkeit und mangelhafte Koordina-

tion der Serben im Ausland ist etwa der Umstand, daß sich die serbischen Vereinigungen in Deutschland erst im Herbst 1994, drei Jahre nach Beginn des Krieges in Kroatien, zur Gründung eines gemeinsamen Informationsauschusses durchringen konnten. Zu diesem Zeitpunkt war das Image der Serben jedoch schon so festgelegt, daß jede Information aus dieser Quelle der Glaubwürdigkeit entbehrte.

Die Serben im ehemaligen Jugoslawien selbst waren durch das im Mai 1992 gegen sie verhängte Totalembargo von jeglicher Repräsentanz im Ausland, einschließlich der in allen internationalen politischen Institutionen, ausgeschlossen. Selbst die Kapazitäten der Kommunikationswege, wie etwa Telefonleitungen, waren stark eingeschränkt, so daß Vermittlung nach außen kaum möglich war. Der Abbruch aller politischen, wirtschaftlichen und kulturellen Beziehungen der internationalen Staatengemeinschaft mit Serbien brachte auch die umgekehrten Kommunikationswege, vom Ausland nach Serbien, zum Erliegen. Die Kommunikationsverbote des Auslands mit den »Parias der Weltgemeinschaft« waren umfassend, so daß die Londoner Agentur Saatchi & Saatchi ihre schon geleistete Zusage, die serbische Regierung in Sachen Öffentlichkeitsarbeit zu vertreten, zurückziehen mußte, da die Vereinbarung den Embargobestimmungen zuwiderlief.

Ein wichtiger Grund für das Fehlen einer serbischen Kampagne im Ausland jedoch ist die Struktur der serbischen Propaganda selbst gewesen. Im Gegensatz zu den Regierungen Kroatiens und Bosniens, die ihre Propaganda nach innen wie nach außen aktiviert haben, verlagerte das Regime in Belgrad, wie noch zu sehen sein wird, den Schwerpunkt seiner Propaganda-Arbeit nach innen. Die politischen Entwicklungen auf dem Balkan haben gezeigt, daß auch diese Anstrengung eine Spaltung serbischer politischer Interessen, beispielsweise zwischen den bosnischen Serben und Milosevic, nicht verhindern konnte.

5. Emotionale Mobilmachung

»Ich komme gleich zur Sache. Bosnien ist ein herrliches, interessantes und keineswegs gewöhnliches Land, sowohl was seine Landschaft betrifft, als auch seine Menschen. Und wie sich dort unter der Erde so manche Bodenschätze finden, so verbirgt auch der bosnische Mensch in sich mancherlei moralische Tugend (...) Aber es gibt dort etwas, was die Menschen Deiner Art nicht außer acht lassen dürfen: Bosnien ist ein Land der Angst und des Hasses. Lassen wir die Angst beiseite, die nur ein Korrelativ des Hasses ist, sein natürliches Echo. Sprechen wir vom Haß. Ja, vom Haß. Auch du zuckst instinktiv zusammen und protestierst, wenn Du dieses Wort hörst (...), wie jeder von euch sich dagegen wehrt, das zu hören, zu begreifen und einzusehen, aber es handelt sich gerade darum, daß man es einsehen, festhalten und analysieren muß. Das Unglück besteht darin, daß niemand dies tun kann und will. Denn das fatale Charakteristikum dieses Hasses liegt darin, daß der bosnische Mensch sich seiner gar nicht bewußt ist, obwohl er in ihm lebt; daß er es vermeidet, den Haß zu analysieren, und jeden haßt, der versucht, es zu tun.(...) Ihr liebt euer Land, ihr liebt es glühend, aber auf drei, vier verschiedene Arten, die einander ausschließen, tödlich hassen und oft genug aneinandergeraten. (...) Wer in Sarajewo die Nacht durchwacht, kann die Stimmen der Nacht von Sarajewo hören. Schwer und sicher schlägt die Uhr an der katholischen Kathedrale: zwei nach Mitternacht. Es vergeht mehr als eine Minute (...), und erst dann meldet sich, etwas schwächer, aber mit einem durchdringenden Laut die Stimme von der orthodoxen Kirche, die nun auch ihre zwei Stunden schlägt. Etwas später schlägt mit einer heiseren und fernen Stimme die Uhr am Turm der Beg-Moschee, sie schlägt elf Uhr und zeigt elf gespenstische türkische Stunden an, nach einer seltsamen Zeitrechnung ferner, fremder Gegenden. Die Juden haben keine Uhr, die schlägt, und Gott allein weiß, wie spät es bei ihnen ist, wie spät nach der Zeitrechnung der Sepharden und nach derjenigen der Aschkenasen. So lebt auch noch nachts, wenn alle schlafen, der Unterschied fort, im Zählen der verlorenen Stunden dieser späten Zeit. (...) Und dieser Unterschied, der manchmal sichtbar und offen ist, manchmal unsichtbar und heimtückisch, ist immer dem Haß ähnlich, sehr oft aber mit ihm identisch.«[1]

Wie in diesem ›Brief aus dem Jahr 1920‹ beschreibt der 1975 verstorbene bosnische Schriftsteller und Literaturnobelpreisträger Ivo Andric in seinen Werken immer wieder die latente Ruhelosigkeit des Balkans – insbesondere Bosniens – am Schnittpunkt von Orient und Okzident, von Asien und Europa, von Islam, Orthodoxie, Katholizismus und Judentum. Andric, der große Chronist der bewegten bosnischen Geschichte, hat sich nie Illusionen über seine Heimat gemacht. Er war sich schmerzlich dessen bewußt, daß das Vereinende *und* das Trennende im Zusammenleben der verschiedenen Volksgruppen durch die Jahrhunderte hinweg bis in die Gegenwart eine konstante Gleichzeitigkeit war. Der Mißklang der Kirchenglocken ist eine Urerfahrung der bosnischen Gemeinschaft.

Um die Eruptionen von Gewalt im ehemaligen Jugoslawien, die so unbegreiflich erscheinen, wenigstens annähernd verstehen zu können, muß man sich vergegenwärtigen, worauf dieser Staat aufgebaut hat und welche Prozesse ihn zur Explosion gebracht haben. Dabei ist eine der Schlüsselfragen, die sich in jedem Krieg stellt, nämlich die nach der »Munition des Geistes«, nach der »emotionalen Mobilmachung«, gerade im ehemaligen Jugoslawien zentral: Wie werden Freunde zu Feinden, Nachbarn zu Mördern, Nationen zu Gegnern? Nicht zuletzt Ivo Andrics Feststellung, daß man endlich einmal »einsehen, festhalten und analysieren« muß, worin der immerwährende, latente Haß besteht, der das Zusammenleben der verschiedenen südslawischen Nationen über Jahrhunderte hinweg geprägt hat, fordert mit Nachdruck wenn nicht definitive Antworten, so doch zumindest einige Erhellungen dieser Problematik.

Die Geschichte der Südslawen, aus der sich die Nationenbilder der heutigen postjugoslawischen Staaten schöpfen, ist zunächst eine Geschichte der Teilungen und beginnt mit der Christianisierung der Slawen auf dem Balkan. Im Laufe des 9. und 10. Jahrhunderts entsteht ein konfessioneller Riß zwischen dem westlichen, römisch-katholischen Ritus, und dem östlichen, griechisch-byzantinischen Ritus, der quer durch den Balkan geht. Die Konfessionsunterschiede stellen das erste und einzige Merkmal dar, das Serben und Kroaten in zwei verschiedene Volksgruppen trennt: die einen werden orthodox und fallen unter den Einfluß von Byzanz, die anderen werden von der katholischen Kirche bekehrt und gehören in der Folge deren Machtbereich an. Schon früh geraten die beiden christlichen Mächte Ost- und Westrom im Siedlungsbereich der Südslawen aneinander. Hinzu kommt im Laufe des 14. und 15. Jahrhunderts das Vordringen der Osmanen im südöstlichen Teil Europas, das die südslawische Bevölkerung ein weiteres Mal aufteilt: Insbesondere in Bosnien treten zwei Drittel der ethnisch südslawischen Bewohner zum Islam über. Von da an zieht sich durch die Erfahrungs- und Vorstellungswelt der bosnischen Serben und Kroaten, die sich nicht haben zum Islam bekehren lassen und ein Leben als Ungläubige in Unfreiheit leben müssen, ein kulturhistorisches und ideelles Kontinuum, das einen identitätsstiftenden Charakter erhält: die zum Islam übergetretenen Brüder werden zu »Verrätern am Glauben der Väter«.

Man mag Exkurse in die weit zurückliegende Geschichte der südslawischen Völker für unangebracht halten, um einen Krieg am Ende des 20. Jahrhunderts erklären zu wollen, doch es sind ebensolche Rückgriffe auf die Geschichte, die die jüngste blutige Nationenwerdung auf dem Balkan bestimmt und begleitet haben. Die Abgrenzungen der südslawischen Völker gegeneinander, die Herstellung von nationalen Selbstbildern und Feindbildern und die Legitimierung von territorialen Ansprüchen beim Zerfall Jugoslawiens haben ihre Bezugspunkte sowohl in der ferneren als auch in der jüngeren Vergangenheit. Geschichte als Teil der nationalen Identitätsfindung hat derzeit Hochkonjunktur auf dem Balkan, und deshalb muß man sie begreifen, will man den Konflikt und seine Mobilisierungsprozesse verstehen.

Durch das Werk des großen Jugoslawen Ivo Andric, der stets besorgt war um den immer wieder aufflammenden Haß unter den jugoslawischen Völkern und trotzdem unablässig bemüht, Brücken zu schlagen, zieht sich die Konstante des Vereinenden und Trennenden wie durch die jugoslawische Geschichte. In seinem berühmten Roman ›Die Brücke über die Drina‹ beschreibt der Autor dieses Phänomen folgendermaßen: An dem steilen Ufer oberhalb der Brücke von Wischegrad hat das Wasser im grauen Sandstein runde Vertiefungen ausgespült, die aussehen wie Hufspuren eines Pferdes übernatürlicher Größe. Die christlichen Kinder glauben, daß diese Abdrücke von dem mächtigen serbischen Helden Kraljewitsch Marko stammen, die muslimischen Kinder wissen, daß von solcher Kraft nur der sagenhafte türkische Krieger Alija Dscherseles gewesen sein kann. Die Kinder »streiten darüber auch gar nicht, so sehr sind die einen wie die anderen von der Richtigkeit ihres Glaubens überzeugt«. Und doch verbindet sie der Alltag: »Diese Gruben, mit lauwarmem Regenwasser angefüllt, nennen die Kinder Brunnen und halten, die einen wie die anderen, ohne Unterschied des Glaubens, in ihnen kleine Fische, Gründlinge und Stichlinge, die sie mit der Angel fangen«.[2]

Wird dieser eingespielte Kreislauf von Anatgonismus und Symbiose aber durch Fremdeinwirkung unterbrochen, werden die Mythen, die im Menschen schlummern, aktiviert   sei es durch Unterdrückung und Okkupation, sei es durch widerstreitende Ideologien, allemal aber in unruhigen Zeiten –, bricht das Unglück hervor. Dann beginnt »dieses sonderbare menschliche Spiel, das sich Krieg nennt«, und »unterwirft alle Lebewesen und alle toten Dinge seiner Macht«.

Nach dem Tod der jugoslawischen Führerfigur Tito im Mai 1980, der die Südslawen mit totalitären Maßnahmen »integriert« hatte, begann der schleichende Zerfall der autoritären Zentralherrschaft und des Bundesstaates. Die Diagnose, die für die Auflösung der Sowjetunion gestellt wurde, trifft auch auf Jugoslawien zu: »Das Funktionieren des Systems hing aber von der langfristigen Lebensfähigkeit des Totalitarismus ab; sobald er zu zerbröckeln begann, betätigten sich die nationalen Kader als national gesinnte Führungsschichten und begannen, ihre Bürger für die Interessen der Republiken und gegen das Zentrum zu mobilisieren. Klugerweise verwendeten sie die Argumentation und die Logik des Selbstbestimmungsrechts, ein schon lange Jahre vom Westen zelebriertes Prinzip, wodurch natürlich sowohl der Nationalismus als auch der Chauvinismus gefördert wurden.«[3]

Im Laufe der achtziger Jahre bildeten sich die jugoslawischen Republiken immer mehr zu jeweils in sich geschlossenen Systemen heraus, die von den verschiedenen Machteliten autoritär beherrscht wurden. Die Polarisierungen fanden zunächst zwischen den Slowenen und später den Kroaten auf der einen und den Serben auf der anderen Seite statt. Dabei bedienten sich die beiden »katholischen Republiken« einer Rhetorik, die implizierte, sie seien fortschrittlicher und demokratischer als die dem Orient näherstehenden Serben, die von ihren alten neuen Gegnern zusätzlich immer mehr mit Belgrad als dem Sitz der kommunistischen Zentralregierung identifiziert wurden. So machten slowenische Intellektuelle ihre Fortschrittlichkeit und Emanzipation an der scheinbaren Liberalität ihrer Presse fest, darunter Publikationen wie das Jugendmagazin ›Mladina‹ oder die Literaturzeitschrift ›Nova revija‹, die jedoch in Wirklichkeit kompromißlos slowenische nationale Positionen verbreiteten und den Weg zum schließlich gewalttätigen Zerfall zementierten.

Mit entwaffnender Offenheit gibt dies der slowenische Journalist Ervin Hladnik Milharcic, ehemals Mitarbeiter von ›Mladina‹ und heute Auslandskorrespondent der slowenischen Tageszeitung ›Delo‹, inzwischen zu. Auf die Frage eines bosnischen Journalisten, ob Slowenien den Krieg gegen die jugoslawische Volksarmee gewonnen hätte, antwortet er: »Dieser Krieg wurde zuerst in den Köpfen gewonnen und begann schon in den achtziger Jahren, als unter anderen wir von der ›Mladina‹ die jugoslawische Volksarmee als feindliche Institution und Jugoslawien als feindlichen Staat definiert haben. Dem war alles untergeordnet. Während die übrigen Zeitungen ideologische Bilderbücher des Kommunismus waren und die Jugendpresse so gemacht wurde, wie man Kindern den Marxismus erklärt, haben wir rechtzeitig den Haß auf den Feind aufgebaut. Und diesen ersten Krieg in den Köpfen gewonnen, der wichtiger war.«[4]

Die Feindbildproduktion war schon früh ein besonderes Merkmal der slowenischen politischen und Medienöffentlichkeit. Instrumentalisiert wurde dabei unter dem Deckmantel des Demokratiestrebens insbesondere das Problem der Albaner im Kosovo. Nur ein Jahr nach Titos Tod hatten sich die jugoslawischen Albaner erhoben, was einen andauernden Konflikt zunächst mit der Zentralregierung und später mit der serbischen Führung nach sich zog. Aber selbst Beobachtern, die Belgrad als kommunistischer und serbischer Kapitale nie wohlgesonnen waren, wie etwa Viktor Meier, bleibt es weiterhin ein Rätsel, warum die Albaner seinerzeit rebellierten: »Es ist dem Verfasser (Viktor Meier, M. B.) trotz vieler Befragungen und Gespräche bis zum heutigen Tage nicht gelungen, auch nur einigermaßen Klarheit darüber zu gewinnen, was die albanischen Demonstranten vom März und April 1981 überhaupt wollten.«[5] Die Albaner genossen politisch und kulturell aufgrund der Verfassungsreform von 1974 die für eine Minderheit größtmöglichen Freiheiten und waren wirtschaftlich und sozial – gemessen an den Möglichkeiten des maroden jugoslawischen Staates – optimal abgesichert, was auch Viktor Meier zugeben muß.

Unter diesen Gesichtspunkten kann der Aufstand der Albaner als nackte Provokation gesehen werden, eine Provokation allerdings, die durchaus ihre Wirkung zeigte, denn sie mobilisierte das serbische Nationalbewußtsein, das die Wiege seiner Kultur im Kosovo bedroht sah. Es waren schließlich die Slowenen, die im Namen der Menschenrechte Partei ergriffen *für* die

Sache der Kosovo-Albaner und *gegen* Belgrad, statt einen Dialog herzustellen und zwischen den Parteien zu vermitteln. Die Unehrlichkeit der slowenischen Haltung im Hinblick auf die Sache der Albaner läßt sich am deutlichsten an der slowenischen Propaganda ablesen, die die Sezessionsbestrebungen der nördlichen Republik unter anderem damit begründete, das reiche Slowenien müsse den armen Süden Jugoslawiens – also das Kosovo – aushalten, was Ausbeutung wäre.[6]

Unter den dezentralisierten Strukturen des jugoslawischen Staates und in einer beständig aussichtsloser werdenden wirtschaftlichen und sozialen Krise begannen sich in den einzelnen Republiken immer stärker jeweils eigene nationale Wahrheiten zu entwickeln, die von Politikern und Intellektuellen produziert und von den Medien getragen und vermittelt wurden. Dem endgültigen Zerfall des jugoslawischen Staates ging somit der Zusammenbruch des alljugoslawischen Kommunikationsraums voraus. Albaner und Slowenen waren die Katalysatoren dieses Prozesses, Serben und Kroaten sollten seine Protagonisten werden. Von Slowenien bis zum Kosovo verliefen die mehrfachen Teilungen entlang der historischen Trennlinien und anhand stereotyper Feindbildmuster: »Uns« geht es schlecht, und »die anderen« sind schuld daran. »Die anderen« sind schlecht, also wollen sie »uns« vernichten. Abgrenzungen, Unterscheidungen, Mißtrauen, Schuldzuweisungen und politisch-ideologische Dämonisierungen »der anderen« wurden vorgenommen, um die eigene Herrschaft zu legitimieren.

Die Jugoslawen waren in mehrfacher Weise empfänglich für diese Art von Vereinfachungen und Reduktionen der Wirklichkeit. Zum einen waren sie unter dem kommunistischen Regime über Jahrzehnte hinweg geschult worden, undifferenziert und totalitär zu denken. Zum anderen verschlechterte sich ihr Lebensstandard in den achtziger Jahren rapide. Die Zeiten des »Wohlstands auf Pump« gingen zu Ende, was steigende Armut, wachsende existentielle Ängste und damit ein erhöhtes Bedürfnis nach Sicherheit auslöste. Mit dem Niedergang des Kommunismus zerbrach auch die ideologische Klammer, die die Völker mehr schlecht als recht zusammengeschweißt hatte, und durch den Tod Titos hatten sie ohnehin eine integrierende Vaterfigur verloren.

Unter diesen Vorzeichen fiel eine andere totalitäre Ideologie auf fruchtbaren Boden, die gegenüber der völligen Sinnentleerung den Vorteil hatte, Wertvorstellungen, eine Identität und eine Perspektive aus der Ausweglosigkeit zu bieten: der Nationalismus.

Dank der oben schon beschriebenen und äußerst wirksamen Propagandastrategien der serbischen Kriegsgegner hält sich im Westen hartnäckig die Legende, daß es allein der »aggressive und expansionistische« serbische Nationalismus gewesen ist, der Jugoslawien in den blutigen Zusammenbruch führte und daß hauptverantwortlich dafür und für die »großserbische« Politik des Präsidenten Slobodan Milosevic ein programmatisches Dokument sei, das serbische Intellektuelle als »Vordenker des Krieges« verfaßt hätten. Es handelt sich um das »Memorandum der serbischen Akademie der Wissenschaften und Künste«, das nach allgemein verbreiteter westlicher Auffassung als geistiger Urheber Großserbiens und Auslöser der neuen Balkankriege gilt.

Es gibt jedoch einige Umstände, die gegen diese reduzierte Version des jugoslawischen Zerfalls sprechen. Als das Memorandum in zwei Auszügen am 24. und 25. September 1986 in der Belgrader Zeitung ›Vecernje novosti‹ der jugoslawischen Öffentlichkeit erstmals präsentiert wurde, verursachte es in den kommunistischen Reihen quer durch das Land helle Empörung. Zu jenen, die das als »Dokument« vorgestellte Schriftstück wegen seiner »antijugoslawische Agitation« scharf verurteilten, gehörte der Kommunist Slobodan Milosevic. Da das Schriftstück als »staatsfeindlich« eingestuft wurde und deshalb alle Kommunikationswege der kommunistischen Apparate durchlief, erreichte es einen hohen Verbreitungsgrad und sorgte für anhaltende politische Diskussionen. Nur ein Jahr später sah der inzwischen gestärkte Machtpolitiker Slobodan Milosevic seine Stunde als großer Führer gekommen und nützte die durch die

Debatten um das Memorandum aufgewühlte Stimmung unter Serben und Nicht-Serben aus. Er sprang auf den nationalistischen Zug auf und machte sich ausgerechnet im Herzstück der serbischen Mythologie zum Agitator für die serbische Sache – auf dem Kosovo.

Wie alle späteren Ereignisse zeigen, war Milosevics Spiel mit den Emotionen der Menschen jedoch nichts anderes als ein kühl kalkulierter machttechnischer Schachzug. Das Ziel seiner aufrührerischen Politik war nicht die Verteidigung serbischer nationaler Interessen, sondern seiner eigenen. Er wollte kein Großserbien, sondern einen »großen Staat«, über den er uneingeschränkt herrschen konnte. Im Laufe seiner steilen politischen Karriere hat Milosevic bei unzähligen Gelegenheiten bewiesen, daß er Gefühlen nationaler Identität mit völligem Unverständnis begegnet, so zuletzt bei den Friedensverhandlungen von Dayton. Ein Verhandlungsteilnehmer, der Kroate Ivo Komsic, berichtet aus seinen Tagebuchaufzeichnungen: »Silajdzic verhandelte stundenlang mit Milosevic über Gorazde. Am Ende fragte ihn Milosevic:

– Mensch, Haris, warum klammerst du dich denn so krampfhaft an dieses Ustikolina? Das ist doch ein verdammtes Dorf, in dem es nichts gibt.

– Es gibt dort die älteste Moschee in Bosnien-Herzegowina, antwortete Silajdzic.

– Ach was, da gibt es keine Moschee mehr, weil unsere Banditen sie zerstört haben.

– Aber es gibt den Boden, auf dem die Moschee stand. Das ist für uns Muslime ein heiliger Boden, auf dem wir eine neue Moschee errichten werden.

– Mensch, Haris, ich dachte, du wärst ein zivilisierter Mensch. Statt dessen faselst du mir vom heiligen Boden. Du bist genauso wie Karadzic, auch er faselt ständig vom heiligen Boden, antwortete Milosevic.«[7]

Der Nationalismus war für Milosevic nur ein Instrument der Machtpolitik, das er fallen ließ, als es unbrauchbar wurde.

Was das Memorandum aus dem Jahr 1986 anbelangt, so sind

bis heute die mysteriösen Umstände nicht geklärt, die zu seiner Veröffentlichung führten. Bei dem publizierten Text handelte es sich nämlich um ein Arbeitspapier, das als Grundlage für eine weiterführende interne Diskusssion der Akademie dienen sollte und das weder abgeschlossen noch jemals verabschiedet worden war, wie es zahlreiche unseriöse Behauptungen glauben machen wollen.[8] Schließlich unterscheidet sich auch der Inhalt des propagandistisch so hochgeputschten Memorandums, nüchtern gesehen, nicht von den Mitte der achtziger Jahre unter den jugoslawischen Nationen üblichen Topoi. Das Memorandum beschreibt die Lage des serbischen Volkes in Jugoslawien in Begriffen wie Benachteiligung, Ausbeutung, Bedrohung ... Wer immer dieses Schriftstück lanciert hat – ob der kroatisch dominierte jugoslawische Geheimdienst, wie vermutet wird, oder andere –, der wußte: Will man Jugoslawien zerstören, muß man die jugoslawischen Völker gegen die größte Nation, die Serben, aufbringen, und umgekehrt.

Die Nationalismen, die an den Grundfesten des jugoslawischen Staates rüttelten, brachten viele, kleine autistische Systeme hervor, die für die Argumente der anderen nicht zugänglich waren. Die Einkapselung und »emotionale Mobilmachung« erfolgte über die Medien, die, wie die gesamte jugoslawische Struktur, immer stärker dezentralisiert wurden und unter die unmittelbare Kontrolle der Republikführungen kamen. Die Lenkung der Fernseh- und Rundfunkstationen durch die nationalen Regierungen wurde immer straffer. Nach dem Modell des alten bundesstaatlichen Medienmonopols sicherten sich die Politiker vor allem nach den ersten freien Wahlen im Jahre 1990 den direkten Zugriff auf die Hauptfernsehsender der Republiken, deren Direktoren durch die Republikparlamente ernannt wurden. Sie bestimmten die Frequenzvergabe und nahmen unmittelbaren Einfluß auf die Besitzverhältnisse und Redaktionskader der Printpresse.

So waren es die Medien, die den Haß evozierten und die Angst verbreiteten, die die Politiker brauchten, um die Menschen für ihre Zwecke zu mobilisieren. Internationale Missionen von KSZE, UN und journalistischen Organisationen haben die massive Verantwortlichkeit der Medien für die Desinformation der Bevölkerung durch Lügen und Manipulationen im Dienste der »emotionalen Mobilmachung« nachgewiesen.[9] Ein vielzitierter Satz unter den ex-jugoslawischen und internationalen Medienkritikern besagt, daß »der Krieg auf dem Schlachtfeld eine Verlängerung der Abendnachrichten« sei.

Die Methoden der Beeinflussung und der nationalen Homogenisierung mit Hilfe der Medien zielten auf das kollektive Gedächtnis der jugoslawischen Völker, das Tito unterdrückt, aber nicht ausgelöscht hatte. Historische Erfahrungen, alte Stereotype, tiefsitzende Vorurteile wurden belebt, um die verhängnisvolle Wechselbeziehung von Haß und Angst in Gang zu setzen:

– Die serbische Propaganda beschwor Bilder von einer drohenden Vernichtung des serbischen Volkes herauf, gegen die es sich auflehnen müßte: Der Genozid am serbischen Volk könne nur in einem auf Gleichberechtigung aufbauenden jugoslawischen Staat verhindert werden. Wenn Jugoslawien aber auseinanderfiele, dann gerieten die Serben außerhalb Serbiens unter Fremdherrschaft und wären in ihrer Existenz bedroht.

– Die kroatische Propaganda argumentierte, daß der Fortbestand des kroatischen Volkes in einem jugoslawischen Staat, in dem die Serben die Mehrheit bildeten, gefährdet wäre und berief sich auf die tausendjährige Tradition der kroatischen Unabhängigkeit, die im Völkergefängnis Jugoslawien erstickt wurde. Die katholischen Kroaten gehörten schon immer einem zivilisierten, abendländischen Europa an und wünschten die Rückkehr dorthin.

– Die slowenische Propaganda polarisierte ähnlich wie die kroatische zwischen den traditionell am asiatischen Despotismus orientierten orthodoxen Serben und den westeuropäischen, demokratischen, katholischen Slowenen. Slowenien, das ohnehin über eine eigene Sprache und Kultur und damit Identität verfüge, müsse die Fremdherrschaft abschütteln, um sich endlich als Volk realisieren zu können.

– Die bosnisch-muslimische Propaganda wirkte zunächst im Untergrund und arbeitete dort an der nationalen Erweckung einiger weniger, die später in die Führungskader aufstiegen. Ein Zeuge dieser muslimischen Bemühungen ist der bekannte Theoretiker des islamischen Fundamentalismus, Kalim Siddiqui, Freund und Verehrer Chomeinis, der 1985 schrieb: »Die islamische Revolution im Iran und die Führung Imam Chomeinis haben das Feuer des Islam entzündet und Hunderte von bosnischen Muslimen inspiriert, nach Hause zurückzukehren und den Islam zu predigen. (…) Die panislamischen Kräfte in Bosnien-Herzegowina spekulierten darauf, daß Jugoslawien auseinanderbrechen würde und hofften, ihren eigenen islamischen Staat errichten zu können.«[10]

Im weiteren arbeitete die bosnisch-muslimische Propaganda an einem Bild, das die Existenz der muslimischen Bevölkerung in einem vereinten, serbisch dominierten Jugoslawien als gefährdet zeichnete: deshalb sei Bosnien nur als unabhängiger, zentral regierter Staat (unter muslimischer Dominanz) überlebensfähig, in dem, wie über Jahrhunderte hinweg, Toleranz und Frieden herrschen würden.

– Die Propaganda der Montenegriner, die traditionell den Serben eng verbunden sind, lehnte sich an die serbische an; die Propaganda der Makedonier war die am wenigsten polarisierende, was auch daran erkennbar ist, daß der makedonische Präsident Kiro Gligorov der einzige der ex-jugoslawischen Republikführer war, der keine Bodyguards benötigte, weil seine Haltung versöhnlich war.

Die jeweiligen »Wahrheiten« der Machthaber in den ex-jugoslawischen Republiken, die über die von ihnen beherrschten Medien transportiert wurden, erzeugten Ängste und brachten die Jugoslawen gegeneinander auf. Wenn man heute, nach dem »Friedenschluß« von Dayton, bosnische, kroatische und serbische Zeitungen in die Hand nimmt, sieht man sich immer noch mit »Wahrheiten« konfrontiert, die an alte Wunden rühren. Hinzugekommen sind allerdings neue, reale Wunden: Tausende von Toten und Hunderttausende von Heimatlosen. Aber auch Leid und Elend werden nach den Prinzipien der Teilung kategorisiert, so daß es in den bosnischen, kroatischen und serbischen Medien jeweils immer nur die eigenen Opfer gibt, niemals die der anderen.

6. Medien als Brandstifter

Krisenkommunikation in den westlichen Medien führt regelmäßig zu Medienkrisen, die ausgelöst werden durch Diskussionen über die Verantwortung von Journalisten, über Defizite in der Berichterstattung, über Glaubwürdigkeit von Informationen und vieles mehr. Nach dem Mediendesaster des Golfkriegs gab es in den Redaktionsstuben der Weltpresse eine kurze Welle des Entsetzens über das eigene Versagen und die Ohnmacht. Dann ging man zur Tagesordnung über. Medienwissenschaftler haben festgestellt, daß sich öffentliche Debatten über Kriegsberichterstattung zyklisch verhalten: Zuerst kommt das »Berichterstattungsdilemma, dann die Medienkritik, schließlich versande die Diskussion, um beim nächsten Krisenfall erneut einzusetzen«.[1] Die Folge der Folgenlosigkeit dieser Selbstkritik ist die Wiederholung von Fehlern.

Als der Krieg auf dem Balkan nur wenige Monate nach Beendigung des »Wüstensturms« ausbrach, hatte man die Auseinandersetzung um das Versagen der Medien praktisch schon abgehakt. Der neue Konflikt schien auf den ersten Blick auch nicht vergleichbar mit dem Pentagon-gesteuerten Videokrieg: Keine Großmacht verhinderte den Zugang zum Kriegsgebiet, kein Militär zensierte Informationen; es gab echte Kriegstote zum Abfilmen und Tausende von Augenzeugen, die über Schreckliches berichteten. Wie zum Ausgleich für die journalistischen Entbehrungen am Golf konnten die Berichterstatter jetzt über »Stoff« in Hülle und Fülle verfügen.

Fast zweieinhalb Jahre nach Beginn des militärischen Konflikts im ehemaligen Jugoslawien veröffentlichte die wohl weltweit renommierteste Zeitschrift für internationale Politik,

›Foreign Policy‹, einen Artikel des Journalisten Peter Brock unter dem Titel »Dateline Yugoslavia: The Partisan Press«.[2] Es war der Wunsch der Redaktion gewesen, die Rolle der Medien im Balkankrieg kritisch zu hinterfragen, und Peter Brock hatte nicht nur Erfahrungen vor Ort gesammelt, sondern sich dabei auch den Ruf eines durchaus zuverlässigen Journalisten erworben.[3] Brocks These klang wie das mehrfache Echo vergangener Diskussionen über Kriegsberichterstattung: Im Balkankonflikt habe der westliche Journalismus versagt. Konkreter: Verdrehung von Tatsachen, mangelnde Sorgfalt und einseitige Kommentierung seien an der Tagesordnung, Fahrlässigkeit und Meutenjournalismus das besondere Kennzeichen der Balkan-Berichterstattung. Dabei verband sich, so Brock, in einem beispiellosen Ansturm der Bilder und Berichte moderne Medientechnik mit anwaltschaftlichem Journalismus. Die Medien seien zu einer Bewegung, zu Mitkriegsführenden geworden: »Die Nachrichten kamen im vollen Kampfanzug der knalligen Schlagzeilen, der seitenweise ausgebreiteten, bluttriefenden Fotos und grausigen Videofilme daher. Dahinter steckte die klare Absicht, Regierungen zu militärischem Eingreifen zu zwingen. Die Wirkung war unwiderstehlich, aber war das Bild vollständig?«[4]

Brock versäumt es nicht, seine Perspektive ins rechte Licht zu rücken: »Die Beweise sind (...) erdrückend, daß die militärischen Kräfte der bosnischen Serben schweres Unrecht begangen haben und begehen.«[5] Seine Kritik jedoch betrifft die mangelnde Verantwortung der Kollegen, die den »professionellen Auftrag, alle Seiten einer Geschichte zu erfassen und ihnen nachzugehen«, nicht erfüllt hätten. Sicher hätten sich die objektiven Umstände im Kriegsgebiet dafür nicht immer günstig erwiesen, dennoch wäre diese Nachlässigkeit vermeidbar gewesen und man hätte ein realistisches Bild von den Geschehnissen im ehemaligen Jugoslawien bekommen. Brock belegt seine Behauptungen mit zahlreichen Beispielen.

Als Brocks Artikel in den USA erschien, setzte ein Sturm der Entrüstung ein, jedoch Entrüstung nicht über die Medien, sondern über den Autor. Am 20. Januar 1994 veröffentlichte die Züricher ›Weltwoche‹ den Text in Europa. Die liberale Zeitung und der verantwortliche Auslandsredakteur Hanspeter Born erlebten ein kleines Erdbeben. Es hagelte Telefonanrufe und Leserbriefe, »in denen uns vorgeworfen wurde, wir leugneten die serbische Aggression im Bosnienkrieg, wir verharmlosten Kriegsverbrechen wie die ›ethnische Säuberungen‹ und die Vergewaltigungen, wir stellten Täter und Opfer auf dieselbe Ebene und verhöhnten somit die Opfer. (...) Der Reaktionär Born, hieß es, sei einem Artikel aufgesessen, der in einer dubiosen, ultrarechten Publikation erschienen sei – was angesichts der progressiven politischen Ausrichtung von ›Foreign Policy‹ recht amüsant ist. Bald stimmte fast die gesamte Schweizer Presse in das Geheul gegen den Brock-Artikel ein. 16 Osteuropa-Korrespondenten schweizerischer Medienunternehmen schrieben einen betupften offenen Brief, in dem sie sich gegen den (gar nicht gegen sie erhobenen) Vorwurf der Einseitigkeit verwahrten.«[6]

Vor dem Verlagsgebäude der ›Weltwoche‹ plazierten Schweizer Aktivisten eine Gruppe von 40 Bosniern, die mit Plakaten gegen die Veröffentlichung des Brock-Artikels protestierten. »Wir sind keine Lüge«, war die eindringliche, aber völlig irreführende Botschaft der Demonstranten – das hatte Peter Brock auch gar nicht behauptet. Urheber dieser spektakulären Aktivitäten waren Tilman Zülch und die Gesellschaft für bedrohte Völker, in deren Jahresbericht die Begebenheiten nüchtern notiert werden: »Proteste und Stellungnahmen gegen die proserbische Desinformationskampagne des amerikanischen Journalisten Peter Brock in der schweizerischen, bis dahin renommierten Zeitschrift ›Weltwoche‹ im Februar 1994«.[7]

Das war genau der Mechanismus, der eine kritische öffentliche Debatte über die Rolle der Medien im Balkankrieg unmöglich machte und schließlich den von Peter Brock eingeleiteten Reflexionsprozeß bald zum Erliegen brachte: Wer die Frage nach der Wahrheit über diesen Krieg stellte, wurde als Lügner denunziert und zum Serbenfreund abgestempelt, was angesichts der Völkermordkampagne dem Vorwurf einer zumindest geistigen Mittäterschaft gleichkam und kritische Journalisten ins moralische Abseits rückte. Die Angst vor der durchaus realen Möglichkeit, einer Komplizenschaft mit dem Faschismus beschuldigt zu werden, hatte sich so tief eingegraben, daß bei Redakteuren und Journalisten ein Mechanismus der Selbstzensur in Gang gesetzt wurde. Davon konnte sich die Autorin selbst in zahlreichen Gesprächen mit verantwortlichen Auslandsredakteuren deutscher Medien wie ›Stern‹, ›Die Zeit‹, ›Die Wochenpost‹, ›Die Woche‹, ›Süddeutsche Zeitung‹ und anderen überzeugen. Die öffentlichen Stellungnahmen der Redakteure unterschieden sich erheblich von ihren privat geäußerten Meinungen. Einige von ihnen etwa hielten die Massenvergewaltigungen für eine große Propagandalüge, wovon sich in ihren Artikeln jedoch nie ein Wort finden ließ. Andere waren überzeugt davon, daß es unter den Serben viele Opfer gab, hielten es aber nicht für angebracht, darüber zu schreiben. Alle aber waren der Meinung, es existiere ein simples, schwarzweiß gemaltes Bild von Gut und Böse, das den wahren Gegebenheiten nicht entspräche, dabei offenkundig vergessend, daß sie oder ihre Medien es waren, die dieses Bild mitproduzierten – die einen mehr, die anderen weniger.

Die Selbstzensur unter dem Druck einer schon geformten öffentlichen Meinung jedenfalls ist eine Konstante der Berichterstattung über die Kriege in Bosnien und Kroatien. Als der Fernsehjournalist Martin Lettmayer im November 1992 die Berichte über Massenvergewaltigungslager, verfaßt von Alexandra Stiglmayer, die praktisch alleine den deutschsprachigen Medienmarkt zu diesem Thema bediente, nachrecherchierte, kam er zu dem Ergebnis: »Da ist alles gelogen«.[8] Doch unterbringen konnte Lettmayer seine gefilmten Erkenntnisse nicht. Der Kommentar eines ZDF-Auslandsredakteurs zu Lettmayers Angebot: »Die Berichte sind interessant, und man sollte sie bringen. Aber wenn ich das tue und gegen den Strich bürste, kann ich meinen Job an den Nagel hängen.«[9]

Auch Hanspeter Born stand nach der Veröffentlichung des

Brock-Artikels kurz vor dem Rausschmiß. Angesichts der massiven Attacken und diffamierenden Vorwürfe sah sich schließlich selbst die Redaktion von ›Foreign Policy‹ veranlaßt, Brocks Behauptungen zu überprüfen, denn immerhin stand ihr Ruf als seriöse Publikation auf dem Spiel. Die umfangreiche Dokumentation, die ›Foreign Policy‹ zusammenstellte, bestätigte Brocks Aussagen alle, bis auf eine: Er hatte ein Titelbild von ›Time‹ und ›Newsweek‹ verwechselt, was an der Aussage aber nichts änderte. Denn das – dem falschen Magazin zugeschriebene Coverfoto – zeigte ein »Konzentrationslager« mit Stacheldraht und einem ausgemergelten »Muslim« im Vordergrund, der in Wirklichkeit ein Serbe war.[10]

Unter diesen erschwerten Umständen und Vorzeichen jedoch konnte keine ernsthafte öffentliche Diskussion über die Kriegsberichterstattung vom Balkan entstehen und erst recht keine Korrektur ihrer Einfärbung stattfinden. Ausschlaggebend dafür ist auch noch eine ungeschriebene Gesetzmäßigkeit der Kriegsberichterstattung: Die Wahrheit über Kriege erfährt man erst, wenn sie vorbei sind, nämlich dann, wenn die Propaganda-Apparate aufgehört haben zu arbeiten und die politischen und militärischen Ziele erreicht sind. Es scheint, als ob Medien und Öffentlichkeit stillschweigend akzeptieren, was der englische Schriftsteller Arthur Ponsoby vor mehr als einem halben Jahrhundert folgendermaßen formuliert hat: »In Kriegszeiten ist das Versäumnis zu lügen eine Nachlässigkeit, das Bezweifeln der Lüge ein Vergehen und die Erklärung der Wahrheit ein Verbrechen.«[11]

In Wirklichkeit aber kann die Wahrheit Verbrechen verhindern. In kaum einem anderen Krieg hat sich die einseitige Parteinahme und dadurch bedingte Desinformation derart konflikteskalierend ausgewirkt wie im Balkankrieg. In dem Artikel »Die Manipulation der Bilder verlängert den Krieg«, schrieb dazu Gregor Copley, Chefredakteur von ›Defense & Foreign Affairs‹, auf die Gefahren der Tatsachenverdrehung durch die Medien hinweisend: »Das einprägsamste und anschaulichste Bild jeglicher Berichterstattung ist von Dauer und beeinflußt die

Politik. Warum? Weil gewählte Politiker im Amt bleiben wollen, und das können sie auf Dauer nicht, wenn ihre Entscheidungen sich vom Gesamturteil der Wählerschaft unterscheiden, obwohl ja die politische Führung und nicht die Wähler oder die Medien diejenigen sind, die eine umfassende nachrichtendienstliche Analyse besitzen.«[12]

Im Balkankonflikt haben sich Politiker und Medien im Dienste politischer Ziele gegenseitig benutzt und wechselseitig zum Opfer gemacht und damit die Spirale des Hasses und der Gewalt unter den verfeindeten jugoslawischen Völkern beständig weitergedreht.

Die deutschen Medien und Kroatien

Die Vorreiter in der kriegsfördernden, einseitigen Parteinahme waren die deutschen Medien, die sich 1991 zu den Verfechtern des kroatischen und slowenischen Selbstbestimmungsrechts gemacht und damit die deutsche Anerkennungspolitik maßgeblich vorangetrieben haben. Die Leitartikellage wurde fast unmittelbar in politische Handlungen umgesetzt, wie Otto von Habsburg beschreibt: »Da herrschte doch auch in Bonn die gleiche negative Stimmung gegenüber Kroatien. Und da waren es zwei große deutsche Zeitungen, die praktisch die deutsche öffentliche Meinung so organisiert haben, daß sogar Genscher sich dem anpassen mußte. Ich meine die ›Welt‹ und die ›Frankfurter Allgemeine‹.«[13]

Es waren vor allem einige wenige publizistische Meinungsführer, die in einer politisch und informativ konfusen Situation die Marschrichtung vorgegeben haben. Auf der rechten Seite tönten Carl Gustav Ströhm, Viktor Meier und insbesondere Johann Georg Reißmüller, Mitherausgeber der ›FAZ‹ und »Balkanexperte«: für die traditionell demokratisch orientierten, weil katholisch geprägten Kroaten und Slowenen sei endlich die Zeit der Befreiung aus der »Willkür der serbischen Despoten« und der serbisch-kommunistischen »Unterdrückungs- und

Eroberungsmacht« gekommen. Denn im Völkergefängnis Jugoslawien waren ohnehin »zwei einander fremde Kulturen und Zivilisationen, zwei auseinanderklaffende Auffassungen von Rechtlichkeit und Gerechtigkeit, von Staatsmacht und Freiheit aufeinandergeprallt«.[14] Schließlich zählten gerade die Kroaten, so Reißmüller, zu den Säulen der katholischen Weltkirche.

Von links fuhr der ›Spiegel‹ unter der Verantwortlichkeit von Olaf Ihlau, in der Redaktion bekannt als »Serbenfresser«, eine Attacke auf die öffentliche Meinung und verkündete im Juli 1991 auf der Titelseite reißerisch: »Völkergefängnis Jugoslawien. Terror der Serben«.[15] Ihlaus militante Serbenfeindlichkeit sollte schließlich nach drei Jahren Kommentierung des Krieges dem Herausgeber Rudolf Augstein zuviel werden und im Dezember 1994 eine handfeste Krise im ›Spiegel‹ auslösen. Mit markigen Worten hatte Ihlau nämlich in einem Kommentar zur Militarisierung der deutschen Außenpolitik gegen die Serben aufgerufen, eine Linie, die Augstein und zumindest eine Hälfte der Spiegel-Redaktion nicht teilen mochten.[16]

Horst Grabert, ehemaliger Botschafter der Bundesrepublik Deutschland in Belgrad, spricht im Zusammenhang mit dem Einfluß der öffentlichen Meinung auf die Anerkennungspolitik Genschers von einem »Zangengriff«, in den der Außenminister durch den Druck von links und rechts genommen wurde: »Genscher stellte sich an die Spitze einer Bewegung, die er nicht mehr verhindern konnte.«[17] Zu den publizistischen Einpeitschern, die den Außenminister bedrängten, gesellten sich schon früh gesinnungsethische Politiker, die das Wort vom Selbstbestimmungsrecht wie eine Monstranz vor sich hertrugen. Nach Besuchen in Ljubljana und Zagreb hatte sich eine SPD-Delegation von der schwierigen Lage der Slowenen und Kroaten überzeugen können. Und der außenpolitische Experte der SPD, Norbert Gansel, war auch noch zwei Jahre danach besonders stolz darauf, die Forderung nach der Anerkennung der beiden jungen und »demokratischen« Staaten im Mai und Juni 1991 im Auswärtigen Amt zum Thema gemacht und im österreichischen

212

Außenminister Alois Mock einen soliden Verbündeten gefunden zu haben. Gansels Begründung für sein Engagement: »Man mußte der Hegemonialmacht in Serbien endlich Einhalt gebieten.«[18]

Die Bilder vom Beschuß der Städte Dubrovnik oder Vukovar, die allabendlich über die Bildschirme flimmerten, taten ein übriges, um die deutsche Außenpolitik gegen den in der Europäischen Gemeinschaft herrschenden Konsens, Jugoslawien vorerst als Ganzes zu erhalten, auf Anerkennungskurs zu bringen: Am 14. November 1991 unterstützten alle Fraktionen des deutschen Bundestages in einer einstimmig verabschiedeten Entschließung die Haltung der Bundesregierung zu Jugoslawien, im Dezember drängte Genscher seine europäischen Kollegen bei den Maastrichtsverhandlungen, die deutsche Linie einzuschlagen, und hatte Erfolg – welche Druckmittel er dazu auch immer benutzt haben mag.

Bedenken der europäischen Partner schlug der deutsche Außenminister bei seinem Alleingang ebenso in den Wind wie die deutlichen Warnungen des UN-Generalsekretärs Perez de Cuellar, der Genscher sogar brieflich aufforderte, von seinen Absichten Abstand zu nehmen.[19] In den deutschen Medien erhob sich eine einzige einsame Stimme gegen das deutsche Vorgehen und seine Folgen für den Balkankonflikt: Es war ausgerechnet Thomas Schmid in der ›tageszeitung‹ – später ein vehementer Verfechter der Völkermordthese –, der auf das ungelöste Problem der Krajina-Serben in Kroatien hinwies.[20]

Obwohl Experten und ausländische Politiker, darunter der ehemalige US-Außenminister James Baker, den Alleingang der deutschen Außenpolitik in der Anerkennungsfrage wiederholt als schwerwiegendstes Eskalationsmoment im Balkankonflikt scharf verurteilt haben, hat es weder in den deutschen Medien noch im deutschen Bundestag jemals eine der Schwere des Vorwurfs angemessene öffentliche Kontroverse darüber gegeben.[21] Das so umfassende Schweigen, das sich über Deutschland gesenkt hat, wirkt gespenstisch, zieht man folgende Umstände in Betracht:

– Im Januar 1995 ließ Andreas Zumach, freier Korrespondent für internationale und UNO-Angelegenheiten in Genf, eine Dimension der deutschen Außenpolitik anklingen, die beunruhigend wirken müßte: »Inzwischen liegen (...) Informationen vor, die auf eine längerfristige Strategie hindeuten. Danach hat der Bundesnachrichtendienst (BND) seit den achtziger Jahren in Zusammenarbeit mit dem kroatischen Geheimdienst systematisch auf die Verschärfung der Konflikte zwischen Zagreb und Belgrad hingearbeitet. Zum Teil unter Nutzung von Kanälen und Personen, die bereits bei der Zusammenarbeit zwischen den Nazis und der faschistischen Ustascha eine Rolle spielten und mit denen der BND intensiven Kontakt hielt. Zudem gibt es Hinweise auf massive Waffenlieferungen in den achtziger Jahren aus deutschen Quellen an Empfänger in Kroatien. Offen ist noch, ob BND-Aktivitäten und die Waffenlieferungen mit Wissen und Unterstützung der Bonner Regierung erfolgten. Schließlich soll Genscher in Telefonaten mit Präsident Tudjman (die vom US-Geheimdienst abgehört wurden) diesen bereits mehrfach zur Erklärung der Unabhängigkeit Kroatiens gedrängt haben.«[22]

Im Juni 1995 erschien ein Buch, das Zumachs Andeutungen nicht nur bestätigt, sondern detailliert ausarbeitet und Stoff für einen handfesten politischen Skandal bieten könnte. Erich Schmidt-Eenboom, Leiter des Forschungsinstituts für Friedenspolitik in Weilheim sowie Experte für Rüstungsexporte und Nachrichtendienste, erläutert in seiner politischen Biographie des amtierenden deutschen Außenministers mit dem Titel ›Der Schattenkrieger. Klaus Kinkel und der BND‹, daß der Bundesnachrichtendienst unter der Ägide seines damaligen Chefs Kinkel Ende der siebziger Jahre seine Aktivitäten im ehemaligen Jugoslawien intensivierte: »Zu dieser Zeit nahm auch die Partnerschaft der kroatischen Sezessionisten mit dem BND handfestere Formen an. Von diesem Zeitpunkt an, unmittelbar vor dem Tode Titos, wurden in Zagreb alle Entscheidungen in strategischen und personellen Fragen nur noch in Absprache des Zentrums von Krajacic (eine der einflußreichsten kroatischen

Persönlichkeiten in der Politik des ehemaligen Jugoslawien, M. B.) mit BND-Instanzen und Ustascha-Repräsentanten getroffen (...). Der deutsche Geheimdienst ist damals zu einem aktiven Gestalter der Balkanpolitik geworden.«[23] Auf solche und ähnliche Aussagen gab und gibt es in Deutschland keine bemerkbaren Reaktionen, weder in den Medien noch in der Politik.

– Die gemeinsame deutsch-kroatische faschistische Vergangenheit ist ein Tabu-Thema in der deutschen Öffentlichkeit. In wolkigen Formulierungen erinnern zwar abwechselnd Bundeskanzler Kohl, Außenminister Kinkel und Verteidigungsminister Rühe an das »dunkle Kapitel deutscher Geschichte auf dem Balkan« und entschließen sich dann, um die Serben nicht unnötig zu provozieren, deutsche Soldaten im Rahmen der Beteiligung an UN- und NATO-Aktionen lieber in Kroatien als in Bosnien-Herzegowina zu stationieren. Die Medien und die Opposition stimmen zu.

Der so demonstrierten historischen Sensibilität fehlt es jedoch an der nötigen Deutlichkeit: Bei der Bombardierung Belgrads durch die Nazis sind 20 000 Menschen ums Leben gekommen und zahlreiche kulturelle Einrichtungen, darunter die serbische Nationalbibliothek, zerstört worden. Im Oktober 1941 wurden in der serbischen Stadt Kragujevac 7000 Bewohner von deutschen Armeeinheiten erschossen, darunter ganze Schulklassen mit ihren Lehrern.[24] In zahlreichen serbischen Städten und Dörfern nahm die deutsche Wehrmacht willkürliche Erschießungen von Zivilisten vor – für jeden toten Deutschen zehn tote Serben.[25] Die Nazi-Ustascha-Komplizenschaft macht die Deutschen auch mitverantwortlich für Massenmorde, wie sie der Historiker Vladimir Dedijer geschildert hat: »Später sah ich in Kroatien, Bosnien und der Herzegowina mit eigenen Augen zahlreiche Schluchten, in die Tausende serbischer Frauen und Kinder mit durchgeschnittenen Kehlen geworfen waren.«[26] – Das kroatische Konzentrationslager Jasenovac schließlich war die drittgrößte Hinrichtungsstätte in Europa, und Sarajewo wurde als erste europäische Stadt für »judenfrei« erklärt.[27]

Das lückenhafte historische Gedächtnis ließ die deutsche Öffentlichkeit auch nicht aufschreien, als 1990 im national erwachenden Kroatien das Schachbrettwappen, die alte Ustascha-Fahne, gehißt wurde, die für die Serben dieselbe symbolische Bedeutung hat wie für die Juden das Hakenkreuz,[28] wobei gleichzeitig die serbische Minderheit in Kroatien aus der neuen Verfassung gestrichen wurde. Es irritierte auch niemanden in Deutschland, daß unter der Führung des Präsidenten Tudjman, der sich als Historiker mit einer »kroatischen Auschwitzlüge« einen Namen gemacht hatte, Zehntausende von Serben schon vor dem Krieg aus Kroatien vertrieben wurden, was in den kroatischen Medien schon damals als »ethnische Säuberung« bezeichnet wurde.[29]

Ignoriert wurden nicht nur die Ängste der Serben in Kroatien, sondern auch die der Juden. Im Oktober 1991 warnte die jugoslawische Organisation »Jüdischer Kriegsveteranen, ehemaliger KZ-Häftlinge und Kriegsgefangener« vor der von Präsident Tudjman erklärten »historischen Konitinuität zwischen dem neuen Kroatien, das zur Sezession entschlossen ist, und dem ehemaligen ›Unabhängigen Staat Kroatien‹, der alles getan hat, um uns Juden zu vernichten« und äußerte die Hoffnung, daß Europa »sich nicht irreführen läßt von den Unwahrheiten, die weltweit zirkulieren und den Kern dessen verschleiern, was eigentlich passiert« in Kroatien.[30]

Der »Kern« der kroatischen Veränderungen war ein Aufbruch in die Vergangenheit: Zum ersten großen Kongreß der Tudjman Partei HDZ wurden hundert emigrierte Kriegsverbrecher aus der Ustascha-Zeit eingeladen, Straßennamen wurden nach Ustascha-Größen umbenannt,[31] die Kuna, das Ustascha-Zahlungsmittel wurde wieder eingeführt, aus dem ehemaligen Konzentrationslager Jasenovac wurden (nach der Rückeroberung im Sommer 1995) alle Spuren des Gedenkens an die Opfer des Faschismus entfernt. Schließlich war es auch keiner deutschen Kommentierung wert, daß der letzte Kommandant von

216

Jasenovac, Dinko Sakic, in der kroatischen Öffentlichkeit rehabilitiert wurde und in einem Interview gestand, er bereue nichts, außer, nicht konsequent gewesen zu sein: »Wenn wir damals unsere Arbeit ordentlich verrichtet hätten, dann hätten wir heute das Problem mit den Serben nicht mehr.«[32]

Bei so vielen Erinnerungs- und Wahrnehmungslücken verwundern Kommentare deutscher Journalisten wie etwa der von Alexander Niemetz im ZDF nicht, der die Berichterstattung über die Massenvertreibung der Krajina-Serben im August 1995 mit dem Satz anmoderierte: »Sie fliehen, weil sie der serbischen Propaganda mehr glauben als der demokratischen Verfassung Kroatiens.«[32]

– Von 1993 an alarmierten die kroatischen Serben wiederholt internationale Institutionen und Pressevertreter mit der Meldung, das Papuk-Gebirge, das an die serbischen Gebiete in West-Slawonien grenze, sei radioaktiv verseucht. Der Grund dafür seien die Endlagerstätten für Atommüll und chemische Abfälle, die dort von den kroatischen Behörden errichtet worden seien. Die kroatische Regierung plane weitere in der Krajina.

Was an den Meldungen besonders aufhorchen lassen konnte, nahm man sie denn überhaupt zur Kenntnis, war der Hinweis, daß die nuklearen und chemischen Abfälle aus der Bundesrepublik stammten. Selbst eine genaue Wegbeschreibung der Transportroute lag vor. Mehrere Vorstöße der Autorin bei deutschen Redaktionen, die Vorwürfe nachrecherchieren zu lassen, stießen entweder auf eine Ablehnung aus Kostengründen oder auf Desinteresse oder auf – Schweigen. Eine Anfrage bei Greenpeace Deutschland ergab zwar, daß die Anschuldigungen der kroatischen Serben von Geheimdienstkreisen bestätigt wurden, hatte jedoch keine weiteren Folgen. Aus dem Vortrag eines kroatischen Wissenschaftlers, gehalten auf einem Fachkongreß in Tuscon/Arizona im März 1994, geht hervor: »Der Bau von Endlagerstätten für Atommüll in Kroatien wird für die nahe Zukunft eine ›conditio sine qua non‹ sein. Gemessen an den existierenden und vorauszusehenden Mengen radioaktiven Abfalls, der verschiedenen Quellen entstammt und den Kroatien verpflichtet ist zu entsorgen, stellt sich nicht die Frage, ob und wie die Endlagerstätten errichtet werden, sondern wo ...«[33] Die Anlagen zu dem Vortrag enhalten geographische Karten, die die geologisch günstigsten Gebiete für die Errichtung von Endlagerstätten ausweisen. Es handelt sich um Gebiete in der damals noch von aufständischen Serben kontrollierten, heute »befreiten« Krajina.

Angesichts dieser und anderer Tatsachen fällt es schwer, nicht nach den besonderen Interessen deutscher Politik in Kroatien oder auf dem Balkan zu fragen, und es fällt noch schwerer, Bedenken gegen die fast vollkommene Voreingenommenheit der Medien zu zerstreuen.

Die internationalen Medien und Bosnien-Herzegowina

Mit Beginn des Krieges in Bosnien-Herzegowina waren die Wahrnehmungskoordinaten für die Konfliktstrukturen auf dem Balkan durch die von der internationalen Gemeinschaft vollzogene Anerkennungspolitik und die sezessionistische kroatische (und auch slowenische) Propaganda von »Demokratie und Selbstbestimmungsrecht« sowie »Aggression« schon festgelegt: Die ehemaligen jugoslawischen Republiken sollten sich innerhalb der von Tito gezogenen Grenzen als Nachfolgestaaten etablieren.

Dieser so definierten Verselbständigung von Territorien, die vorher in diesen Grenzen nie als unabhängige Staaten existiert haben, standen jedoch die Realität der jugoslawischen Völkermischzone und die Nationalisierungs- und Kollektivierungsprozesse der Völker diametral entgegen. Die kroatischen und später auch die bosnischen Serben etwa wollten entweder in einem jugoslawischen Staat verbleiben oder, wenn das nicht möglich sein sollte, das gleiche Recht auf Selbstbestimmung und Sezession für sich in Anspruch nehmen, wie es Kroaten und Slowenen eingefordert hatten, oder zumindest ein ausreichendes Maß an Autonomie genießen. Die Politik und die nationalistische Ikonographie des kroatischen Präsidenten Tudjman waren für die Serben Kroatiens genausowenig vertrauenserweckend, wie sich die drei Völker Bosniens – Serben, Kroaten und Muslime – unter den wachsenden nationalistischen Vorzeichen gegenseitig als bedrohlich empfanden. Die machthungrigen und ehrgeizigen Nachfolger Titos, insbesondere der Kommunist Slobodan Milosevic, der Nationalist Franjo Tudjman und der Islamist Alija Izetbegovic, nutzten die Gunst der Stunde, um jeweils für sich das größtmögliche Stück aus dem zerfallenden Staat der Südslawen herauszuschlagen – buchstäblich.

Das unter dem Druck der deutschen Außenpolitik und unter dem Einfluß der hämmernden kroatischen Propaganda von der internationalen Gemeinschaft zugunsten der Kroaten implementierte Selbstbestimmungsrecht als Sezession von Territorien war in zweifacher Weise illegitim. Erstens, da kein Konsens über die innerjugoslawischen Aufteilungen bestand, bedeutete diese einseitige Veränderung des jugoslawischen Staatsgebietes einen Bruch der Unverletzlichkeit der Grenzen aller Staaten der KSZE. Zweitens wurden bei der Umsetzung des Selbstbestimmungsrechts doppelte Maßstäbe angewandt – es galt für die Kroaten (und Slowenen) in Jugoslawien, nicht aber für die Serben in Kroatien (und später in Bosnien).[34]

Diese offenkundigen Widersprüchlichkeiten brachten auch das Kriegsgeschehen in Bosnien ins Rollen und waren in ihrer Komplexität ganz und gar nicht mediengerecht. Statt zu analysieren und alle Seiten des Konflikts zu beleuchten, was nicht nur professionellen journalistischen Maßstäben entsprochen hätte, sondern überdies der Situation angemessen gewesen wäre, war die Berichterstattung ereignisorientiert und – durch die Propaganda gesteuert – selektiv. Von Anfang an. Der Krieg in Slowenien wurde als tapfere Abwehr einer Aggression der Jugoslawischen Volksarmee (JNA) dargestellt, dabei war es die slowenische Teritorrialverteidigung, die geschossen hatte und für die Toten verantwortlich war, denn die JNA war ohne

Schießbefehl und ohne Munition ausgerückt. Der Krieg in Kroatien wurde ebenfalls als Angriffskrieg der JNA dargestellt, als er schon lange in den überwiegend serbisch bewohnten Gebieten Kroatiens durch laufende gegenseitige kroatisch-serbische Provokationen eskaliert war. Die JNA selbst wurde im kroatischen Krieg zersplittert – die höheren Offizierskader zerfielen entlang nationaler Linien, ein Teil der Soldaten blieb jugoslawisch orientiert und versuchte eine Pufferzone zwischen den Kriegsparteien zu bilden, ein weiterer Teil lief zu den Kroaten über, ein dritter zu den Serben.[35]

Zu zwei zentralen medialen Ereignissen des serbo-kroatischen Krieges wurden der Beschuß von Dubrovnik und die Zerstörung von Vukovar als »Zeugnisse großserbisch-kommunistischer Barbarei«. Dramatische Appelle des Bürgermeisters von Dubrovnik über den Untergang der Stadt schockierten die Weltöffentlichkeit und rüttelten sie auf. Die Geschichte entpuppte sich später als großer Bluff.[36] Bei Vukovar standen die Dinge anders: Die Stadt wurde tatsächlich brutal zerstört, und die Angriffe forderten zahlreiche zivile Todesopfer. Das ist jedoch nur der dritte Teil der Geschichte. Der erste Teil ist die Tatsache, daß die Kroaten schon im Juni 1991 sowohl Vukovar als auch das benachbarte Borovo eingenommen und in der Schuhfabrik von Borovo Gefangenenlager für die lokale serbische Zivilbevölkerung eingerichtet hatten. Zwischen Juni und November, als Vukovar und Borovo von der »JNA« »befreit« wurden, befanden sich etwa 5000 serbische Zivilisten in dem Lager, von denen vermutlich 1000 durch »rituelle Tötungen« ermordet wurden.[37] Der zweite Teil der Geschichte ist, daß Präsident Tudjman seinen kroatischen Verteidigern von Vukovar trotz Bitten schwere Waffen verweigerte und den Befehl gab, keine Zivilisten aus der Stadt zu lassen, weil er für die Mobilisierung der Weltöffentlichkeit die Dramatik brauchte. Der damals zuständige Kommandant Mile Dedakovic warf Tudjman vor, er würde Vukovar für Propagandazwecke opfern, eine Erkenntnis, die auch der kroatische Journalist und Vorsitzende des Helsinki-Komitees in Kroatien, Ivan Zvonimir Cicak, teilt.[38]

Als der Krieg in Bosnien losging, waren die Mechanismen der Selektion, Verdrehung von Tatsachen und Manipulation schon zum kommunikativen Standard geworden. Die internationale Presse zog von Zagreb nach Sarajewo und wurde jetzt nicht mehr von kroatischen, sondern von bosnischen Informationsstellen betreut. Dabei ist ihr einiges entgangen:

– *Der Kriegsbeginn:* Allgemein gilt als Kriegsbeginn der 6. April 1992, als serbische Heckenschützen auf Demonstranten vor dem Parlamentsgebäude in Sarajewo schossen, womit auch die Schuld am Ausbruch des bewaffneten Konflikts eindeutig spezifiziert wird. Die Fernsehaufnahmen, die die BBC und TV-Sarajewo von diesen Ereignissen gemacht haben, zeigen jedoch ebenso eindeutig, daß neben den Serben die Grünen Barette, eine militärische Spezialeinheit Alija Izetbegovics, die Menge unter Beschuß genommen haben.

Vergessen oder ignoriert werden in der Weltpresse auch zwei andere, in Bosnien wohlbekannte Tatsachen, die zur Eskalation des Konflikts erheblich beigetragen haben. Am 1. März 1991 fand eine serbische Hochzeit im muslimischen Altstadtviertel Sarajewos, der Bascarsia, statt, wo sich auch die älteste orthodoxe Kirche der Stadt befindet. Bei einem Attentat auf die Hochzeitsgesellschaft wurde der Vater des Bräutigams getötet, der orthodoxe Priester verletzt. Der Attentäter war Rasim Delalic, ein Muslim aus dem südserbischen Sandzschak. Der Zwischenfall erregte großes Aufsehen und schürte die Angst unter den Serben Sarajewos, zumal die Medien, vor allem die weltweit als Hort der Multikulturalität und Toleranz gefeierte Zeitung ›Oslobodjenje‹ den Zwischenfall mit einem gewissen Zynismus begleiteten. ›Oslobodjenje‹ schloß seinen Kommentar zum Attentat mit dem Satz: »Im übrigen, was hat eine serbische Hochzeitsgesellschaft in der Bascarsia verloren?«[39] Nach dem Mordanschlag begannen die Serben, ihre Barrikaden in der Stadt zu errichten. – Rasim Delalic wurde drei Monate später Kommandant des Altstadtviertels und ein gefeierter Medienheld auf TV-Sarajewo, dem man sogar Lieder widmete.

Das andere Ereignis fand am 17. März 1991 statt und wurde zum ersten Blutbad im – noch nicht ausgebrochenen – bosnischen Krieg. An diesem Tag verübten Angehörige der muslimischen Patriotischen Liga, der Kampftruppe Alija Izetbegovics, in Sijekovac bei Bosanski Brod ein Massaker an fünf serbischen Familien. Der brutale Mord wurde später als erster erfolgreicher Widerstand gegen die »Tschetniks« in allen bosnischen Medien gerühmt.[40]

– *Alija Izetbegovic:* Mit nachhaltiger Ignoranz wird der bosnische »Präsident« als Vertreter und Verfechter einer multikulturellen und toleranten bosnischen Gesellschaft präsentiert. Doch Alija Izetbegovic ist kein bosnischer »Präsident«, da die bosnische Verfassung dieses Amt gar nicht vorsieht, sondern Vorsitzender des bosnischen Staatspräsidiums, das aus sieben gleichberechtigten Mitgliedern besteht, die rotierend den Vorsitz übernehmen. Da die Amtszeit des Vorsitzenden des Staatspräsidiums nur zwei Jahre beträgt und die Verfassung selbst im Kriegsfall keine anderen Regelungen kennt, hat Alija Izetbegovic dieses Amt usurpiert und ist damit ein verfassungsrechtlich illegitimes »Staatsoberhaupt«.

Der Behauptung, Izetbegovic sei ein Multikulturalist, widerspricht allein der Umstand, daß er der Vorsitzende der nationalistischen Partei der Muslime, SDA (Stranka Demokratske Akcije), ist, die eindeutig nationale, also muslimische Interessen vertritt. Um die Dominanz einer nationalen Partei in Bosnien zu verhindern, wurden zwar das multinationale Präsidium und das eben erwähnte Rotationsprinzip eingeführt. Nachdem Izetbegovic jedoch diese Maßnahmen der politischen Gleichberechtigung ignoriert hat, kann man sagen, daß die Politik Bosniens seit Izetbegovics Amtsantritt im Dezember 1990 von ihm und seiner Partei dominiert wird. Durch zahlreiche willkürliche Gesetzesänderungen und interne Säuberungen hat Izetbegovic diese Macht inzwischen zementiert.[41]

Nimmt man nun noch Izetbegovics politische Motivationen und Ziele hinzu, erhält diese Dominanz eine erhebliche Bedeutung für den blutigen Zerfall Bosniens. Schon unmittelbar nach dem Zweiten Weltkrieg erwarb sich Alija Izetbegovic als Mitglied der Geheimorganisation »Junge Moslems« (»Mladi Muslimani«), die an der religiösen Erweckung aller Menschen mit moslemischem Namen arbeitete, in internationalen islamischen Kreisen einen Ruf als mutiger Kämpfer für die islamische Sache. Und die verfolgte er missionarisch. Als sein wichtigstes Werk gilt die »Islamische Deklaration«, in den Jahren 1966–1970 entstanden, die er allen für den Islam Gefallenen widmet. Dort schreibt er unter anderem: »Die islamische Welt befindet sich in einem Zustand der Erschütterungen und des Wandels (...) Die Epoche der Passivität und des Friedens ist für immer vorbei.«[42]

Letztlich ist für Izetbegovic die Machtübernahme durch den Islam unausweichlich, denn: »Es gibt weder Frieden noch Koexistenz zwischen dem islamischen Glauben und nichtislamischen sozialen und politischen Ordnungen. Der Islam negiert das Recht und die Möglichkeit jeder fremden Ideologie, sich in seinem Wirkungskreis zu entfalten.«[43] – Die Nähe der Deklaration zu anderen fundamentalistischen Schriften, wie etwa zu jenen des ägyptisch-islamischen Revolutionärs Sayyid al-Qutb, ist nach Meinungen von Islamisten unverkennbar.[44]

Nachdem Alija Izetbegovic, erklärtermaßen ein großer Sympathisant der iranischen Revolution Ayatollah Chomeinis, im post-titoistischen Jugoslawien wegen der staatszersetzenden Schlüsselthesen seiner Deklaration zu einer Gefängnisstrafe verurteilt wurde,[45] sah er nach seiner vorzeitigen Haftentlassung 1989 seine Stunde gekommen und gründete im Frühjahr 1990 die erste nationalistisch orientierte Partei im multinationalen Bosnien-Herzegowina, die SDA, die sich über Bosnien hinaus zur Partei aller jugoslawischen Muslime erklärte und deren Parteivorsitzender er wurde. Gleichzeitig wurde die bis dahin in Jugoslawien verbotene »Islamische Deklaration« zum ersten Mal veröffentlicht[46] und eine Neuauflage der englischen Übersetzung gedruckt. Während die SDA im multinationalen Bosnien Parteizusammenkünfte mit 200 000 Teilnehmern und nationaler Symbolik veranstaltete, formierte sich die nationalistisch orientierte Partei der bosnischen Serben, SDS, erst im Sommer 1990. Auf ihrem Gründungsparteitag erschien Alija Izetbegovic und begann seine Grußworte mit der Feststellung: »Herzlich willkommen, Brüder. Ihr habt euch etwas verspätet!«

In der Folge ließ er es an einer polarisierenden Politik und an Provokationen nicht mangeln, so wie 1991, als er sagte: »Wenn es jetzt keinen Fundamentalismus gibt, dann heißt das nicht, daß es keinen geben wird. In einem freien und souveränen Bosnien wird es ihn nicht geben, aber wenn es jemandem einfällt, das Land unterwerfen zu wollen, dann wird es nicht nur Fundamentalismus geben, sondern einen Terrorismus, der kein Ende haben wird. Zehntausende von jungen Muslimen werden es nicht erlauben, ohne ihre Heimat zu bleiben, und sind bereit, sie mit einem Terrorismus schrecklicher Ausmaße zu verteidigen.«[47]

Alija Izetbegovics hartnäckiges Eintreten für ein zentralistisch regiertes, unabhängiges Bosnien-Herzegowina vor dem Hintergrund seines missionarischen Eifers und der bosnischen Mehrheitsverhältnisse (die Muslime bildeten die Mehrheit) erzeugte Widerstand bei den bosnischen Serben, die die Dominanz einer Volksgruppe über die anderen verhindern und eine Gleichberechtigung verfassungsmäßig noch stärker abgesichert haben wollten. Izetbegovic verfolgte jedoch unnachgiebig seinen Kurs. Im März 1992 unterschrieben die Vertreter der drei bosnischen Volksgruppen die sogenannten Lissabonner Verträge, die eine Kantonisierung, also Dezentralisierung Bosniens vorsahen. Alija Izetbegovic zog nach einer Unterredung mit dem ehemaligen amerikanischen Botschafter in Belgrad, Warren Zimmermann, seine Unterschrift unter die Verträge zurück, was die Tür zum Krieg weit aufstieß.

Beharrlich haben die internationalen Medien eine Mitverantwortung Alija Izetbegovics an dem Gemetzel in Bosnien geleugnet und tun es immer noch – mit einem hohen Verbreitungsgrad. In der 1995 von der BBC und verschiedenen europäischen Sendern produzierten und europaweit ausgestrahlten fünfteiligen Dokumentarserie »Der Bruderkrieg im ehemaligen

224

Jugoslawien« (»The Death of Yugoslavia«) wird der Serbenführer Radovan Karadzic gezeigt, wie er auf einer Sitzung des bosnischen Parlaments den muslimischen Abgeordneten und Alija Izetbegovic droht, falls sie nicht einlenkten, würde es zu einem blutigen Krieg kommen – bis zur Auslöschung aller Muslime.[48] Bezeichnenderweise wird nicht gezeigt, wie Alija Izetbegovic auf derselben Sitzung seinerseits den Serben droht, für die Souveränität Bosnien-Herzegowinas werde er den Frieden opfern, den Frieden jedoch nicht für die Souveränität.

Als der Krieg in Bosnien-Herzegowina begann, stellte die internationale Presse Alija Izetbegovic und sein »multikulturelles« Bosnien als das unbewaffnete und unerwartet überfallene Opfer einer serbischen Aggression dar. Tatsächlich aber haben sich Alija Izetbegovic und seine SDA auf einen bewaffneten Konflikt militärisch wohlvorbereitet. Im September 1992 enthüllt Munib Bisic, stellvertretender Verteidigungsminister Bosnien-Herzegowinas, wie die muslimische Patriotische Liga entstanden ist: »Irgendwann im April 1991 habe ich mit einigen Leuten gesprochen, denen es klar war, daß der Krieg unumgänglich ist. (…) Als ich mit Sule (illegaler Name von Sulejman Vranja) in Kontakt getreten bin, haben wir einen Plan gemacht, wie wir uns organisieren und im Feld tätig werden. Wir haben uns im wesentlichen auf die Leute aus der SDA gestützt, sind durchs Land gefahren und haben Gleichgesinnte gesucht. Im Mai 1991 haben Sule und die Leute aus Sarajewo die Organisation ›Patriotische Liga‹ genannt. – Vom September 1991 an konnten wir einen massenweisen Zulauf von ehemaligen Offizieren der JNA verzeichnen. Das geschah alles konspirativ und auf Empfehlung vertrauenswürdiger Personen. Mit der Ankunft der Offiziere wurde der Generalstab der Patriotischen Liga vervielfacht. Praktisch alle Gemeinden hatten Stäbe der Patriotischen Liga. – In der Gründungszeit der Patriotischen Liga wurden in Sarajewo noch zwei autonome Organisationen geschaffen, die ›Grünen Barette‹ und ›Bosna‹. Im Mai dieses Jahres haben sich diese beiden Gruppen der Patriotischen Liga angeschlossen.«[49] Des weiteren erklärt Munib Bisic, daß die

Patriotische Liga vorgeschlagen hat, den Krieg in Bosnien zu beginnen, als die Kämpfe in Kroatien ausbrachen, daß dieser Zeitpunkt von der »Politik« jedoch als zu früh erachtet wurde.

Zu Kriegsbeginn hatte die Patriotische Liga 90 000 Mann unter Waffen, verteilt auf neun Regional- und 103 Gemeindestäbe.[50] Alija Izetbegovic forcierte auf konspirativen Sitzungen in den Wäldern und Bergen um Sarajewo die Entstehung der muslimischen Patriotischen Liga – als Vorsitzender des Staatspräsidiums einer multinationalen Regierung.[51] Dieses Doppelspiel, das großen Teilen der bosnisch-serbischen, aber auch bosnisch-kroatischen Bevölkerung nicht entging, setzte er beständig fort. Mitte März 1994 setzte Izetbegovic seine Unterschrift unter die moslemisch-kroatischen Föderationsverträge, Ende März erklärte er in einer programmatischen Rede auf dem Parteikongreß der SDA: »Wir sind uns als Volk genug. (…) Das multinationale Zusammenleben ist eine ganz nette Sache, aber, das darf ich ganz offen sagen, es ist doch eine Lüge. (…) Ein Soldat stirbt nicht für ein multinationales Zusammenleben, sondern (…) verteidigt sein eigenes Volk.«

Während Izetbegovic nach außen beharrlich den toleranten Multikulturalisten spielte, berichteten die bosnischen Medien wiederholt, daß er sich neben seiner langjährigen »bürgerlichen« Gattin noch zwei Ehefrauen nach den Gesetzen der Scharia angetraut hatte – Meliha Salihbegovic und Amila Omersoftic, die Direktorin von TV-Sarajewo. Dieselben von Alija Izetbegovic unmittelbar kontrollierten Medien, allen voran die nationale Wochenzeitung ›Ljiljan‹, förderten beständig die Islamisierung und Nationalisierung der Gesellschaft mit Artikeln, deren Überschriften beispielsweise lauteten: »Das Übel von Mischehen – schlimmer als Vergewaltigungen«.[52]

All diese Sachverhalte wären interessierten Journalisten zugänglich gewesen, denn sie unterlagen keiner Zensur.

– *Die Opfer:* Die Propagandastrategie der bosnisch-muslimischen Regierung baute, wie schon gezeigt, auf Völkermord. Es läßt sich durch zahlreiche Beispiele belegen, daß im Dienste dieser Strategie nicht nur Opferzahlen manipuliert, sondern Geschichten völlig verdreht wurden und als solche in die Dokumentationen der UN eingegangen sind. So wurde im Frühsommer 1992 die Welt aufgerüttelt durch die von Izetbegovics Regierung verbreitete Nachricht, die serbische Armee hätte in der bosnischen Stadt Bijeljina zweitausend Zivilisten massakriert. Die Anklage wurde ungeprüft weiterverbreitet. Das »Unabhängige Komitee für Kriegsverbrechen« auf dem Balkan, dessen Anliegen es ist, *alle begangenen* Kriegsverbrechen zu dokumentieren und vor das dafür vorgesehene Tribunal in Den Haag zu bringen, ist der Behauptung nachgegangen und erfuhr in Gesprächen mit den Muslimen von Bijeljina, wie sich die Dinge zugetragen haben. Danach drohte ein Überfall von etwa zweitausend islamischen Söldnern auf die Stadt und ihre Bevölkerung. Da keine bosnisch-serbischen Einheiten in der Nähe waren, holten die *lokalen Muslime* den serbischen Führer Arkan, der mit seinen Truppen die islamischen Söldner – keine Zivilisten – niedermetzelte. Später schlossen sich die Muslime von Bijeljina mit einer eigenen Einheit der Armee der bosnischen Serben an.[53]

Auch die internationale Presse wäre in der Lage gewesen, von der bosnischen Regierung verbreitete Behauptungen nachzurecherchieren, aber das hätte das bequeme Bild von Gut und Böse und das von den Medien partizierte und verbreitete Prinzip des »ethnischen Humanismus« erheblich erschüttert. So weiß die breite Öffentlichkeit bis heute nicht, daß es massenweise Massaker an der serbischen Zivilbevölkerung in Bosnien gegeben hat, die inzwischen auch zum Teil gut dokumentiert sind und der Presse jederzeit zugänglich wären. Eine ganze Dokumentationsreihe beispielsweise zeigt, daß in Zentralbosnien, ein bevorzugter Aufenthaltsort der islamischen Söldner im Dienste der bosnischen Regierung, eine Tötungsart besonders häufig auftritt – die Enthauptung, wohlgemerkt von serbischen (und auch kroatischen) Zivilisten, Frauen, sogar Kindern und alten Menschen.[54] Beweise gibt es auch für zahlreiche bosnisch-muslimische Gefangenenlager, in denen serbische Soldaten und

Zivilisten gefoltert, gequält und hingerichtet wurden. Dabei zeigte die bosnisch-muslimische Seite von Beginn des Krieges an dieselbe Vorgehensweise wie ihre serbischen Gegner: Die Zivilbevölkerung ganzer Orte, die nicht vertrieben wurden oder nicht flüchten konnten, und die gefangengenommenen Soldaten hielten die örtlichen Kommandanten in Lagern fest und unterzogen sie schrecklichen Torturen bis hin zu Exekutionen. Es gibt Namen, die für diese Greueltaten stehen – bis in die Spitze der bosnischen Regierung hinein.[55]

Auch die Geschichte von der als »Symbol des serbischen Faschismus« (Joschka Fischer) zu Berühmtheit gelangten Stadt Srebrenica ist nur halb erzählt, wenn man lediglich die Ereignisse vom Sommer 1995 berücksichtigt, als mehrere 10 000 muslimische Zivilisten aus der Enklave brutal vertrieben wurden. Die andere Hälfte der Geschichte ist, daß im Herbst 1992 in den Gemeinden Srebrenica und Bratunac zwischen 1200 und 1500 serbische Zivilisten massakriert und 50 serbische Dörfer abgebrannt wurden, wofür Naser Oric, der bosnisch-muslimische General und Kommandant von Srebrenica, verantwortlich zeigte·

Schließlich würde die ganze Wahrheit über Srebrenica noch berücksigten müssen, daß der Vorwurf, die bosnischen Serben hätten bei der Eroberung der Schutzzone 6000 bis 8000 muslimische Männer exekutiert, in Massengräbern verscharrt und damit das »größte Verbrechen nach dem zweiten Weltkrieg« in Europa begangen, von der amerikanischen Regierung lanciert wurde. Der spätere UN-Bericht über das Massaker stützte sich auf diese offiziellen US-Quellen und die von ihnen bereitgestellten Zeugen. In den Monaten nach dem Fall von Srebrenica versuchten 24 internationale Journalisten, darunter Mike Wallace von CBS, ein BBC-Team und mehrere CNN-Mitarbeiter, anhand der bekannten US-Satellitenfotos und aller vorliegenden Informationen die Massengräber vor Ort ausfindig zu machen – vergeblich. Die Ergebnisse ihrer fruchtlosen Recherchen gaben sie der Weltöffentlichkeit indessen nicht bekannt. Es steht außer Zweifel, daß es beim Fall von Srebrenica Grausamkeiten gegeben hat, aber es ist zu befürchten, daß man ein umfassendes und wahres Bild von diesen und anderen blutigen Geschehnissen in Bosnien, das allen Opfern wirklich gerecht würde und damit einem echten Frieden zuträglich wäre, noch lange nicht bekommen wird.[56]

Während sich die Tragödien des Krieges verstreut über ganz Bosnien und oft in entlegenen Dörfern und Winkeln des Landes abspielten, saß die internationale Journalistengemeinde überwiegend im bosnisch-muslimischen Teil Sarajewos – was sicher nicht ungefährlich war – und ließ ihre Aufmerksamkeit auf das lenken, was die bosnische Regierung als berichtenswert deklarierte oder als Nachrichten anbot: seien es dramatische Appelle von Amateurfunkern, die sich später als Bluff erwiesen, eindringliche Beispiele von »multikulturellem Zusammenleben« oder schrecklich zugerichtete Opfer im Kosevo-Hospital.[57] Statt Militärzensur gab es »Kriegspornographie«. In einer Mischung aus dem sensationsorientierten Konkurrenzdruck von ›news-is-business‹, der zu Sorglosigkeit im Umgang mit Fakten verleitet, und der Solidarisierung untereinander in der Kriegssituation von Sarajewo entstanden zum überwiegend großen Teil die Nachrichten über den bosnischen Krieg. So erzählt Friedhelm Brebeck, Sonderkorrespondent der ARD, wie sich tagtäglich die Fotoreporter und Kameraleute in der berühmten Heckenschützen-Allee gegenüber dem Holiday Inn in sichere Stellung brachten. Wenn es knallte, blitzten die Kameras und anschließend rasten die Reporter ins Fernsehzentrum. Dann hallte der aufgeregte Ruf durch die Gänge: »Wer hat das Bild? Wer hat das Bild?«[58] Manchmal trug einer alleine den Sieg davon und hatte den »scoop« gelandet, manchmal warf man die Beute in den gemeinsamen »pool« und teilte sie mit den Kollegen.[59]

Wie der Dokumentarfilm von Marcel Ophüls ›The troubles we've seen‹ über die Kriegsberichterstatter von Sarajewo zeigt, hat sich unter den Bosnien-Korrespondenten ein Mythos entwickelt, der in bedenklicher Weise an Hemingway und die journalistischen Spanientruppen erinnert: Sie empfanden – und empfinden sich noch – als Kämpfer gegen den Faschismus und Streiter für eine gerechte Sache. Ihre Waffe ist die »Wahrheit«, mit der sie die Weltöffentlichkeit mobilisieren können.[60]

Es ist kein Wunder, daß die in Bosnien stationierten UN-Militärs und auch manche Jugoslawien-Vermittler angesichts der propagandagestützten, moralisierenden Berichterstattung über den Krieg verzweifelt sind, weil sie die militärischen Ereignisse vor Ort eskalieren hat lassen, den Haß unter den Menschen vertieft und die UN-Mission erheblich erschwert hat. Zu den schwerwiegendsten Unterlassungen der Journalistengemeinde in Sarajewo gehört es, den Widersprüchlichkeiten der drei großen, durch Bomben und Granaten verursachten Massaker, die unmittelbare politische Folgen hatten, nicht auf den Grund gegangen zu sein. Die Schuld an den Blutbädern wurde schnell und einmütig den bosnischen Serben zugeschrieben, obwohl die UN-Berichte völlig andere oder zumindest widersprüchliche Informationen enthielten. Lord Owen, den seine Vermittlertätigkeit zu diplomatischem Schweigen verpflichtete, gab nach Aufgabe seines Mandats zu, etwa gewußt zu haben, daß das Massaker vom 4. Februar 1994, das den Auftakt zum Krieg der NATO gegen die bosnischen Serben bildete, nach allen Erkenntnissen nicht von serbischer Seite verursacht worden sein kann.[61] Unter den Journalisten fand sich nur einer, der zu demselben Ergebnis kam, ohne »interne« Informationen gehabt zu haben: David Binder von der ›New York Times‹. Seine umfangreichen Recherchen konnte er allerdings nicht in der eigenen Zeitung veröffentlichen, sondern in weniger auflagenstarken und nicht so einflußreichen Publikationen.[62] Hier schließt sich der Kreislauf von Medien, Krieg und Politik auf eindrucksvolle Weise.

7. Krisenkommunikation der Zukunft

Betrachtet man die Chancen einer Krisenkommunikation von morgen, so werfen sich im Spiegel bisheriger Erfahrungen scheinbar unlösbare Probleme auf, die durch den rapiden technologischen Wandel der Kommunikationsgesellschaft noch verstärkt werden. Scharen von Medien- und Sozialwissenschaftlern, Pädagogen, Psychologen und anderen Experten müßten angesichts der Flut von offenen Fragen schon längst tätig sein, um die Prozesse verstehen zu lernen, die durch Kommerzialisierung, Digitalisierung und Internationalisierung der Informationswelt entstehen. Es sieht jedoch eher so aus, als ob sich die komplexen Kommunikationsprozesse verselbständigten, ohne daß der Erkenntnisstand Schritt halten könnte. Das mindeste, was man diesen Unsicherheiten entgegensetzen kann, ist die Entwicklung eines Problembewußtseins.

Speziell für die Problematik der Krisenkommunikation stellt sich eine zentrale Frage, die alt ist und doch auch neue Aspekte aufweist: Wie können Manipulation und Desinformation verhindert werden, beziehungsweise wie kann man ihnen entgehen? Welche Möglichkeiten gibt es, die Militarisierung von Medien und Informationen – und damit der Öffentlichkeit – abzuwenden oder ihr entgegenzuwirken, und wer kann das tun?

Das sicherlich größte Handicap im Ringen um sachliche und korrekte Informationen sind die Informations- und Medienstrukturen selbst. Durch Konkurrenzkampf und Marktgesetze wird die Nachricht zur Ware, deren Herstellung und Verbreitung von sachfremden Kriterien bestimmt ist. Martin Lettmayer von stern-tv, mit Erfahrungen als »Kriegsreporter« in Ex-Jugoslawien und anderen Krisengebieten, nimmt selbstkritisch Stellung zu dem Problem: »Nachrichten und Informationen sind in erster Linie ein Geschäft und haben erst in zweiter Linie etwas mit Ethik zu tun. Und wo ein Kriegsschauplatz ist, geht das Geschäft besonders gut. Im Fall Bosnien habe ich erkannt, daß gerade in Deutschland und in Europa eine große Nachfrage nach Reportagen aus diesem Gebiet besteht. Deswegen bin ich hingefahren. Ich muß zugeben, ich habe sehr viel damit verdient. Andere, die das besser vermarkten konnten, wahrscheinlich noch mehr.«[1] So gesehen ist der Krieg ein Mediengeschäft, das von Dramatisierungen lebt und teilweise willkürlich produzierte Bilder und Urteile in der öffentlichen Meinung verankert. Lettmayers Erfahrungen gerade mit dem Thema der Massenvergewaltigungen zeigen, daß ein »Stoff« zum unkontrollierten Selbstläufer werden kann, wenn sich die Medienindustrie auf ihn stürzt: »Damals wollte einfach jeder diese Vergewaltigungsgeschichte. Und zwar so, daß sie bestätigt und weitergeführt wird. Keiner wollte eine Recherche, die sie vielleicht in Zweifel ziehen könnte.«[2]

Es sind vor allem auch die Redaktionen, die die Priorität von Themen bestimmen und dabei oft von nicht nur journalistischen Überlegungen geleitet werden. Ist eine Sache einmal als nachrichtenwürdig etabliert worden, kann sie im Wettkampf um den Knüller künstlich aufgebauscht werden.

Eine der wichtigsten Quellen für Themen und Informationen, die von Redaktionen aufgegriffen und weiterverarbeitet werden, sind die Nachrichtenagenturen. Deren Entstehung liegen eindeutig marktwirtschaftliche Überlegungen zugrunde. »Es wäre ein Idealzustand, wenn jede Zeitung sich ihre Nachrichten durch die eigenen Leute beschaffen, also das Ereignis schon im Entstehen gleichsam mit eigenen Augen sehen und beschreiben könnte. Diese ideale Vorstellung ist nie zu verwirklichen.«[3] Da die ökonomischen und personellen Kapazitäten von Medien nicht ausreichen, um den täglichen Bedarf an Nachrichten zu decken, und das bei einer zunehmenden Schnelligkeit der Nachrichtenverbreitung, hat man schon früh in der Geschichte des modernen Informationswesens aus Rationali-

232

sierungsgründen zentrale Nachrichtenbüros etabliert, die sich aus einem weltumspannenden Netz von Informationszustellern speisen.

Eine der ältesten Agenturen und die weltweit größte ist Associated Press, die 1848 gegründet wurde. »Heute sind etwa fünftausend amerikanische Zeitungen, Fernseh- und Radiostationen (auf AP, M.B.) abonniert, und es gibt Abonnenten in über hundert ausländischen Staaten.«[4] Das ergibt weltweit mehr als zehntausend Redaktionen, die von AP versorgt werden. In den rund um den Globus eingerichteten Büros arbeiten etwa fünftausend festangestellte Redakteure, Wort- und Bildreporter und eine in die Zehntausende gehende Anzahl von freien Mitarbeitern.[5] Eine solche Organisation von Nachrichten bringt es mit sich, daß sich eine Information in Sekundenschnelle weltweit etabliert hat und die meisten Redaktionen nicht dazu in der Lage sind, sie zu überprüfen; sie verlassen sich auf die Seriosität einer traditionsreichen Agentur. Das Wissen um die Wirksamkeit von Agentur-Nachrichten kann die einschlägigen Einrichtungen aber auch zu Opfern von Mißbrauch machen. So beschäftigte das AP-Büro von Sarajewo zwei Mitarbeiterinnen, die den höheren Kadern der bosnischen Armee angehören, womit es einer Kriegsregierung gelungen ist, auf ein Herzstück des globalen Informationssystems unmittelbar Einfluß zu nehmen.[6]

Tendenzen zur Zentralisierung von Nachrichten nehmen mit einer immer stärkeren Monopolisierung von Medienunternehmen zu, bei einer gleichzeitig wachsenden Nachrichtenvielfalt und Quantität von Informationsquellen, wie zum Beispiel durch die Computernetze. Welche Auswirkungen diese Entwicklungen auf das Individuum und beispielsweise sein politisches Verhalten haben werden, ist derzeit noch ein Gegenstand von Spekulationen und unterschiedlichen Einschätzungen. »Kippen Medienzaren die Demokratie?« fragt der Journalist und Autor Gerhard Wisnewski, und spricht von einer bevorstehenden »Fernsehdiktatur«.[7] Andere sehen auf dem Weg zum Super Information Highway eine Info-Elite entstehen, was neue gesellschaftliche Polarisierungen und noch unkalkulierbare Gefährdungen der Demokratie mit sich bringt. Angesichts dieser Unwägbarkeiten der Informationsgesellschaft plädieren Medienwissenschaftler und Pädagogen dafür, die Mediennutzer kompetenter zu machen, und rechnen damit, daß man in zehn Jahren zwei Drittel der Unterrichtszeit in der Sekundarstufe I dazu verwenden wird, sich mit Medienerziehung zu beschäftigen.[8] Medienkompetenz und Kritikfähigkeit im Umgang mit Informationen sind unzweifelhaft zwei Eigenschaften, die vor manchen Manipulationen schützen. Einer der Kernsätze vernünftiger Medienerziehung müßte lauten: »Trau keiner Berichterstattung über Kriege!« – Idealerweise könnte so das Publikum die Qualität des Journalismus mit beeinflussen und Medienmacht beschneiden.

Aber nicht nur die Empfänger von Nachrichten müssen besser geschult werden, sondern auch ihre Produzenten. Kriegs- oder Krisenberichterstattung ist in der Journalistenausbildung eine terra incognita. Mit der Vermittlung einiger weniger Grundregeln allerdings ließe sich schon viel gewinnen. Die wichtigste davon ist nicht nur oft formuliert worden, sondern gehört eigentlich in das Basisrepertoire einer jeden journalistischen Tätigkeit: »In jedem Krieg sollte der Journalist sich bemühen, seine Story von allen Seiten zu beleuchten. Es ist zwar wichtig, einen Standpunkt zu haben; wichtiger als alles andere aber ist, bei den Fakten korrekt zu sein. Genauigkeit ist der Schlüssel zu einer fairen und verantwortlichen Berichterstattung.«[9] Niemand ist unfehlbar, auch Journalisten nicht, so daß unbeabsichtigte Unrichtigkeiten zum Risiko auch einer Kriegsberichterstattung gehören. Die vorsätzliche Vorenthaltung oder Verzerrung von Informationen kann und muß jedoch als schweres Vergehen gelten. Als sich im Sommer 1992 die Weltpresse auf die »Konzentrationslager« in Bosnien stürzte, besuchte ein internationaler Journalistentroß das von Serben gehaltene Lager Manjaca. Da das Internationale Rote Kreuz auch von Lagern der Muslime und Kroaten berichtet hatte, in denen Serben gefangengehalten wurden, schlug eine der Korresponden-

234

tinnen vor, die anderen Stätten ebenfalls aufzusuchen, und erhielt praktisch einhellig die Antwort: »That's not the story!«[10]

Sich diesem Gruppenzwang zu entziehen ist nicht einfach, journalistisch jedoch notwendig und durchaus möglich, wie das Beispiel des BBC-Korrespondenten Martin Bell zeigt: »Das schnell anwachsende Pressecorps in Sarajewo begann bald, die Partei der Muslime zu ergreifen, nicht nur geographisch, sondern auch moralisch. Unparteilichkeit war für uns keine Option. Die Sympathien einiger Reporter waren so offensichtlich ausgerichtet, daß sie bald über die Serben, ganz in der Sprache der bosnischen Regierung, als ›Aggressoren‹ sprachen. Die Sache der Serben (...) wurde nicht gehört. (...) Als eine Art professioneller Kurskorrektur begann ich meine eigenen Worte zu überprüfen und zu zensieren, und auch die Art, wie ich sie vermittelte, um sicher zu gehen, daß überflüssige Emotionen herausgefiltert wurden und nur die nackten Fakten übrigblieben.«[11]

Man muß nicht so weit gehen wie der Militärjournalist William V. Kennedy und eine militärische Ausbildung für Kriegskorrespondenten verlangen,[12] um das notwendige Urteilsvermögen im Umgang mit den Fakten in einem Kriegsgebiet einzufordern. Journalisten müßten sich nur vergegenwärtigen, daß bisher alle Kriegsregierungen der Geschichte Propaganda-Arbeit zugunsten ihrer Kriegsziele betrieben haben – die einen mehr und geschickter, die anderen weniger und nicht so gekonnt – und daß kein Militär der Welt sich in die Karten schauen läßt.

Darüber hinaus sollte auch bedacht werden, daß Kriegsberichterstattung keine »Opferberichterstattung« ist, wie es der preisgekrönte ARD-Korrespondent Thomas Roth propagiert, obgleich die Personalisierung des Krieges einen wichtigen Faktor darstellt, um seine Schrecken zu vergegenwärtigen. Aber Krieg ist die Hölle, und in jedem Krieg gibt es Opfer, so daß es sich bei der Reduktion der Berichterstattung auf den Aspekt des Leids um eine Sichtweise handelt, die über die spezifischen politischen und militärischen Hintergründe keinen Aufschluß gibt.

Allein die Berücksichtigung der wenigen, hier aufgeführten Faktoren sollte als solide Grundlage für eine angemessene Kriegsberichterstattung ausreichen. Allerdings – Journalisten können noch so gut gerüstet sein für die Kommunikation in Krisen, in manchen Situationen vermögen sie sich politischem Druck schwer zu entziehen. Die ex-jugoslawischen Medien haben eine so verheerende Rolle als Wegbereiter des Krieges und Hüter des Hasses gespielt, daß internationale Beobachter wiederholt ein unmittelbares Eingreifen in diese Art der gefährlichen Manipulation gefordert haben. So kam etwa Thomas Fleiner-Gerster, Schweizer Staatsrechtler und Leiter zweier KSZE-Missionen in Ex-Jugoslawien, zu dem Schluß, der Einsatz von »Medienblauhelmen« sei eine unabdingbare Maßnahme, um den »Krieg in den Köpfen« – und damit auf dem Schlachtfeld – zu beenden.[13]

Wie der Mißbrauch von Journalisten durch die Politik aussehen kann, haben Mitarbeiter der Belgrader Zeitung ›Politika‹, die der serbische Präsident Milosevic seiner totalen Kontrolle unterworfen hatte, im November 1995 in einem offenen Protestbrief dargestellt, und haben den ehemaligen Direktor des Verlags, Zivorad Minovic, einen ergebenen Milosevic-Anhänger, schwerer Vergehen bezichtigt: »Die Journalisten der Zeitung ›Politika‹ haben in furchtbarer Weise Verbrechen an ihrer Professionalität erleben müssen. Ihre Namen wurden unter kriegshetzerische Artikel, wirre Berichte und Rubriken gesetzt, die sie nie zu Gesicht bekommen haben. Ganze Generationen haben am Beginn ihrer Karriere eine Verletzung erlitten, die schwer heilt – den Verrat an der Profession.«[14] Für die Journalisten der ›Politika‹ und anderer ex-jugoslawischer Medien gab es unter der massiven Repression nur die Alternativen, sich zu beugen oder in Zeiten existentieller Not den Arbeitsplatz zu verlieren.

Den Griff von Diktatoren nach den Informationsmitteln, mit denen sie ihre Völker zum Krieg aufstacheln, zu verhindern, ist auch nach Meinung des Leiters des European Center for International Security ausschlaggebend im »kommunikationsorientierten Krisenmanagement«, das gerade bei nationalistischen Konflikten, wo ganze Völker gegeneinander aufgehetzt werden, unabdingbar ist. Die »informationelle Intervention«, so Albrecht von Müller, kann der emotionalen Mobilmachung entgegenwirken und sei schließlich angesicht der modernen Nachrichtentechnologien auch effektvoll umzusetzen, so etwa mit Boden-, Luft- und Satelliten-gestützten TV- und Fernsehstationen oder mit Streu-Kommunikationssystemen.[15]

Auf diese Weise können die vom Krieg betroffenen Bevölkerungen jenseits der Propaganda wahrheitsorientiert informiert und aufgeklärt werden, so daß die »geistige Munition« einer Krise oder eines bereits bewaffneten Konflikts entschärft werden kann.

In Ruanda hat eine einzige Radiostation den Genozid an Tausenden von Menschen mitzuverantworten, weil sie Haß geschürt, Lügen verbreitet und zu Gewalt aufgerufen hat. Ein rechtzeitiges »informationelles Eingreifen« hätte die Blutbäder vielleicht verhindern können. Im Balkankrieg sind Versuche einer Medienintervention zwar unternommen worden, jedoch aus verschiedenen Gründen gescheitert. Das Alternative Informationsnetz (AIM) oder das Radioschiff ›Radio Brod‹ in der Adria sind zwei Beispiele solcher Projekte, die von oppositionellen Journalisten aus allen ehemaligen jugoslawischen Republiken ins Leben gerufen wurden, um die allseits herrschende Informationsblockade zu durchbrechen.

AIM arbeitete als eine Art Nachrichtenagentur, über deren Pariser Zentrale der Informationsaustausch zwischen den kommunikationstechnisch voneinander abgeschnittenen Ex-Republiken ermöglicht wurde. ›Radio Brod‹, ebenfalls von Paris aus koordiniert, war in den adriatischen Gewässern vor der ex-jugoslawischen Küste stationiert und strahlte ein alternatives Programm rund um die Uhr aus. Beide Projekte wurden von der internationalen Gemeinschaft nicht gebührend ernstgenommen und unterstützt. Schließlich mißlangen die Info-Experimente auch, weil ihre Redaktionen politische und nicht professionelle Linien verfolgten, was zur Folge hatte, daß

Nachrichten unterdrückt wurden, die nicht ins politische Konzept paßten.

Eine professionell durchgeführte Medienintervention als Möglichkeit, militärische Konflikte zu verhindern oder einzudämmen, ist eine herausfordernde Perspektive. Ausgearbeitete Konzepte, die dies gewährleisten würden, fehlen jedoch. Dafür bestehen Aussichten auf Informationskriege ganz anderer Art, die weniger zuversichtlich stimmen.

Seit einiger Zeit arbeiten die Propaganda-Fachleute des Pentagon an einer Waffe, die in künftigen Auseinandersetzungen »so wichtig sein wird wie ein Jet oder Bomber«. Es handelt sich um ein großes graues Frachtflugzeug mit Propellerantrieb, das mit einer elfköpfigen Besatzung von Informationsexperten und aufwendigem elektronischen Gerät ausgestattet ist: »Modernste Übertragungstechnik, Faxgeräte, Computer, Radio- und Videogeräte erlauben der Crew, Radio und Fernsehen eines Landes zu unterbrechen und beliebige Frequenzen mit eigenen Berichten zu besetzen.«[16]

Den Produktionsmöglichkeiten von Trugbildern sind keine Grenzen gesetzt. Während des Golfkriegs hatten die Pentagon-Mitarbeiter darüber nachgedacht, Saddam Husseins Gestalt am Computer nachzubilden, ihn mit einem Glas Whisky in der einen und einem Schinkensandwich in der anderen Hand zu versehen, ihm Worte in den Mund zu legen, die er im Vollbesitz seiner geistigen Kräfte nie sagen würde, und ihn so ins irakische Fernsehen zu blenden, in der Hoffnung, dem irakischen Herrscher damit einen schweren Legitimationsverlust bei seinen Untertanen zufügen zu können. – Es gehört nicht viel Phantasie dazu, sich vorzustellen, welche »Realitäten« mit dem neuen Pentagon-Programm produziert werden können.

»Was weiß der, der statt der Sache einzig deren Bild zu Gesicht bekommt oder, wie in den Fernsehnachrichten, ein Kürzel von einem Bild oder, wie in der Netzwelt, ein Kürzel von einem Kürzel?« fragte sich Peter Handke als Empfänger von medial vermittelten Informationen über den Krieg im ehemaligen Jugoslawien.[17] – Bilder können täuschen. Es muß nicht unbedingt etwas mit blindem Pazifismus zu tun haben, wenn man dem Ruf von Kriegstrommeln und der Logik von Mobilisierungsprozessen nicht folgt.

Anmerkungen

Kapitel 1

1. Peter Arnett, Unter Einsatz des Lebens. München, 1994. S. 393
2. J. B. Atkins, The Life of Sir William Howard Russell. London 1911. S. 28–42
3. ebd., S. 160
4. Philip Knightley, The First Casualty. London 1975. S. 21
5. ebd., S. 23
6. ebd.
7. ebd., S. 21
8. ebd., S. 25
9. E. D. Adams, Great Britain and the American Civil War. London 1925, S. 154
10. Kurt Koszyk, Deutsche Pressepolitik im Ersten Weltkrieg. Düsseldorf 1968, S. 7 u. 11
11. John MacArthur, Die Schlacht der Lügen. München 1993, S. 255
12. James Morgan Read, Atrocity Propaganda 1914–1919. New York 1972, S. 1
13. Koszyk, S. 12
14. ebd., S. 13
15. Read, S. 7 f.
16. ebd., S. 54–58
17. Knightley, S. 107
18. Read, S. 206 f.
19. Knightley, S. 104
20. ebd.
21. ebd., S. 105
22. Read, S. 5
23. ebd., S. 12
24. Knightley, S. 119
25. ebd., S. 121
26. Read, S. 187 f.
27. Walter Lippmann, Die öffentliche Meinung. Reprint, Bochum 1990. S. 39

28. J. F. C. Fuller, Decisive Battles of the Western World. London 1970, S. 347
29. A. Nevins, H. S. Commager, A pocket History of the United States. New York 1976, S. 397
30. Koszyk, S. 28
31. ebd., S. 19
32. Heinrich Binder, Was wir als Kriegsberichterstatter nicht sagen durften. München 1919
    Kurt Mühsam, Wie wir belogen wurden. Berlin 1919
33. Koszyk, S. 68 f.
34. ebd., S. 28 f.
35. Read, S. 109
36. ebd., S. 113–119
37. ebd., S. 123 ff.
38. Binder, S. 57
39. Knightley, S. 109
40. ebd.
41. Koszyk, S. 83
42. Read, S. VIII
43. ebd., S. 285 f.
44. ebd.
45. ebd.
46. Knightley, S. 172
47. ebd., S. 176
48. ebd., S. 179
49. ebd.
50. George Orwell, Looking Back on the Spanish Civil War, Harmondsworth 1975. S. 234
51. Alfred Döblin, Politik und Seelengeographie. In: ders., Schriften zur Politik und Gesellschaft. Olten/Freiburg i. B. 1972
52. Knightley, S. 195 f.
53. ebd., S. 198
54. ebd., S. 205
55. Carlos Baker, Ernest Hemingway. London 1969. S. 402
56. Hans Barkhausen, Filmpropaganda für Deutschland im Ersten und Zweiten Weltkrieg. Hildesheim 1982, S. 259
57. ebd., S. 195
58. Harold James, Deutsche Identität 1770–1990. Frankfurt/M. 1991, S. 170
59. Barkhausen, S. 202
60. Knightley, S. 221
61. Barkhausen, S. 212
62. ebd., S. 229 f.
63. ebd., S. 233

64. Knightley, S. 219
65. Barkhausen, S. 234
66. Knightley, S. 315
67. ebd., S. 272
68. ebd., S. 276
69. ebd., S. 330
70. Leon W. Wells, Und sie machten Politik. Die amerikanischen Zionisten und der Holocaust. München 1989. S. 172
71. ebd., S. 298
72. ebd., S. 178
73. ebd., S. 160
74. Knightley, S. 299
75. John Hersey, Hiroshima. – Beltz Athenäum Verlag 1995 (Neuauflage)
76. Gar Alperovitz, Hiroshima. Hamburg 1995
77. Knightley, S. 234
78. ebd., S. 323
79. ebd., S. 322
80. Thomas Dominikowski, Massenmedien und Massenkrieg. Historische Annäherung an eine Symbiose. In: Martin Löffelholz (Hrsg.), Krieg als Medienereignis. Grundlagen und Perspektiven der Krisenkommunikation. Opladen 1993. S. 39
81. Peter Arnett, S. 451

Kapitel 2

1. Daniel Hallin, »Hegemony: The American News Media from Vietnam to El Salvador. A Study of Ideological Change and Limits.« In: D. Paletz (Hrsg.): Political Communication Research. Approaches, Studies, Assessments. Norwood (New Jersey) 1987. S. 3–25
2. Valerie Adams, The Media and the Falklands Campaign. Houndmills 1986. S. 25–30
3. Michael Kunczik, Die manipulierte Meinung. Nationale Image-Politik und internationale Public Relations. Köln/Wien 1990. S. 31
4. Robert S. McNamara, In Retrospect. The Tragedy and Lessons of Vietnam. With Brian VanDemark. New York 1995
5. ebd., S. 32
6. Knightley, S. 374
7. MacArthur, Die Schlacht der Lügen. Wie die USA den Golfkrieg verkauften. München 1993. S. 138
8. McNamara, S. 71 f.
9. Knightley, S. 380
10. ebd., S. 398
11. ebd.

12. McNamara, S. 323
13. Arnett, S. 367
14. vgl. MacArthur, S. 152 f.
15. Dominikowski, S. 46
16. ebd.
17. Knightley, S. 412
18. zit. nach MacArthur, S. 150
19. Knightley, S. 411
20. Arnett, S. 305
21. McNamara, S. 322
22. William V. Kennedy, The Military and the Media. Westport (Connecticut), London 1993. S. XI
23. Adams, S. 10
24. Arthur A. Humphries, »Two Routes to the Wrong Destination: Public Affairs in the South Atlantic War.« In: Naval War College Review. Mai/Juni 1993. S. 56–71
25. MacArthur, S. 160
26. Ramsey Clark, Wüstensturm. US-Kriegsverbrechen am Golf. Göttingen 1995. S. 174 f.
27. MacArthur, S. 159
28. Clark, S. 177 f.
29. Kennedy, S. 115 f.
30. MacArthur, S. 161
31. Clark, S. 177
32. ebd., S. 36
33. ebd., S. 38 f.
34. ebd., S. 39
35. ebd., S. 40
36. Pierre Salinger, Eric Laurent, Krieg am Golf. Das Geheimdossier. München 1991. S. 222 f.
37. ebd., S. 62 f.
38. MacArthur, S. 52
39. Elihu Katz, »Das Ende des Journalismus. Reflexionen zum Kriegsschauplatz im Fernsehen«. In: Bertelsmann Briefe Oktober 1991. S. 4–10
40. zit. nach Clark, S. 183
41. MacArthur, S. 76
42. Konrad Ege, »Give War a Chance. Zur Berichterstattung der US-Medien über den Irak-Krieg.« In: Medium 2/91. S. 27 f.
43. vgl. Claudia Mast, »Kriegsspiele auf dem Bildschirm. Anmerkungen zur Berichterstattung über den Golfkrieg«. In: Bertelsmann Briefe Oktober 1991. S. 22–28
44. ebd.
45. Clark, S. 184

46. Hedrick Smith (Hrsg.): The Media and the Gulf War. Washington D.C. 1992. S. 117
47. MacArthur, S. 36
48. Malte Olschewski, Krieg als Show. Wien 1993. S. 125
49. ebd., S. 125 f.
50. ebd., S. 211 f.
51. Mast, S. 24
52. »Dünne Suppe. Fritz Pleitgen über Golfkrieg-Sendungen des deutschen Fernsehens im Gespräch mit Peter Ludes und Georg Schütte«. In: Medium 2/91. S. 18–22
53. vgl. Olschewski, S. 127 f.
54. »Schieres Bauerntheater«. Wie Medien instrumentalisiert werden. Interview mit Klaus Bresser. In: Löffelholz, op.cit., S. 161
55. MacArthur, S. 30
56. Mast, S. 23
57. Arnett, S. 489
58. Clark, S. 284 f.
59. Barbara Starr, »USA is selling more to Third World Nations.« In: Jane's Defence Weekly, 13. August 1994. S. 11
60. Clark, S. 278
61. zit. nach Harald Irnberger/Ingrid Seibert, Zentralamerika. Opfer, Akteure, Profiteure. Göttingen 1989. S. 19 f.
62. vgl. Third World Guide. The World as seen by the Third World. Montevideo, Rio de Janeiro, Lisbon 1990.
63. Phil Johnson/John Croke, »Die USA und Haiti: Operation Neudefinition der Demokratie.« In: ›Novo‹ November/Dezember 1994. S. 8–10
64. Tagesthemen vom 12. Juli 1994: »Haiti und die US-Medien«
65. ebd.

Kapitel 3

1. Walter Michler, Somalia. Ein Volk stirbt. Der Bürgerkrieg und das Versagen des Auslands. Bonn 1993
2. Tagesthemen vom 12. 7. 94
3. Hanne-Margret Birkenbach u. a. (Hrsg.), Jahrbuch Frieden 1995. München 1994. S. 233
4. Löffelholz, S. 19
5. Susanne Habicht-Erler (Hrsg.), Bessere Bilder von der Dritten Welt? Versuche einer authentischen Berichterstattung. Loccumer Protokolle 9/90. S. 7
6. Löffelholz, S. 19
7. Michler, S. 82 f.

8. zu den Statistiken vgl. Birkenbach u. a., S. 29–32
9. Edward Mortimer, »The duty to meddle«. Financial Times, 25. Oktober 1995

Kapitel 4

1. Daniel Boorstin, The Image: A Guide to Pseudo-Events in America. New York 1994
2. Gerhard Maletzke, »Interkulturelle Kommunikation und Publizistikwissenschaft.« In: ›Publizistik‹ 11/1966, S. 318–328
3. D. D. Simth, Mass Communication and International Image Change. In: ›Journal of Conflict Resolution‹ 17/1973
4. Petra Dorsch-Jungsberger, »Nationenbildforschung und PR«. In: Walther A. Mahle (Hrsg.), Deutschland in der internationalen Kommunikation. AKM-Studien Bd. 40/1995. S. 83
5. Kunczik, S. 4
6. zur Theorie der Nationenbildforschung vgl. Eckhard Marten, Das Deutschlandbild in der amerikanischen Auslandsberichterstattung. Wiesbaden 1989
7 vgl. dazu Gottfried Karl Kindermann, »Weltverständnis und Ideologie als Faktoren auswärtiger Politik.« In: ders. (Hrsg.), Grundelemente der Weltpolitik. München 1981. S. 111
8. Maletzke, S. 324
9. Marten, S. 119
10. ebd., S. 120
11. Grolle, Führ/Lenski, Ilse/Thelen, Dieter, Vorurteile, Angst und Aggression. Hrsg.: Hessische Landeszentrale für politische Bildung. Wiesbaden 1995. S. 1–3
12. zit. nach Marten, S. 44
13. Marten, S. 47
14. Kunczik, S. 4
15. ebd., S. 29
16. Karl W. Deutsch, Nationenbildung, Nationalstaat, Integration. Düsseldorf 1972. S. 27
17. vgl. Marten, S. 50 f.
18. E. Kenneth, »The Learning and Reality Testing Process in the International System«. In: ›Journal of International Affairs‹ 21/1967. S. 9
19. Dorsch-Jungsberger, S. 88 f.
20. Lippmann, S. 180 f.
21. Kunczik, S. 8
22. Dorsch-Jungsberger, S. 89
23. Kunczik, S. 17

24. Dorsch-Jungsberger, S. 89
25. ›SZ‹ vom 20. Dezember 1994
26. zit. nach Kunczik, S. 23
27. ebd.
28. ebd.
29. John V. Pavlik, Public Relations. What Research Tells Us. Newbury Park, Beverly Hills, London, New Delhi 1987. S. 64 und Kunczik, S. 1
30. Kunczik, S. 50–53
31. ebd., S. 56
32. ebd., S. 90–95
33. ebd., S. 96
34. ebd., S. 115
35. ebd., S. 115–117
36. zu den PR-Aktivitäten der Kuwaiter und Hill & Knowlton vgl. MacArthur, S. 52–82
37. MacArthur, S. 61
38. ebd., S. 64
39. ebd., S. 70
40. ebd., S. 81
41. zit. nach: Karl Markus Gauß, Das Buch der Ränder. Klagenfurt 1992. S. 7
42. »Gemeinsame Erklärung der Ministertroika der Europäischen Gemeinschaft und der jugoslawischen Konfliktparteien über einen Friedensplan für Jugoslawien, vereinbart in Brioni (Jugoslawien) am 7. Juli 1991«. In: E A Folge 21/1991. S. D 537 f.
43. Rechenschaftsbericht von Ruder Finn an das US-Department of Justice vom 21. August 1991, No. 4315
44. über die PR-Kampagne von Biafra vgl. Kunczik, S. 130– 136
45. Gernot Zieser, »Die Propagandastrategie Biafras im nigerianischen Bürgerkrieg«. In: ›Publizistik‹ 16/1971. S. 181 f.
46. ebd., S. 188
47. Kunczik, S. 136
48. Carl Gustav Jacobsen, Archive des Independent Committee on War Crimes in the Balkans (ICWCB), Ottawa, Kanada
49. Dusan Bilandzic u. a., Kroatien zwischen Krieg und Selbständigkeit. Zagreb 1991. S. 85 f.
50. Brief vom 8. November 1991, im Besitz der Autorin
51. Rechenschaftbericht von Ruder Finn an das US-Department of Justice vom 31. Mai 1993, No. 4315
52. Rechenschaftbericht von Waterman and Associates an das US-Department of Justice vom 20. Mai 1993, No. 4738
53. ebd.
54. nach Aussagen des Chefredakteurs von ›Defense and Foreign Affairs‹, Gregor Copley, im Gespräch mit der Autorin

55. »Clinton nije ispunio obecanja«. In: Vecernji list vom 7. Juni 1993
56. Marie-Janine Calic, Der Krieg in Bosnien-Herzegowina. Frankfurt 1995. S. 162 f.
57. Zu Mostar haben sich wiederholt UN-Offizielle geäußert und sind verschiedentlich, jedoch ohne bemerkbare Resonanz zitiert worden. So sagte Jerry Hulme, UNHCR-Koordinator, schon im Herbst 1993: »Mostar ist schlimmer als Sarajewo.« Vgl. Hans Koschnick/Jens Schneider, Brücke über die Neretva. Der Wiederaufbau von Mostar. München 1995. S. 20; vgl. auch: Jonathan Steele, »Croats in Mostar defy unification efforts«. In: ›The Guardian‹ vom 31. Oktober 1995
58. vgl. Monitor vom 14. September 1995; darin äußert sich u. a. ein Redakteur der Militärzeitschrift ›Jane's Defense Weekly‹ mit Details über die Pläne.
59. Charles Krauthammer, »Ethnic Cleansing That's Convenient«. In: ›The Washington Post‹ vom 11. August 1995; Julian Borger, »EU report accuses Croatia of atrocities against rebel Serbs». In: ›The Guardian‹ vom 30. September 1995
60. zu den Vorgängen in der Krajina vgl. Reuter vom 18. August 1995; Ian Traynor, »Six Women Tremble as They See the Door of Hell Open«. In: ›The Guardian‹ vom 9. August 1995; Alexander Cockburn, »When Serbs are cleansed it's silence«. In: ›Los Angeles Times‹ vom 28. September 1995
61. Rechenschaftsbericht von Ruder Finn an das US- Department of Justice vom 30. November 1992, No. 4315
62. ebd.
63. ebd.
64. ebd.
65. Jacques Merlino, Les vérités yougoslaves ne sont pas touts bonnes à dire. Paris 1993. S. 126 f.
66. Kunczik, S. 41–49
67. Merlino, S. 127 f.
68. Die betreffenden Artikel sind nachzulesen in: Roy Gutman, Augenzeuge des Völkermords. Göttingen 1994
69. Merlino, S. 129
70. Yohanan Ramati, »Stopping the War in Yugoslavia«. In: ›Midstream‹, April 1994
71. Nora Beloff, »PR – the secret weapon?«. In: ›Jewish Chronicle‹ vom 10. Dezember 1993
72. ebd.
73. Survivors of the Buchenwald Concentration Camp, Serbs, Jews and Bosnia. In: ›Jewish Week‹ vom 5. August 1994, sowie die Archive des ICWCB
74. Brad K. Blitz/Students against Genocide, »The Serbian Unity Congress and the Serbian Lobby. A Study of Contemporary Revisionism

and Denial«. Unveröffentlichtes Briefing vom 18. Oktober 1994 sowie das Dossier: Brad K. Blitz, »Cije usi puni cetnicka propaganda?«. In: ›Ljiljan‹ vom 26. Juli 1995

75. Lieutnant Colonel John Sray, »Selling the Bosnian Myth to America – Buyer Beware«. Foreign Military Studies Office, Fort Leavenworth, Kansas, Oktober 1995. Unveröffentlichter Bericht

76. ebd.

77. ebd.

78. Die entsprechenden Landkarten über die »Ethnischen Mehrheitsverhältnisse im ehemaligen Jugoslawien« gibt Sray an als: »A Map Folio«, Central Intelligence Agency, CPAS 93-10003, April 1993, S. 3

79. vgl. Sray über die Erfahrungen der Un-Militärs. – In der BBC Panorama-Sendung vom 23. Januar 1995 beschuldigt General Rose die bosnisch-muslimische Regierung der Lügen und Propaganda unter anderem am Beispiel der Ereignisse um die Schutzzonen Gorazde und Bihac, die sich bei Rose in einem völlig anderen Licht darstellen, als sie die Weltpresse wahrgenommen hat. Zu Gorazde sagt er beispielsweise: »Praktisch jedes Haus in Gorazde ist beschädigt, aber der meiste Schaden in Gorazde entstand während der Kämpfe, die zwei Jahre zuvor stattfanden, als die Streitkräfte der bosnischen Regierung die Bevölkerung aus dieser Stadt vertrieben. Zwölfeinhalbtausend Serben lebten in dieser Stadt, und sie wurden alle vertrieben. (...) Das internationale Bild der damaligen Ereignisse in Gorazde war von der Wirklichkeit sehr verschieden. Das Gefährlichste war, daß auf beiden Seiten des Atlantiks eine Politik für das Vorgehen in Gorazde ausgeheckt wurde, die auf fehlerhaften Informationen beruhte.«
Roses Erkenntnisse über Gorazde wurden in unabhängigen Untersuchungen von einer amerikanischen Kommission bestätigt: »The Truth about Gorazde«, Task Force on Terrorism & Unconventional Warfare. House Republican Research Committee, U. S. House of Representatives. Bericht vom 4. Mai 1994

80. GfbV-Arbeitsbericht 1993/94, S. 2

81. Tilman Zülch (Hrsg.), Ethnische Säuberung – Völkermord für Großserbien. Eine Dokumentation der Gesellschaft für bedrohte Völker. Hamburg, Zürich 1993. S. 176

82. Stephan Bleyer von der GfbV im Gespräch mit der Autorin

83. alle Angaben: GfbV-Arbeitsbericht 1994/95, S. 5

84. Stephan Bleyer

85. GfbV-Arbeitsbericht 1994/95

86. ebd., sowie Arbeitsbericht 1993/94

87. vgl. Bericht über die Glaubwürdigkeit von Jadranka Cigelj: Thomas Deichmann, »Zeugin der Anklage. Werden westliche Medien zu Handlangern der Propaganda?«. In: ›Die Woche‹ vom 4. November 1994

88. Brief vom 16. November 1992 an Herausgeber und Redaktion der ›Süddeutschen Zeitung‹ sowie Presseerklärung vom 29. Dezember 1992: »Massenvergewaltigung in bosnischen Lagern?«

89. Brief von Diana Kapidzic an die ›Süddeutsche Zeitung‹ vom 18. November 1992: »Warum veröffentlicht das die SZ?«

90. Die Dokumentation zur Viktor-Bubanj-Kaserne und zu Massakern an der serbischen Zivilbevölkerung in Sarajewo leitet in Belgrad die Journalistin Branka Jovanovic, die die »Vereinigung der Lagerinsassen« (»Udruzenje logorasa 1991«) gegründet hat, sich um die Opfer kümmert und die ersten Beweise in Den Haag vorgelegt hat.

91. George Kenney, »Ending Bosnia's Endgame«. In: ›The New York Times‹ vom 1. Dezember 1994; Kenney hat sich noch einmal ausführlich zur Änderung seiner Meinung bezüglich Bosniens geäußert in ›The Nation‹ vom 8. Januar 1996 unter dem Titel »Steering clear of Balkan shoals«. Darin sagt er, er sei sich plötzlich der »riesigen Verantwortung« bewußt geworden, »die Wahrheit nicht verzerren zu dürfen«.

92. George Kenney, »The Bosnia Calculation: How many have died?« In: ›The New York Times Magazine‹ vom 23. April 1995

93. John Ranz, »Serbs, Jews and Bosnia«. In: ›The Jewish Week‹ vom 5. August 1994

94. Die Informationen stammen von Mitgliedern der verschiedenen serbischen Organisationen in den USA.

Kapitel 5

1 Ivo Andric, Brief aus dem Jahr 1920. Abgedruckt in: Karl Markus Gauß, op. cit. S. 19–40

2. Ivo Andric, Die Brücke über die Drina. München 1992. S. 12

3. Alexander J. Motyl, Nach der Sintflut: Totalitarismus und Nationalismus in der ehemaligen Sowjetunion. Zit. nach Vojin Dimitrijevic, The 1974 Constitution as a Factor in the Collapse of Yugoslavia or as a Sign of Decaying Totalitarism. European University Institute, Working Paper RSC No. 94/9, S. 34

4. Ervin Hladnik Milharcic, »Mirom me ispunjava zivot u drzavi koja granici sa Sudanom«. In: ›Ljiljan‹, 4. Oktober 1995

5. Viktor Meier, Wie Jugoslawien verspielt wurde. München 1995. S. 57

6. vgl. dazu: »Contributions to a Slowenian National Program«. In: ›Nova revija‹ 1987/57, sowie: »The Case of Slovenia«. ›Nova Revija‹ 1991 (Sondernummer).

7. Ivo Komsic, »Daytonski dnevnik«. In: ›Feral Tribune‹ vom 11. Dezember 1995

8. Die hartnäckigste Vertreterin dieser Behauptung in Deutschland ist

Elisabeth von Erdmann-Pandzic, die sowohl in der ›Frankfurter Allgemeinen Zeitung‹ als auch in der Publikation der GfbV »Ethnische Säuberung – Völkermord für Großserbien« das Memorandum als geheime Denkschrift einer systematischen serbischen Vernichtungspolitik gebrandmarkt hat. Verschiedene Mitglieder der Serbischen Akademie der Wissenschaften haben immer wieder vergeblich versucht, die Desinformation, die über das Memorandum besteht, zu korrigieren, so etwa in der Zeitschrift ›Duga‹ vom Juni 1989. In einem Gespräch mit der Autorin im Juni 1995 hat Vasilije Krestic, einer der wichtigsten Mitarbeiter am Entwurf des Memorandums, noch einmal betont, daß die Absicht der Autoren des Memorandums nie eine politische gewesen sei, daß die Kommunisten daraus jedoch eine politische Affäre konstruiert hätten, die Jugoslawien erschütterte.

9. – Report of the CSCE Human Rights Rapporteur Mission to Yugoslavia; Follow-up Mission, 3.–9. Mai 1992
– Media Freedom in Former Yugoslavia. A Special Report for the HCA Citizen's Peace Conference. Ohrid, Macedonia. 5.–8. November 1992
– Mission of IFJ (International Federation of Journalists) and FIEJ (International Federation of Newspaper Publishers) to Croatia. 8.–10. März 1993
– The Media in Croatia. Civic Initiative for Freedom of Expression. Annual Report 1993. Zagreb. u. a.

10. zit. nach: Mervyn Hiskett, Reflections on ›the Unseakable Serb‹. Birmingham 1994. – Hiskett ist ein renommierter britischer Islamexperte.

Kapitel 6

1. Löffelholz, S. 32
2. Peter Brock, »Dateline Yugoslavia: The Partisan Press«. In: ›Foreign Policy‹ No. 93, Winter 1993/94
3. ›Foreign Policy‹ war mit seinem Anliegen zunächst an David Binder von der ›New York Times‹ herangetreten; Binder lehnte, wie er in einem Gespräch mit der Autorin erklärte, ab, weil er sich als Reporter nicht in Polemiken einlassen wollte, und empfahl Peter Brock.
4. Brock, S. 153
5. Brock, S. 152
6. Hanspeter Born, »Anmerkungen zu einer Kontroverse«. In: Klaus Bittermann (Hrsg.), Serbien muß sterbien. Berlin 1994. S. 75
7. GfbV-Arbeitsbericht 1993/94
8. Martin Lettmayer, »Da ist alles gelogen«. In: ›Weltwoche‹ 10/94;

Alexandra Stiglmayer hat ihre Beiträge zu dem Thema später zu einem Buch zusammengefaßt: Massenvergewaltigung. Krieg gegen die Frauen. Freiburg i. Br. 1993

9. ebd.
10. Zur Dokumentation von ›Foreign Policy‹ äußerte sich der Chefredakteur Charles William Maynes in ›Foreign Policy‹ No. 97/ Winter 1994/95
11. zit. nach Peter Glotz, »Medien und Außenpolitik«. In: ›Südosteuropa Mitteilungen‹ 1/1995. S. 6
12. Gregor Copley, »Image Manipulation Prolongs War«. In: ›Defense & Foreign Affairs – Strategic Policy‹. 1/1994
13. zit. nach Glotz, S. 6
14. Johann Georg Reißmüller, »Die düstere Vorgeschichte«. 25. Juni 1991. In: Der Krieg vor unserer Haustür. Hintergründe der kroatischen Tragödie. Stuttgart 1992
15. »Terror der Serben«. ›Spiegel‹ vom 8. Juli 1991.
16. Olaf Ihlau, »Nato, Bonn und Bihac«. In: ›Der Spiegel‹ vom 5. 12. 1994
17. In einem Gespräch mit der Autorin
18. In einem Gespräch mit der Autorin
19. Auf die Bedeutung des Briefwechsels zwischen Perez de Cuellar und Genscher haben Andreas Zumach, Johan Galtung u. a. wiederholt hingewiesen.
20. Thomas Schmid, ›tageszeitung‹ vom 14. November 1991
21. James Baker, Hearings before the House International Relations Committee, 1. Januar 1995. Congressional Record, Washington DC. GPO, 1995. James Baker weist nicht nur Deutschland eine zentrale Rolle in der Eskalation des Balkankonflikts zu, sondern betont auch, daß die Politik der Slowenen und Kroaten den Bürgerkrieg in Ex-Jugoslawien ausgelöst hat. – In seiner Untersuchung »Der Jugoslawien-Konflikt: friedenswissenschaftliche Interventionen« (Institut für Internationale Politik, Berlin. Arbeitspapier 023 vom Oktober 1993) zitiert Michael Kalman andere ausländische Politiker und hochrangige Diplomaten, wie etwa den ehemaligen französischen Außenminister Dumas oder den niederländischen Sonderbeauftragten Henry Wynaendts, die die deutsche Anerkennungspolitik scharf kritisieren. Auch ehemalige deutsche Botschafter in Jugoslawien, wie Horst Grabert und Hansjörg Eiff, oder (ehemalige) Berater des Auswärtigen Amtes und Genschers, wie Jens Reuter vom Südosteuropa-Institut in München und der Schweizer Staatsrechtler Thomas Fleiner, haben (in Gesprächen mit der Autorin) die Anerkennungspolitik schon früh als schweren Fehler bezeichnet.
22. Andreas Zumach, »Die internationale Politik in Südosteuropa hat versagt«. In: Bosnien-Herzegowina. Die Chancen einer gerechten Lösung. Frieden und Abrüstung, Januar 1995. S. 53

23. Erich Schmidt-Eenboom, Der Schattenkrieger. Klaus Kinkel und der BND. Düsseldorf 1995

24. Vladimir Dedijer, Jasenovac – das jugoslawische Auschwitz und der Vatikan. Freiburg 1988. S. 2

25. Von den willkürlichen Erschießungen berichtet auch der ehemalige PK-Fotograf Gerhard Gronefeld, der solche Szenen in der serbischen Stadt Pancevo fotografisch dokumentiert hat: »Dokumente grausamer Willkür«. In: ›Süddeutsche Zeitung‹ vom 22. Februar 1995

26. Dedijer, S. 2

27. Deddijer, ebd., und Carl Gustav Jacobsen, Yugoslavia's Successor Wars Reconsidered. Auf deutsch erschienen unter dem Titel »Die Kriege in den Nachfolgestaaten Jugoslawiens«, in: ›Neue Gesellschaft/ Frankfurter Hefte 12.‹, Dezember 1995

28. Jacobsen, op. cit.

29. Franjo Tudjman, Bespuca povijesnih zbivanja. Zagreb 1979. Zu den »ethnischen Säuberungen« vgl. ›Globus‹ vom 15. Mai 1991; Die ersten »ethnischen Säuberungen« sind dokumentiert in: »Helsinki Watch Letter to Franjo Tudjman, President of the Republic of Croatia«. Helsinki Watch, Washington und New York, 13. Februar 1992, und in dem Schwarzbuch »Tko je tko u Daruvaru«, Zagreb 1992

30. Message from Jewish War Veterans, Former Concentration Camp Inmates and Prisoners of War, Belgrade. In: ›South Slav Journal‹ vom 14. Juli 1992. S. 89

31. Defense & Foreign Affairs Handbook 1994. S. 289

32. Dinko Sakic, »Vrsio sam svoju duznost«. In: ›Intervju‹ vom 7. April 1995

33. Antun Saler, »Site Selection of Radioactive Waste Repository in the Republic of Croatia«. Vortrag anläßlich der Konferenz »HLW, LLW, Mixed Wastes and Environmental Restoration« in Tucson, Arizona, vom 28. Februar bis 4. März 1993

34. Zum Problem des Selbstbestimmungsrechts im Jugoslawien-Konflikt haben sich mehrere Autoren geäußert, darunter C. G. Jakobsen, op. cit., und Thomas Fleiner, Direktor des Instituts für Föderalismus in Fribourg (Schweiz), in verschiedenen Aufsätzen und im Gespräch mit der Autorin.

35. Zur Rolle der JNA und ihrem Zerfall im serbisch-kroatischen Krieg vgl. Misha Glenny, Jugoslawien – der Krieg der nach Europa kam. München 1993

36. Elisabeth Endres, die über den PEN-Kongreß in Dubrovnik berichtet hat (›Süddeutsche Zeitung‹ vom 27. April 1993), ist den Zerstörungen vergeblich nachgegangen. Der Journalist Armin Witt aus München, der die Kämpfe in Dubrovnik von »innen« erlebt hat, schilderte in einem Gespräch mit der Autorin, wie die Weltpresse wider jeden Augenschein die Realitäten falsch wiedergegeben hat. — Im übrigen

sind die Ereignisse um Dubrovnik inzwischen bekannt, nur nicht veröffentlicht.

37. Defense & Foreign Affairs Handbook 1994, S. 288
38. In der BBC-Dokumentarserie »The Death of Yugoslavia«, die im November und Dezember unter dem Titel »Der Bruderkrieg im ehemaligen Jugoslawien« auch vom ZDF ausgestrahlt wurde, äußert sich Dedakovic entsprechend. Nachzulesen auch in: ›Vreme‹ vom 27. November 1995
39. Gordana Knesevic/Rasim Cerimagic in: ›Oslobodjenje‹ vom 2. März 1992
40. Die bosnische Regierung hat zunächst versucht, die Umstände des Massakers von Sijekovac zu vertuschen; später wurden sie aber einer breiten Öffentlichkeit bekannt.
41. Die von Izetbegovic vorgenommenen Gesetzesänderungen bezogen sich vor allem auf die Sicherung der Dominanz der SDA im Parlament und in staatlichen Funktionen. So wurde beispielsweise ein Gesetz erlassen, das Parlamentsangehörigen der SDA ermöglichte, gleichzeitig diplomatische Ämter wahrzunehmen. Zu den frühen Gegnern einer radikal-islamischen Ausrichtung der SDA unter Alija Izetbegovic gehören die bosnischen Muslime Fikred Abdic und Adil Zulfikarpasic, derer sich der Parteiführer schnell entlediggte. Vgl. u. a. Milovan Djilas/Nadezda Gace, Bosnijak Adil Zulfikarapasic. Zürich 1994
42. Alija Izetbegovic, Islamska deklaracija. Sarajewo 1990 (1970), S. 1
43. ebd., S. 22
44. Hiskett, S. 20
45. In seiner Verteidigungsrede zu dem gegen ihn und andere muslimische Intellektuelle 1983 geführten Prozessen hat Alija Izetbegovic noch einmal betont, daß er vom Inhalt der »Islamischen Deklaration« nicht Abstand nimmt, und hervorgehoben, ein Bewunderer der iranischen Revolution zu sein. Die Kontakte der Kreise um Izetbegovic zum Iran gehen schon in die siebziger und frühen achtziger Jahre zurück. Vgl. die Dokumentation des Prozesses: Sarajevski proces. Sudjenje muslimanskim intelektualcima 1983g. Zürich 1987
46. Die Islamische Deklaration wurde vor ihrer ersten offiziellen Veröffentlichung in Bosnien vor allem im islamischen Ausland verbreitet; so wurden allein in Kuwait in den siebziger Jahren 100 000 Stück davon verkauft. Vgl. Sarajevski proces, op. cit.
47. Zit. nach: Alija Izetbegovic, »Mi u krvi postajemo narod i stvaramo svoju drzavu«. In: ›Bent‹ 1/1995, S. 4. — Über die radikal-islamistische Symbolik der SDA-Massenkundgebungen mit Parolen wie »Es lebe Saddam Hussein« hat sich wiederholt der Muslim Adil Zulfikarpasic entsetzt geäußert; vgl. Milovan Djilas/Nadezda Gace, op. cit.
48. BBC-Koproduktion von 1995 »The Death of Yugoslavia«

49. »Svjedocanstva – Munib Bisic, zamjenik ministra odbrane BiH – kako je nastala patriotska liga«. In: ›Oslobodjenje‹ vom 14. September 1992

50. »Valter ponovo brani Sarajevo. Pravi heroj Sefer Halilovic«. In: ›Nasi dani‹ vom 25. August 1992

51. Der Schriftsteller Abdulah Sidran, einer der getreuen Gefolgsleute von Izetbegovic, hat mehrmals von Izetbegovics Engagement bei der Gründung der Patriotischen Liga erzählt, so etwa unter der Überschrift »Nocni papir za hljeb« in: ›Oslobodjenje‹ vom 17. Dezember 1993

52. Mustava Spahic Mujki, »Zlo mesovitih brakova«. In: ›Ljiljan‹ vom 10. August 1994

53. Dokumentiert in den Archiven des ICWCB, Ottawa

54. Dokumentiert vom Committee for the Collection of Data on Crimes Committed against Humanity and International Law, Belgrad. Das Komitee zitiert auch eine Anleitung aus der muslimischen Zeitschrift ›Novi voks‹ vom Oktober 1991 (Nr. 3), in der beschrieben wird, wie man mit Serben umzugehen hat: »1. Jeder einzelne Serbe muß sich der Verantwortung seiner ganzen Nation für seine eigenen unkontrollierten Handlungen bewußt sein. Für Verbrechen gibt es eine Kollektivstrafe – für jedes muslimische Haus, das niedergerissen wird, werden 10 serbische zerstört, für einen toten Muslim 100 Serben getötet, für einen verwundeten Muslim, je nach Schwere der Verletzung, 10 bis 15 Serben. 2. Alle Serben müssen 12 Stunden täglich arbeiten, die Höhe der Einkünfte richtet sich nach dem Grad der Loyalität des einzelnen, müssen aber auf jeden Fall 30 Prozent unter der Höhe der Einkünfte liegen, die Muslime für dieselbe Arbeit erhalten.« (S. 40)

55. Dokumentiert vom Serbian Council Information Center, Belgrad. Auch die »Vereinigung der Lagerinsassen« unter Branka Jovanovic hat diese Systematik erfaßt. Die Dokumente werden in Den Haag vorgelegt, darunter die Geschehnisse in der Gemeinde Konjic südwestlich von Sarajwo, in die Alija Izetbegovic unmittelbar involviert gewesen sein soll.

56. Von allen an Serben begangenen Verbrechen in Bosnien sind die Massaker von Srebrenica und Bratunac am besten dokumentiert, so beispielsweise in der Publikation von Milivoj Ivanisevic »Hronika naseg groblja«, 1993 in Belgrad erschienen, die die Ereignisse detailliert darstellt und von anderen unabhängigen Komitees als zuverlässige Chronik bewertet wurde. Auch der BBC-Korrespondent Misha Glenny hat im August 1994 in der vom britischen TV-Sender Channel 4 ausgestrahlten Sendung »Journalists at War« eindringlich auf diese Verbrechen hingewiesen.

Im Verlauf der Friedensverhandlungen von Dayton meldeten die Agenturen, daß gegen den für die Verbrechen von Srebrenica und Bratunac verantwortlichen General Naser Oric vor dem Kriegsverbrechertribunal in Den Haag Anklage erhoben werden sollte, was nicht geschah. Statt dessen wurde am nächsten Tag die zweite Anklage gegen den bosnischen Serbenführer Karadzic und seinen General Mladic erhoben – wegen der von ihnen zu verantwortenden Verbrechen in Srebrenica. Gleichzeitig hielt man in den Daytoner Verträgen fest, daß alle Personen von politischen Ämtern in Bosnien ausgeschlossen werden, gegen die in Den Haag ein Verfahren eingeleitet wurde.

Die Informationen über die Recherchen der Journalisten stammen von Obrad Kesic, einem Mitarbeiter und Medienexperten des International Research & Exchanges Board in Washington, und David Binder von der ›New York Times‹, die nicht nur mit einigen der betreffenden Journalisten gesprochen, sondern die Arbeit und Vorgehensweise der Presseleute auch vor Ort, in Bosnien, dokumentiert haben.

57. Die Rolle der Amateurfunker ist vor allem vom UN-Personal kritisiert worden, da sie nachweislich Falschinformationen verbreitet haben. Vgl. dazu u. a. Sray, op. cit.

58. In einem Gespräch mit der Autorin

59. In einem Fernsehbericht über die internationale Journalistengemeinde in Sarajewo wurde die gute Kooperation der Korrespondenten mit dem Satz kommentiert »Dein Bild ist auch mein Bild«. ZDF, heute-journal vom 26. Mai 1995

60. Der Film von Marcel Ophüls lief 1995 in mehreren europäischen TV-Stationen.

61. Lord Owen in der BBC-Sendung Panorama vom 30. Oktober 1995. Sray hat sich ebenfalls mit den Massakern auseinandergesetzt. Die ›Sunday Times‹ berichtet am 1. Oktober 1995 unter der Überschrift »Serbs ›not guilty‹ of massacre« über die Erkenntnisse britischer und französischer UN-Experten, daß das Massaker von Ende August 1995 durch Granaten aus bosnisch-muslimischen Stellungen ausgelöst war, amerikanische Offiziere die Informationen jedoch zurückgehalten haben. Mit dem Massaker wurde der NATO-Luftkrieg gegen die Serben begründet.

62. Einen für die ›New York Times‹ geschriebenen Artikel »Anatomy of a massacre«, der detailliert den Spuren des Massakers vom 4. Februar 1994 nachgeht, mußte David Binder in der ›Weltwoche‹ vom 16. Juni 1994 veröffentlichen, weil die ›New York Times‹ ihn auf Halde legte und schließlich für »veraltet« hielt. Weitere Veröffentlichungen Binders zu den Massakern in ›Foreign Policy‹ 97 vom Winter 1994/95 und in ›The Nation‹ vom 2. Oktober 1995.

Kapitel 7

1. Martin Lettmayer in der Sendung »Kriegsziel Massenvergewaltigung? Bosnien und die deutsche Presse«. Süddeutscher Rundfunk, S2 Kultur vom 14. Juni 1994
2. ebd.
3. Emil Dovifat/Jürgen Wilke, Zeitungslehre I. Berlin/New York 1976. S. 90
4. Kennedy, S. 62
5. Kennedy, ebd.; Dovivat S. 113
6. Das berichtet der Fotoreporter der größten dänischen Tageszeitung ›Jullands Posten‹, Carsten Ingemann, der regelmäßig Sarajewo besucht und das Verhalten der internationalen Presse kritisiert hat. In: Annette Claudi, »Ingemanns land«. In: ›Journalisten‹ 27/9-95.
7. Gerhard Wisnewski, Die Fernsehdiktatur. Kippen Medienzaren die Demokratie? München 1995
8. Hartmut von Hentig, Die Schule neu denken. München 1995. S. 26 f.
9. Richard C. Vincent/ Johan Galtung, »Krisenkommunikation morgen. Zehn Vorschläge für eine andere Kriegsberichterstattung«. In: Löffelholz, op. cit., S. 182
10. Heidi Hecht, eine der Berichterstatterinnen, im Gespräch mit der Autorin
11. Martin Bell, In Harm's Way: Reflections on a War Zone Thug. London 1995. S. 99
12. Kennedy, op. cit.
13. Thomas Fleiner-Gerster, Medieneinsätze von internationalen Organisationen zur Eindämmung ethnischer Spannungen und Konflikte. In: ›Zeitschrift für Internationales Recht‹, August 1993
14. zit. nach ›Republika‹ vom 1. Dezember 1995. S. 6
15. Alber*t von Müller, Kommunikationsorientiertes Krisenmanagment. Unveröffentlichter Bericht des European Center for International Security (EUCIS), Starnberg 1992
16. Thomas Schuler, »Gefälschte Reden und betrunkene Dikaktoren«. In: ›Süddeutsche Zeitung‹ vom 12. Oktober 1995
17. Peter Handke, »Gerechtigkeit für Serbien«. In: ›Süddeutsche Zeitung‹ vom 5./6./7. und 13./14. Januar 1996

Literaturauswahl

Adams, E. D.: Great Britain and the American Civil War. London 1925

Adams, Valerie: The Media and the Falklands Campaign. Houndmills e. a. 1986

Alperovitz, Gar: Hiroshima. Hamburg 1995

Andric, Ivo: Die Brücke über die Drina. München 1992

Atkins, J. B.: The Life of Sir William Howard Russell. London 1911

Arnett, Peter: Unter Einsatz des Lebens. München 1994

Barkhausen, Hans: Filmpropaganda für Deutschland im Ersten und Zweiten Weltkrieg. Hildesheim 1982

Bell, Martin: In Harm's Way: Reflections on a War Zone Thug. London 1995

Beloff, Nora: »PR – the secret weapon?«. In: ›Jewish Chronicle‹ vom 10. Dezember 1993

Bilandzic, Dusan u. a.: Kroatien zwischen Krieg und Selbständigkeit. Zagreb 1991

Binder, David: »Anatomy of a massacre«. In: ›Foreign Policy‹ 97 vom Winter 1994/95 und in: ›The Nation‹ vom 2. Oktober 1995

Binder, Heinrich: Was wir als Kriegsberichterstatter nicht sagen durften. München 1919

Birkenbach, Hanne-Margret u. a. (Hrsg.): Jahrbuch Frieden 1995. München 1994

Bittermann, Klaus (Hrsg.): Serbien muß sterbien. Berlin 1994

Boorstin, Daniel: The Image: A Guide to Pseudo-Events in America. New York 1994

Brock, Peter: »Dateline Yugoslavia: The Partisan Press«. In: ›Foreign Policy‹ 93 vom Winter 1993/94

Calic, Marie-Janine: Der Krieg in Bosnien-Herzegowina. Frankfurt 1995

Clark, Ramsey: Wüstensturm. US-Kriegsverbrechen am Golf. Göttingen 1995

Committee for the Collection of Data on Crimes Committed against Humanity and International Law, Belgrad

Dedijer, Vladimir: Das jugoslawische Auschwitz und der Vatikan. Freiburg 1988

Defense & Foreign Affairs Handbook 1994

Deschner, Karlheinz / Milan Petrovic: Weltkrieg der Religionen. Der ewige Kreuzzug auf dem Balkan. Stuttgart, Wien 1995

Deutsch, Karl W.: Nationenbildung, Nationalstaat, Integration. Düsseldorf 1972

Dimitrijevic, Vojin: The 1974 Constitution as a Factor in the Collapse of Yugoslavia or as a Sign of Decaying Totalitarism? European University Institute, Working Paper RSC No. 94/9

Djilas, Milovan/Nadezda Gace: Bosnjak Adil Zulfikarpasic. Zürich 1994

Dorsch-Jungsberger, Petra: »Nationenbildforschung und PR«. In: Walther A. Mahle (Hrsg.), Deutschland in der internationalen Kommunikation. AKM-Studien Bd. 40/1995

Fleiner-Gerster, Thomas: Medieneinsätze von internationalen Organisationen zur Eindämmung ethnischer Spannungen und Konflikte. In: ›Zeitschrift für Internationales Recht‹, August 1993

Fuller, J. F. C.: Decisive Battles of the Western World. London 1970

Gauß, Karl Markus: Das Buch der Ränder. Klagenfurt 1992

Glenny, Misha: Jugoslawien – der Krieg, der nach Europa kam. München 1993

Grolle, Führ / Lenski, Ilse / Thelen, Dieter: Vorurteile, Angst und Aggression. Hrsg. Hessische Landeszentrale für politische Bildung. Wiesbaden 1995

Gutman, Roy: Augenzeuge des Völkermords. Göttingen 1994

Hersey, John: Hiroshima. (Neuauflage) Beltz Athenäum Verlag 1995

Hiskett, Mervyn: Reflections on ‹The Unspeakable Serb›. Birmingham 1994

Humphries, Arthur A.: »Two Routes to the Wrong Destination: Public Affairs in the South Atlantic War.« In: ›Naval War College Review‹. Mai / Juni 1993

Milivoj Ivanisevic: Hronika našeg groblja. Belgrad 1993

Izetbegovic, Alija: Islamska deklaracja. Sarajevo 1990, and The Islamic Declaration. Sarajevo 1990

Jacobsen, Carl Gustav: Archive des Independent Committee on War Crimes in the Balkans (ICWCB), Ottawa 1993

James, Harold: Deutsche Identität 1770–1990. Frankfurt/M. 1991

Kalman, Michael: Der Jugoslawienkonflikt – friedenswissenschaftliche Interventionen. Institut für Internationale Politik, Berlin. Arbeitspapier 023 vom Oktober 1993

Kennedy, William V.: The Military and the Media. Westport (Connecticut) / London 1993

Kenney, George: »The Bosnia Calculation: How many have died?« In: ›The New York Times Magazine‹ vom 23. April 1995

Kindermann, Gottfried Karl: »Weltverständnis und Ideologie als Faktoren auswärtiger Politik.« In: ders. (Hrsg.), Grundelemente der Weltpolitik. München 1981

Knightley, Philip: The First Casualty. London 1975

von Kohl, Christine / Wolfgang Libal, Kosovo: gordischer Knoten des Balkan. Wien / Zürich 1992

Koschnick, Hans/Jens Schneider: Brücke über die Neretva. Der Wiederaufbau von Mostar. München 1995

Koszyk, Kurt: Deutsche Pressepolitik im Ersten Weltkrieg. Düsseldorf 1968

Kunczik, Michael: Die manipulierte Meinung. Nationale Image-Politik und internationale Public Relations. Köln und Wien 1990

Lippmann, Walter: Die öffentliche Meinung. Reprint, Bochum 1990

Löffelholz, Martin (Hrsg.): Krieg als Medienereignis. Grundlagen und Perspektiven der Krisenkommunikation. Opladen 1993

MacArthur, John: Die Schlacht der Lügen. München 1993

Marten, Eckhard: Das Deutschlandbild in der amerikanischen Auslandsberichterstattung. Wiesbaden 1989

McNamara, Robert S.: In Retrospect. The Tragedy and Lessons of Vietnam. With Brian VanDemark. New York 1995

Meier, Viktor: Wie Jugoslawien verspielt wurde. München 1995

Merlino, Jacques: Les vérités yougoslaves ne sont pas toutes bonnes à dire. Paris 1993

Michler, Walter: Somalia. Ein Volk stirbt. Der Bürgerkrieg und das Versagen des Auslands. Bonn 1993

Mühsam, Kurt: Wie wir belogen wurden. Berlin 1919

von Müller, Albrecht: Kommunikationsorientiertes Krisenmanagement. Unveröffentlichter Bericht des European Center for International Security (EUCIS), Starnberg 1992

Olschewski, Malte: Krieg als Show. Wien 1993

Orwell, George: Looking Back on the Spanish Civil War, Harmondsworth 1975

Pavlik, John: Public Relations. What Research Tells Us. Newbury Park, Beverly Hills, London, New Delhi 1987

Ramati, Yohanan: »Stopping the War in Yugoslavia«. In: ›Midstream‹, April 1994

Ranz, John: »Serbs, Jews and Bosnia«. Survivors of the Buchenwald Concentration Camp. In: ›Jewish Week‹ vom 5. August

Read, James Morgan: Atrocity Propaganda 1914–1919. New York 1972

Rehder, Peter: »Bosnien. Zu den kulturhistorischen Tiefenstrukturen einer südosteuropäischen Region«. Vortrag Universität München, Januar 1994

Reißmüller, Johann Georg: »Die düstere Vorgeschichte«. 25. Juni 1991. In: Der Krieg vor unserer Haustür. Hintergründe der kroatischen Tragödie. Stuttgart 1992

Sakic, Dinko: »Vrsio sam svoju duznost«. In: ›Intervju‹ vom 7. April 1995

Saler, Antun: »Site Selection of Radioactive Waste Repository in the Republic of Croatia«. Vortrag anläßlich der Konferenz »HLW, LLW, Mixed Wastes and Environmental Restoration« in Tucson, Arizona, vom 28. Februar bis 4. März 1993

Salinger, Pierre / Eric Laurent: Krieg am Golf. Das Geheimdossier. München 1991

Sarajevski proces. Sudjenje muslimanskim intelektualcima 1983. Zürich 1987

Schmidt-Eenboom, Erich: Der Schattenkrieger. Klaus Kinkel und der BND. Düsseldorf 1995

Smith, Hedrick (Hrsg.): The Media and the Gulf War. Washington D. C. 1992

Sray, Lieutnant Colonel John: »Selling the Bosnian Myth to America – Buyer Beware«. Foreign Military Studies Office, Fort Leavenworth, Kansas, Oktober 1995 (Unveröffentlichter Bericht)

Task Force on Terrorism & Unconventional Warfare. House Republican Researche Committee. U. S. House of Representatives: »The Truth about Gorazde«, Bericht vom 4. Mai 1994

Tudjman, Franjo: Bespuca povijesnih zbivanja. Zagreb 1979

Umeljic, Vladimir: Die Besatzungszeit. Das Genozid in Jugoslawien 1941–1945. Los Angeles 1994

Wells, Leon W.: Und sie machten Politik. Die amerikanischen Zionisten und der Holocaust. München 1989

Wisnewski, Gerhard: Die Fernsehdiktatur. Kippen Medienzare die Demokratie? München 1995

Zieser, Gernot: »Die Propagandastrategie Biafras im nigerianischen Bürgerkrieg«. In: ›Publizistik« 16/1971

Zülch, Tilman (Hrsg.): Ethnische Säuberung – Völkermord für Großserbien. Eine Dokumentation der Gesellschaft für bedrohte Völker. Hamburg / Zürich 1993